地球の歩き方 W33

アジアのグルメ図鑑
41の国と地域の名物料理を食の雑学とともに解説

Asian Gourmet

地球の歩き方編集室

目次 CONTENTS

Enjoy Asian Food!

本書の使い方 ……………………… 006
アジアエリアナビ ………………… 008

巻頭特集

アジアのハーブ＆スパイス図鑑 …………… 010
原材料から見るアジアの麺料理 …………… 014
アジアの名物グルメを路上で食す ………… 016
現地スーパーで入手したい
アジアの調味料＆食材 ………………………… 018
パケ買いしたくなる！
アジアのビール＆お酒大集合 ………………… 026

East Asia Column

- さすがの麺王国！中国各地方のご当地麺料理 …… 040
- 飲茶天国—香港の点心リスト …… 048
- 地元に密着した便利な食堂 茶餐廳(チャーチャンテン)メニューリスト …… 050
- 香港の昔ながらのお菓子withパン …… 052
- 個性もバリエーションも豊富 台湾茶の世界を探訪 …… 070
- 小皿に盛られたおかず パンチャン …… 083

東アジア
East Asia

東アジアエリアナビ	028
中国	030
香港	042
マカオ	054
台湾	060
韓国	072
モンゴル	084

東南アジア
Southeast Asia

東南アジアエリアナビ	086
ベトナム	088
ラオス	098
カンボジア	104
タイ	110
ミャンマー	122
インドネシア	130
マレーシア	136
シンガポール	142
フィリピン	154
ブルネイ	160

Southeast Asia Column

- バラエティ豊かなベトナム麺料理大集合 …… 096
- タイのスイーツ＆果物リスト …… 120
- 個性あふれる食文化がてんこ盛り ミャンマー少数民族料理図鑑 …… 127
- 食文化のダイナミズムを楽しむ各国食べ比べ オンノオカオスエはどこから来たのか …… 128
- この料理といえばココ！名店で味わうべき名物料理 …… 150
- 食の芸術ともいえるフュージョン料理 プラナカン料理 …… 152

003

Colorful!

南アジア
South Asia

南アジアエリアナビ	162
インド	164
ネパール	176
ブータン	180
バングラデシュ	182
スリランカ	186
モルディブ	192
パキスタン	194
アフガニスタン	196

中央アジア
Central Asia

中央アジアエリアナビ	198
ウズベキスタン	200
カザフスタン	204
タジキスタン	206
トルクメニスタン	208
キルギス	210

South Asia Column

インドの定食 ターリー&ミールス	171
インドの中のチベット ザンスカールの知られざるソウルフード「パバ」	174
スリランカ料理の定番 ライス&カリーにトライ！	189

おいしいよ

West Asia Column

多彩な小皿料理 トルコの前菜メゼ 222
魅惑の伝統菓子 トルコスイーツの世界 224

西アジア
West Asia

西アジアエリアナビ	212
トルコ	214
イラン	226
レバノン	230
カタール	234
イスラエル	236
ヨルダン	238
サウジアラビア	240
クウェート	242
バーレーン	244
アラブ首長国連邦	246
イエメン	248
オマーン	250

食べてってね！

INDEX 252

005

本書の使い方

世界の言葉で「おいしい！」
その国・地域でおもに使われる言語で「おいしい」に当たる言葉を紹介。できるだけ現地の文字で表記し、その読み方を併記しています。

国名または地域名
国名は外務省の略称表記を掲載、欧文は正式名称を英語で表記。

国旗または地域の旗
(→P.7カコミ)

データ
首都：表記は基本的に「地球の歩き方」各国編に準拠
言語：公用語やおもに話されている言葉
民族：おもな民族構成

各国の食事情
その国・地域ではどのような料理が食べられ、どのような食文化があるのかを、歴史や宗教などの背景も含めて解説しています。

食の雑学
その国・地域の食文化や食習慣を理解するうえで、知っておきたい雑学と豆知識を紹介しています。

主食
その国・地域の主食について記述しています。

コラム
現地に足を運んできた「地球の歩き方」だからこそ書ける、その国や地域の食文化をコラムで紹介しています。

■ エリアマップと所在地

属するエリアの広域図。該当する国・地域に色を付けて、どこにあるのかを示しています。

■ 編集部が選ぶ必食グルメTOP5

その国・地域の名物グルメのなかでも特にポピュラーな料理を、編集部が独自に厳選して紹介しています。国や地域によっては、TOP5以外の料理は各カテゴリごとに分け、代表的な料理を紹介しています。料理名の読み方は現地の発音に近い表記をとっています。

- ●アジアを大きく5つのエリアに分け、さらに地域ごとにまとめていますが、順不同です。

- ●国や地域とは
当社発行の出版物では、台湾、香港、マカオ、パレスチナ、および欧米諸国の海外領土や紛争等による領土未確定地を「地域」としています。

- ●国や地域の旗
国や地域の旗は本来独自の縦横比が設定されていますが、本書での縦横比は基本的に国連が使用している比率に準じています。「地域」は各地域の定める旗を掲載しています。

- ●言語や民族などの基本情報については、外務省（www.mofa.go.jp/mofaj/）や各国の統計資料をおもに参考にしています。

- ●本書の情報は一部例外を除き2024年10月現在のものです。

■ はみだし情報

本文では書ききれなかった食にまつわるとっておき情報を紹介しています。

■ 本場の味を自宅で再現！

自宅でも作れる料理の簡単レシピを紹介しています。

■ 本場の味を日本で体験！

その国や地域の料理を日本で味わえるレストランやカフェを紹介しています。

007

アジアエリアナビ
Asia Area Navi

世界人口の6割強が住んでいるといわれるアジアは、世界で最も人口の多い地域。食文化も地域ごとに特色があり多種多様。本書ではヨーロッパを除くユーラシア大陸全般をアジアとし、さらに5つのエリア（東アジア、東南アジア、南アジア、中央アジア、西アジア）に分類している。

- ウズベキスタン（P.200）
- カザフスタン（P.204）
- タジキスタン（P.206）
- キルギス（P.210）
- トルコ（P.214）
- トルクメニスタン（P.208）
- アフガニスタン（P.196）
- レバノン（P.230）
- シリア
- イラク
- イラン（P.226）
- パキスタン（P.194）
- パレスチナ
- イスラエル（P.236）
- クウェート（P.242）
- カタール（P.234）
- ヨルダン（P.238）
- バーレーン（P.244）
- アラブ首長国連邦（P.246）
- インド（P.164）
- サウジアラビア（P.240）
- オマーン（P.250）
- イエメン（P.248）
- モルディブ（P.192）
- スリランカ（P.186）
- チャゴス諸島

★ 西アジア

アジアとヨーロッパを結ぶエリア。このあたりで食べられているアラブ料理はクミンやコリアンダーといったスパイスやハーブを多用するが全体的にマイルド。ヨーグルトやレモンで酸味を加えた料理も多い。ヒヨコ豆やレンズ豆、クルミなどもよく使用される。

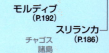

地域によって気候も食文化もさまざま

人種も気候も地理もまったく異なるアジアの食文化を広い目で見てみると、シルクロードを通じて行き来した東西の影響がそこかしこに。塩味、甘味が基本のヨーロッパに対し、多種多様なスパイスやハーブ、調味料を使って塩味、辛味、酸味などが絶妙にからみ合った味付けを生み出している。

★ 南アジア

インドを中心に、インド洋の島国も含めたエリア。このエリアではインドを中心に、スパイスをふんだんに使った同様の食文化を共有している。豆や野菜がよく使われ、ヒンドゥー教徒は牛肉を、イスラム教徒は豚肉を食べない。

★ 中央アジア

ロシア、中国、西アジアに挟まれた内陸エリア。遊牧民として暮らしてきた歴史が長く、馬や羊の乳を使った加工品が発達。野菜はほとんど食べず肉食中心。そしてこのエリアに欠かせない料理がプロフ。米と肉を油とスパイスで炊き上げるピラフの原型。

アジアにおける香辛料の歴史

古代世界において金にも等しい価値があった香辛料。アジアではインド、中国、東南アジアが主要な供給国であり、料理、医療、宗教儀式など多方面で重宝されてきた。中国やインドで産出された香辛料は、古代から中世にかけてシルクロードを通じて世界中に広まった。香辛料の交易は、多くの文化に影響を与え、経済的な発展をもたらすとともに文化交流を深めるのにもひと役買った。

モンゴル（P.84）

北朝鮮

韓国（P.72）

日本

ネパール（P.176）
中国（P.30）
バングラデシュ（P.182）
ブータン（P.180）
ラオス（P.98）
香港（P.42）
ミャンマー（P.122）
マカオ（P.54）
台湾（P.60）
タイ（P.110）
ベトナム（P.88）
カンボジア（P.104）
フィリピン（P.154）
ブルネイ（P.160）
マレーシア（P.136）
インドネシア（P.130）
シンガポール（P.142）
東ティモール

★ 東アジア

ユーラシア大陸東部に当たるエリア。古くから交流のある日本、中国、韓国は箸文化や、醤油や味噌といった調味料使いに共通点が見られる。肉や魚、旬の野菜を使用した多彩な料理が特徴。

★ 東南アジア

南シナ海に位置する国で、インドシナ半島、マレー半島、インドネシア諸島、フィリピン諸島などに分けられる。エリアによって違いがあるが、スパイスやハーブ、ココナッツミルクなどをたっぷり使った比較的濃い味付けの料理が多く、米によく合う。

アジアのハーブ＆スパイス図鑑

スパイシーな香りで食欲を刺激したり料理を鮮やかに彩るだけでなく、薬や防腐剤としても約5000年の歴史をもつスパイス＆ハーブ。基本的なスパイスを知れば、アジアの料理がもっと身近に感じられるはず。

スパイス＆ハーブの基礎知識

● 香辛料って何？
調味料の一種。植物から採取され、食材の風味や色付けなどに使用する種子、果実、つぼみ、葉や茎などを総称して香辛料と呼ぶ。

● スパイスとハーブの違いは？
全日本スパイス協会は、食材に香り、辛味、色調を出す植物全般を「香辛料」、その茎・葉・花を「ハーブ」、それ以外を「スパイス」と呼んでいるが、諸説あり、統一された定義はない。

● スパイスの働きは？
おもに「香り付け」、「辛味付け」、「色付け」の3つ。香り付けはほぼすべてのスパイスがもつ働きで、魚に対するショウガのような臭み消しもこれに当たる。
辛味付けはスパイスの1割程度がもつ働きで、トウガラシのような強い辛味をもつものから、ワサビのように鼻がツンとするものまでさまざま。色付けのスパイスはターメリックやサフランをはじめ10種類ほどしかない。

スパイスの分類

スパイスは利用部位や植物学などで分類できる。また形態によっては以下のように分類される。

● フレッシュ
薬味として、アクセントとして、サラダの材料としてなど、生のままの状態で使用するもの。

● ドライ

- ホール……種子や果実などをそのまま乾燥させたもの。

- 粗びき……ホールを粗めにひいて砕いたもの。香りが強い。

- パウダー…ホールを粉末状にひいたもの。調理用に。

- ミックス…複数のスパイスをブレンドしたもの。中国の五香粉やインドのガラムマサラ、西アジアのザータルなどが有名。

スパイスの効能

● 食欲増進
スパイスの香りで食欲アップ。逆に食欲を抑えるスパイスもある。

● 消化促進
唾液の分泌を促して胃腸の働きを活発にし、消化吸収を助けるスパイスもある。

● 代謝アップ
トウガラシやジンジャーなどは、エネルギー消費量や熱生産量を高めるため、ダイエット効果も期待できる。

● 老化予防
シナモンなど抗酸化物質を豊富に含むスパイスは、血管の老化を予防する効果があるとされる。

● リラックス効果
香りによってリラックス効果をもたらし、ストレスの緩和などが期待できる。

参考文献：実業之日本社・編『知っておいしいスパイス事典』（実業之日本社）

アサフェティダ
Asafoetida

「悪魔の糞」の異名をもつほどの強烈な臭いだが、油で加熱するとオニオンのような香ばしい風味を発する。インドでは「ヒング」の名で古来親しまれてきた。仏教で禁止されている五葷(ごくん)のひとつ。

科名：セリ科
原産地：北アフリカ
効能：消化促進、鎮静、鎮咳など

アジョワン
Ajwain

インドではカレーに入れたりナンに練り込んだりと、家庭に欠かせないスパイス。タイムのような清涼感のある香りで、強力な殺菌・防腐作用があり、アーユルヴェーダでも用いられる。

科名：セリ科
原産地：インド、北アフリカ
効能：消化促進、整腸、抗菌、防腐など

アニシード（アニス）
Aniseed

甘い風味でスイーツやジャムなどに用いられることが多い。古代エジプトではミイラにするための遺体の防腐処理に使われていた、世界で最も歴史の古いスパイスのひとつ。

科名：セリ科
原産地：地中海東部沿岸
効能：消化促進、利尿、消臭、防腐、鎮咳など

オレガノ
Oregano

清涼感のある香りとほろ苦い味わいのオレガノはトマトやチーズと相性がよく、イタリアやギリシア料理には欠かせないスパイス。ケチャップやウスターソースなどにも使われる。

科名：シソ科
原産地：地中海沿岸
効能：発汗、殺菌、老化予防、鎮痛、消化促進、消臭など

ガランガル
Galangal

味も見た目もショウガによく似ている。トムヤム・クンをはじめ、東南アジアのカレーや煮込み料理に、生のガランガルをスライスしたものを入れて酸味付けに使われることが多い。

科名：ショウガ科
原産地：中国南部、インドネシア
効能：抗炎症、鎮吐、駆風、抗アレルギーなど

カルダモン
Cardamon

インドで「スパイスの女王」と称される豊かな香りが特徴で、ガラムマサラの主原料。アラビアコーヒー「カフワ」の風味付けにも使用され、サウジアラビアは世界一のカルダモン輸入国。

科名：ショウガ科
原産地：インド、スリランカなど
効能：消化促進、健胃、発汗、口臭予防など

カレーリーフ
Curry Leaf

いわゆるカレーのようなスパイシーな香りの葉っぱで、南インドやスリランカのカレーの香り付けには欠かせない。乾燥させたものやパウダー状のものもある。

科名：ミカン科
原産地：スリランカ、インド
効能：食欲増進、解熱、消化促進、強壮、殺菌など

キャラウェイ
Caraway

さわやかな香りとわずかな甘みで、焼くと芳ばしい香りがするため、パンや焼き菓子に使われることが多い。見た目がクミンとよく似ている。風邪薬や胃腸薬などにも使用される。

科名：セリ科
原産地：西アジア
効能：消化促進、食欲増進、抗炎症、口臭予防など

クミン
Cumin

ほろ苦い独特の香りがあり、材料を炒める前にクミンを油で加熱し、香りを移して使うことが多い。インドカレーの香りの中心となるスパイスで、西アジアでもよく使用されている。

科名：セリ科
原産地：エジプト
効能：食欲増進、消化促進、駆風、鎮静、鎮痛、抗がん、強壮など

レバント地方では、赤ちゃんの誕生祝いに食べるお菓子「メグリMeghli」にキャラウェイやアニシードが使用される。

011

クローブ
Clove

くぎに似た形の開花前のつぼみを乾燥させて使う。バニラのような甘い香りと舌がしびれるような刺激味が特徴。中国では「丁字」と呼ばれ、紀元前から使用されてきた。

科名：フトモモ科
原産地：モルッカ諸島（インドネシア）
効能：殺菌、消化促進、虫よけ、冷え性改善など

コリアンダー
Coriander

タイではパクチー、中国ではシャンツァイと呼ばれる、独特の香りをもつコリアンダーの葉は好き嫌いが分かれる。南・東南アジア料理には欠かせないハーブ。

科名：セリ科
原産地：地中海沿岸
効能：抗菌、鎮痛、駆虫、鎮静、消化促進、健胃、駆風など

シナモン
Cinnamon

独特の香りと甘味、かすかな辛味をもつ、世界最古のスパイスのひとつ。砂糖との相性がよく、洋菓子に多用されるほか、中国の五香粉（→欄外）などにも使用。

科名：クスノキ科
原産地：中国南部、ベトナム、インド、スリランカ
効能：抗菌、発汗、消化不良、風邪の症状緩和など

ジンジャー（ショウガ）
Ginger

甘くすっきりとした香りと辛味が特徴。アジアでは生のショウガを薬味や食材の臭み消しとして、欧米では乾燥させたジンジャーをお菓子作りに利用することが多い。

科名：ショウガ科
原産地：熱帯アジア
効能：血行促進、鎮吐、殺菌、発汗、風邪の症状緩和、鎮痛、代謝促進、脂肪分解、冷え性改善など

スーマック
Sumac

梅しそ漬けに似たフルーティな酸味が特徴で、レモン果汁や酢のように使われている。おもに西アジアで使用されており、ケバブや西アジアの代表的なサラダ、ファットゥーシュに欠かせない。

科名：ウルシ科
原産地：西アジア
効能：抗酸化作用、整腸作用、抗菌など

スターアニス（八角）
Star Anise

アニスに似た独特の甘い香りと8つの角をもつ星形のビジュアルが特徴。五香粉の主材料で中国料理には欠かせないスパイス。杏仁豆腐や東坡肉、フォーの香りはスターアニスによるもの。

科名：シキミ科
原産地：中国南部
効能：消化促進、抗炎症、鎮静、冷え性改善、強壮、抗がん、血行促進など

セサミ（ゴマ）
Sesame

日本でもおなじみのゴマは、ミネラルを多く含み非常に栄養価が高い。料理にかけたり、圧搾してゴマ油にしたり、ペースト状にして調味料にしたりと使い方もさまざま。

科名：ゴマ科
原産地：メソポタミア、インド、エジプトなど諸説あり
効能：消化促進、整腸、疲労回復、骨や歯の強化、老化防止、美肌・美髪、抗ストレスなど

ターメリック（ウコン）
Turmeric

ジンジャーに似た見た目で、さわやかな香りが特徴。カレーのスパイスやご飯の色付け、日本ではウコンとして知られ、二日酔い防止ドリンクなどに使われている。

科名：ショウガ科
原産地：インド、熱帯アジア
効能：肝機能強化、健胃、抗酸化作用、消化促進、血液循環、日焼け防止、がん予防、老化防止、美肌など

タイム
Thyme

タイムとはおよそ350種にものぼるシソ科のイブキジャコウソウ属の植物の総称。すがすがしい香りと強い殺菌力が特徴で、中東のミックススパイス「ザータル」の主材料。

科名：シソ科
原産地：南ヨーロッパ、北アフリカ、アジア
効能：抗菌、殺菌、抗ウイルス、防腐、去たん、利尿、強壮、鎮けい、疲労回復など

五香粉とはスターアニス（八角）、シナモン、花椒、クローブ、フェンネルを混ぜた中国のミックススパイス。これが基本的な五香粉で、ほかにナツメグや陳皮（ちんぴ）などが入ることもある。

タマリンド
Tamarind

落花生のような形のさやの中にはペースト状の果肉と種子が詰まっている。フルーティな酸味が特徴で、タイのトムヤム・クンをはじめとするスープの酸味付けに使用されることが多い。

科名：マメ科
原産地：熱帯アフリカ
効能：整腸、消化促進、駆風、疲労回復、解熱、食欲抑制など

チリペッパー（トウガラシ）
Chili Pepper

シャープな辛さから舌が焼けるような辛さのものまで、世界各地におよそ3000種類が存在するといわれる。辛味付けとして世界中で使用されるほか、中国では魔除けにも利用される。

科名：ナス科
原産地：中南米
効能：消化促進、発汗、殺菌、食欲増進、疲労回復、美肌、健胃、発毛、駆虫など

ディル
Dill

キャラウェイに似たさわやかな香りと辛味が特徴の葉は、魚料理と相性抜群。種子はピクルスのほか、酢やオイルに漬けて香り付けに使うことも。ベトナムではディルとトマトを合わせて使用することが多い。

科名：セリ科
原産地：地中海沿岸～西アジアにかけて
効能：殺菌、鎮痛、鎮静、利尿、駆風、整腸、口臭予防、消化促進、催乳など

ナツメグ
Nutmeg

甘くスパイシーな香りとほろ苦さが特徴。肉の臭み消しや、スイーツにも使用される。スパイスとして使用される種子部分を包む赤い仮種皮を乾燥させたものがメース。

科名：ニクズク科
原産地：モルッカ諸島（インドネシア）
効能：健胃、整腸、解熱、血行促進など

フェヌグリーク
Fenugreek

焦げたメープルシロップのような甘い香りの種子がスパイスとして使用され、葉はイモ類などと一緒に調理して食べる。イエメンには種子を水に浸して作る調味料「ズーグ」がある。

科名：マメ亜科
原産地：西アジア、地中海沿岸
効能：抗炎症、鎮痛、血糖値低下、健胃、催乳など

フェンネル
Fennel

歴史上最も古い作物のひとつで、葉、茎、種子がハーブやスパイスとして使われる。フェンネルシードと呼ばれる種子は魚料理に合うスパイスとして有名。

科名：セリ科
原産地：地中海沿岸
効能：利尿、駆風、鎮けい、発汗、消化促進、健胃、整腸、食欲増進、抗菌、痩身など

ペッパー（コショウ）
Pepper

ピリリとした辛味とさわやかな香りはどの料理とも相性がよく、世界中のあらゆる料理に利用できることから「スパイスの王様」と呼ばれる。防腐剤や薬としても使われてきた。

科名：コショウ科
原産地：インド
効能：消化促進、食欲増進、健胃、防腐、消臭、駆風、抗炎症、殺菌、抗がんなど

マスタード
Mustard

カラシナの種子であるマスタードシードをすりつぶして水と練り合わせると辛味が生じる。種子を圧搾したマスタードオイルはインドやバングラデシュで調理油として使用される。

科名：アブラナ科
原産地：中東（ブラック）、ヨーロッパ、インド、中国（ブラウン）、地中海沿岸（ホワイト）
効能：抗炎症、消化促進、興奮作用、脂肪分解、利尿、抗菌など

レモングラス
Lemon Grass

レモンのようなさわやかな香りが特徴で、東南アジア料理には特に茎の根本部分が多用されている。アロマテラピーの精油、虫よけスプレーなどにも使用されている。

科名：イネ科
原産地：熱帯アジア
効能：殺菌、健胃、消化促進、防虫、消臭、発汗、鎮けい、抗炎症、美肌、鎮静など

最高級スパイス「サフラン」についてはP.229を参照。

原材料から見る アジアの麺料理

ラーメンにうどん、パスタにそばなど、ひと言に麺といっても味や材料、形状はさまざま。そしてこれといった定義はなく、国が違えば定義も変わる。ここではアジアの麺料理を原材料別に見てみよう。

定番の3大麺

最もメジャーな麺の代表選手 — 小麦

鮮蝦雲呑麺（香港）→P.46
エビワンタン入りの雲呑麺。プチプチとした食感のちぢれ麺とうま味が凝縮されたスープが絶妙！

小麦麺の発祥は中国といわれる。中国の製麺技術や調理法が周辺の東アジアや東南アジアの国々、シルクロードを渡って西アジアの国々へも浸透した。それぞれ独自の麺文化を発展させたオリジナリティの高い麺料理が多い。

エリア：中国、韓国、日本、東南アジア、西アジアなど

★ 代表メニュー

カルグクス（韓国）	→P.80
バミー・ヘーン（タイ）	→P.119
ミー・ゴレン（インドネシア）	→P.134
チョウメン（ネパール）	→P.179
ラグマン（ウズベキスタン）	→P.201

ツルっといけるヘルシー麺 — 米

フォー・ボー（ベトナム）→P.89
平たい米麺を使ったヌードルスープはベトナムの国民食。軽食にもおやつにも夜食にもぴったり。

中国南部や東南アジアをはじめとする水田耕作が盛んな地域で、米を製粉する技術と米粉麺が発展した。米粉麺はベトナムだけに限っても、ほぼコシがないフォーや、細麺のフーティウ、ビーフンのようなブンなど食感や太さがさまざま。

エリア：中国南部、東南アジアなど

★ 代表メニュー

過橋米線（中国）	→P.37
モヒンガー（ミャンマー）	→P.123
ラクサ（シンガポール）	→P.143
サテー・ビーフン（シンガポール）	→P.145
インディアッパー（スリランカ）	→P.187

こんな変わり種も

タピオカ
つるつるモチモチ食感

ベトナム中・南部では米粉にタピオカ粉を加えた麺「バイン・カイン」がポピュラー。少し太めのモチモチ食感が特徴で、とろみのあるスープによく合う。ラオスのカオ・ピヤック・セン（→P.102）も同様。最近は日本のラーメンやうどんにタピオカ粉が使われることがある。

エリア：ベトナム、ラオスなど

バイン・カイン・クア（ベトナム）→P.97
見た目は日本のうどんのよう。具は魚やカニ、エビなどが多くスープにはとろみを付ける。

そば
日本ではおなじみ

ソバの実を原料とするそばは代表的な日本料理だが、世界では意外と少ない。ベトナム最北端のハザンではそばが栽培されており、毎年そば祭りが開催されるものの、麺としてではなくおもに蒸しパンや焼酎に利用されている。

エリア：韓国、ベトナム、日本、モンゴル、ネパールなど

晋州冷麺（韓国）→P.80
慶尚南道・晋州の郷土麺。麺はそば粉がメインで魚介だしのスープが特徴。

莜麦（ようばく）
隋の時代に考案された

オーツ麦の一種である莜麦（ハダカエンバク）の粉で作る麺料理が、「麺のふるさと」中国・山西省やモンゴルにある。小麦より粘りが少ないため細長く形状できず、筒状にしてせいろに敷き詰め、蒸し上げる。

エリア：中国・山西省、モンゴル

莜麺栲栳栳（中国）→P.80
そばのような風味とギョウザの皮のような食感。トマト味のたれや黒酢だれを付けて食べる。

豆・芋
独特の歯応えが楽しめる

ヤム・ウンセン（タイ）→P.112
ゆでたウンセン（春雨）と具材をナンプラーやトウガラシ、砂糖などであえた定番サラダ。

豆や芋のでんぷん質を原料として作られる麺で、コリコリとした食感が特徴。和食や中華、東南アジア料理によく登場する。代表的なものはジャガイモのでんぷん質で作られる春雨。ちなみに春雨によく似たビーフンは米粉が原料。

エリア：中国、韓国、日本、東南アジアなど

代表メニュー

酸辣粉（中国）	→P.40
チャプチェ（韓国）	→P.77
ネンミョン（韓国）	→P.80
ミエン・ルオン・サオ（ベトナム）	→P.96

アジアの名物グルメを路上で食す

地元の人たちが食べている「おいしいもの」は路上にあり!? 高層ビルの谷間に出現するサテー屋台や、今や風前の灯火となった路地裏の中華屋台など、名物スポットとグルメをご紹介。

名物：サテー
串に刺した肉の炭火焼きをピーナッツベースのソースに付けて食べる。チキン、マトン、ビーフなど。

① サテー・ストリート Satay St.@シンガポール

シンガポールで一番有名なホーカーセンター「ラオ・パ・サ・フェスティバル・マーケット」の南側の通り（ブーン・タット・ストリート Boon Tat St.）が、通称サテー・ストリート。19:00頃から、15軒ほどのサテー屋台が通りにオープンし、毎晩遅くまでにぎわう。

② 饒河街観光夜市@台湾
ラオホージエクワングアンイエシー

台北にある、ネオンで彩られた入口の門がおなじみの夜市。庶民的で、観光客にも地元の人たちにも人気が高い。約600mの屋台街には、ミシュランガイドでビブグルマンに選ばれたハイレベルな屋台料理のほか、金魚すくいやゲームの店など、グルメ以外のお楽しみも盛りだくさん。

名物：胡椒餅
たっぷりのコショウで味付けした豚肉とネギのあんを小麦粉の皮で包み、窯の内側に貼り付けて焼いたもの。「福州世祖胡椒餅」が特に有名。

ハノイの旧市街にあるターヒエン通りは50mほどの細い路地。毎日18:00頃から路上にテーブルと椅子が並び始め、一大飲み屋街と化す。地元の若者や外国人観光客が路地を埋め尽くし、週末は歩くのも大変なほどのにぎわいだ。

ターヒエン・ストリート Ta Hien St.@ベトナム

名物：ボー・ヌオン
甘めのたれに漬け込んだ牛肉を、バターをひいた鉄板で焼くベトナム流焼肉。ジャンクな味わいが若者を中心に人気。バイン・ミー（バゲット）と一緒に食べる。

広蔵市場@韓国
（クァンジャンシジャン）

100年以上の歴史がある、ソウルで最も古い市場のひとつ。韓国グルメの名店が多いことでも知られ、食べ歩きが楽しめる。緑豆チヂミのピンデトックや韓国風海苔巻きのキムパプ、ユッケなどの専門店が、通りごとに並んでいる。

名物：ユッケ
通称ユッケ通りにあるミシュラン掲載店「プチョンユッケ」が人気。

これぞ香港！な食体験ができる

強記大排檔@香港
（キョンゲイダイパイトン）

大排檔とは香港の伝統的な屋台のこと。以前は安くておいしい店の代名詞だったが、近年数が減り続け、今では貴重な存在に。古くて新しい街、深水埗にある強記大排檔は、現在も路上で中華鍋を用いて調理する。直火で豪快に調理することで、広東料理の炒め物の真髄「鑊氣wok hey※」を料理に与えることができる場として、今も愛用されている。

※中華鍋を用いて高温で調理することにより生まれる最高の香りや熱気、風味のこと。

アジアの調味料&食材

現地スーパーで入手したい

そこに暮らす人々の生活が見える、特色あふれるスーパーマーケットの厳選アイテムを、エリアごとに紹介。

東アジア

香港

XO醬（エックスオージャン）
干しエビや干し貝柱、金華ハムなどの高級食材にトウガラシ、ショウガ、ニンニクなどを調合して作る、香港生まれの合わせ調味料。そのまま食べてもおいしい。

出前一丁
なぜか日本以上に香港で人気の出前一丁は、香港オリジナルフレーバー多数。上から海鮮、XO醬海鮮、ゴマ油風味。

漢方のど飴
香港ブランド念慈菴のハーバルキャンディはのどを潤し不調を和らげてくれる。プラムやキンカンレモン味がある。

辣椒醬（ラッチウチョン）
辛味のなかに酸味やニンニクが効いたチリソース。四川料理によく使われ、香港でも多くのブランドが製造している。

マカオ

オイルサーディン
ポルトガル製のサーディン缶はおしゃれなパッケージにも注目。左はピリ辛のオイル漬け。

百花魁蟠桃果（バイファクェパントウクォー）
ノスタルジックな小箱の中にはゼリー状になったアンズの砂糖漬けが入っている。地元民に愛される昔ながらのお菓子。

オイスターソース
日本でもおなじみの李錦記のオイスターソースはレトロなパッケージのチューブタイプがおすすめ。香港に移転する前はマカオに本社があった。

018

韓国

コチュジャン
ビビンパプに欠かせない甘辛い味噌。もち米や玄米に麹やトウガラシなどを加えた発酵調味料。

クッカンジャン
韓国の醬油「カンジャン」はチンカンジャン、クッカンジャン、ヤンジョカンジャンなど数種類ある。写真のクッカンジャンは色が薄めで塩分濃いめ。

ハニーマスタードソース
フレンチマスタードとハチミツが調和した甘酸っぱいソースは、フライドチキンやサラダによく合う。

辛ラーメン
うま味と辛味のバランスが絶妙な、日本でもおなじみのインスタント麺。

韓国海苔
ゴマ油の風味と塩が効いていてご飯にもお酒にも合う。写真のヤンバンキム（양반김）は人気ブランド。

台湾

紅葱醬 & 沙茶醬
ホンツォンジャン　シャーチャージャン
台湾料理に欠かせないピリ辛調味料2種。左は紅葱頭と呼ばれる赤いエシャロットを使ったもの。右は魚や干しエビ入りでうま味たっぷり。

魯肉飯
ルーロウファン
魯肉飯（→P.61）が自宅で簡単に味わえる。缶詰には甘辛いたれで煮込んだ豚肉が入っている。

腐乳
フールー
「中国のチーズ」と呼ばれる豆腐の発酵食品は、塩味とうま味が凝縮されている。トウガラシ入りの赤腐乳もあり。

中国

鎮江香醋
ジェンジアンシアンツー
もち米を原料とした中国伝統の黒酢。炒め物の味付けやギョウザの付けだれに。世界3大名酢のひとつ。

「大白兔」のソフトキャンディ
ダーバイトゥー
1959年に中国で発売が開始されたミルク味のソフトキャンディ。東南アジアでも人気。

ラー油
中国最大の調味料ブランド老干媽（ローカンマ）はさまざまなラー油を開発。豚肉の細切りと豆鼓（トウチー）のラー油はご飯によく合う。

東南アジア

ベトナム

フルーツチップス
バナナやジャックフルーツなどの南国フルーツを植物油で揚げた、フルーツチップス。

ライスペーパー
生春巻の本場、ベトナムではライスペーパーの種類が豊富。サイズや形で選ぼう。

マム・トム
揚げ豆腐などに付けるエビの発酵調味料。かなりクセがあり臭いも強いので、地元でも好き嫌いが分かれる。

ヌックマム
ベトナム料理に欠かせない魚醤「ヌックマム」は、ニンニクとトウガラシ入りの揚げ春巻用などもある。

「チンス」のチリソース
ベトナムで一番人気の、トマトやニンニク入りの甘辛いチリソース。フォーにかけて。

カンボジア

コショウ
世界の食通が認めるカンボジア産のコショウ。左から黒コショウ、完熟コショウ、白コショウ。

カシューナッツ
少し渋味のある皮付きローストカシューナッツ。カンボジア産のカシューナッツは味がいいと密かに評判。

パームシュガー
ヤシの木から作る優しい甘さの砂糖。料理やコーヒーに入れると◎。

インドネシア

サンバル
串焼き、炒め物、スープなど何にでも使える辛味調味料(→P.132)。

トラシウダン
インドネシアの炒飯、ナシ・ゴレンなどに使用する小エビの発酵調味料。臭いが強烈なぶん、うま味も強い。

ソト・アヤムの素
インドネシアのチキンスープ、ソト・アヤムの素。優しい味わい。

タイ

ナンプラー
タイ料理に欠かせない魚醤。油と相性がよく、炒めるとコクが出る。

ペースト調味料
入れるだけで本格エスニックになる。右はガパオ炒め、左はヤム・ウンセンの素。

カピ
オキアミやエビを塩漬け発酵させて作るペースト状の発酵調味料。上級者向け。

シーユーカオ
大豆、小麦粉、塩、砂糖などから作るタイの醤油。日本のものに近い。

マレーシア

ブラチャン
タイのカピ、インドネシアのトラシウダンと製法は同じ。マレーシア料理やニョニャ料理に欠かせない。

マミーモンスター
フレーバーパウダーをふりかけて食べるラーメン状のスナック菓子。東南アジアで大人気。

ミャンマー

ンガピ
魚やエビの発酵調味料ンガピは、ミャンマー料理の味の決め手。

フィリピン

バゴオン
独特の臭いが特徴の、エビやアミの発酵調味料。調理に使ったり、ご飯と一緒に食べたり。

バナナケチャップ
トマトの代わりにバナナを使ったケチャップ。酸味控えめで甘く、ほのかにバナナが香る。

「7D」のドライマンゴー
世界中で人気のフィリピンのセブ島ビサヤ地方産ドライマンゴーブランド。甘味と酸味が凝縮されている。

シンガポール

ダークソイソース＆チリソース
チキンライス（→P.143）用のダークソイソースとチリソース。シンガポールのチキンライスには、このふたつとショウガのすりおろしが添えられることが多い。

カヤジャム
卵とココナッツミルク、砂糖、パンダンリーフなどを煮詰めて作るカヤジャムは、日本にはない味。

カップヌードル
ご当地フレーバーのカップヌードル。シンガポールはチリクラブやラクサ味がいち押し。

021

南アジア

インド

ピックル
インド版ピクルス。インド中東部で食べられている酸っぱい葉っぱ「ゴングラ」のオイル&スパイス漬け。

ワダのミックス粉
ミックス粉を水に溶いて形成し、油で揚げると、南インドの豆ドーナツ「ワダ」のできあがり。

ムルック
米粉、ヒヨコ豆などから作られる、南インドのスパイシーなスナック菓子。

雑穀の乾麺
化学調味料不使用の雑穀の乾麺は、ダイエット食としてもおすすめ。

キビ
繊維やプロテインが豊富なキビ。雑穀は南・西インドでよく食べられている。

ソヤ・チャンクス
ダイエット食としても注目されている乾燥大豆ミート。お湯で戻して使用する。

スイーツ
インドのギーを使ったスイーツはコク深い味わい。写真はドライフルーツ入りのハルワ。

パパド
塩コショウが効いた、薄い揚げせんべい。ウラド豆から作られている。

ギー
インドを中心に南アジア料理に使用される、バターオイルの一種。写真は生乳のみを使用した純度の高いギー。

ネパール

ミートマサラ
ターメリック、シナモン、クローブなど10種類以上のスパイスを調合した、肉料理用のマサラ。

インスタント麺
ネパールブランドのインスタント麺。炊いた米をつぶして干した保存食「チュウラ」と混ぜて食べるのが現地流。

野菜スナック
グリーンピースを油で揚げて、コリアンパウダーやチリパウダーをまぶしたスナック。

バングラデシュ

ガラムマサラ
何にでも使える万能ミックススパイスのガラムマサラ。具材と一緒に調理して現地の味を再現。

インスタント麺
バングラデシュの大手食品会社のインスタント麺。スープはあっさり塩味。

パキスタン

ナンカタイ
パキスタンの伝統的なビスケット。サクサク食感で甘い。

ローズウオーター
バラなどの花の蒸留液でできたシロップ。料理に使用したり水で割ってジュースにして飲む。南アジアや中東でよく使われる。

ミックススパイス
パキスタンを代表する煮込み料理、ニハーリー（→P.195）の素。

ピクルス
ニンジンやカリフラワーといった野菜を、オイルとスパイスで漬けたピクルス。

中央アジア

ウズベキスタン

スパイス
ウズベキスタン料理によく使われる、スターアニス（八角）やカルダモンの小袋はおみやげによさそう。

プロフの缶詰
湯煎もしくはレンジで温めるだけのお手軽缶詰プロフ（→P.201）。具材は牛肉、羊肉など。

ハルヴァ
東はバングラデシュから西はモロッコまで、多くの国で愛されるデザート「ハルヴァ」はウズベキスタンでも定番。

インスタント調味料
ラグマンやサモサなどが簡単に再現できるミックススパイス。

チョコレート
ウズベキスタンを代表するお菓子メーカーのチョコレートはどれもハイレベル。ちなみに社名はパッケージにある「Amilov」から「Crafers」に名称変更している。

アンズ＆イチジクジャム
ウズベキスタン産の最高級品種を使用したアンズとイチジクのジャム。糖度は高め。

スナック菓子
「Flint」のシャシリク（→P.201）フレーバーがいち押し。ひと口食べれば口の中がシャシリクの風味で満たされる。

024

西アジア

タヒニ
中東の代表的な調味料である白ゴマのペースト。栄養価が高く、あえ物やディップソースなどに使える。

サルチャ
トマトを煮詰めてペースト状にして発酵させた、トルコを代表する調味料。トマトのうま味が凝縮されている。

トルコ

ビベルサルチャ
赤トウガラシ、塩、レモン果汁で作るピリ辛ペースト。料理の風味付けに使用したり、パンに付けて食べる。

ブドウ酢&リンゴ酢
果物を発酵させて作るフルーツビネガーは、トルコの食卓に欠かせない調味料。

バスマティライス
インディカ米の高級香り米、バスマティライスをターメリックやニンニクで調理したもの。袋のままレンジで加熱すると食べられる。

チョコレート
サクサクのフィロ生地、ピスタチオ、ヘーゼルナッツなどが入ったバクラワ(→P.224)風味のホワイトチョコレート。

アラブ首長国連邦

イスラエル

レバノン

ザクロシロップ
トロッとしていて甘酸っぱいザクロシロップは、サラダや煮込み料理に使用。

デーツ
ナツメヤシの果実「デーツ」はドライフルーツにして食べるのが一般的。黒糖のような甘味とナッツのような香りがする。

デーツシロップ
シロップタイプのデーツは甘味料としても使えて便利。ビタミンやミネラルが豊富なスーパーフードだ。

025

パケ買いしたくなる！アジアのビール&お酒大集合

1年中暑い国が多いアジアの風土に合わせた、苦味が少なくゴクゴク飲める、クリアな爽快感が特徴のアジアビール。仏教国やイスラム教国でも意外と飲めるし、味やパッケージもさまざま。現地で飲みたいビール&お酒を紹介しよう。

イラストはアンコールワット

❶ 青島ビール Tsingtao Beer 中国
1903年設立の中国で最も古いビールブランドのひとつ。麦芽が香り、スッキリさわやか。

❷ ブルーガール Blue Girl 香港
ドイツブランドで製造は韓国だが、香港のビール業界の20％を占める。フルーティで甘い飲み口。

❸ 台湾ビール Taiwan Beer 台湾
軽い口当たりで中華料理によく合う。マンゴーやハチミツのフレーバービールなど種類豊富。

❹ カス Cass 韓国
軽くてスッキリとした味わい。1994年設立ながらも韓国シェアNo.1を誇る大人気ビール。

❺ バーバーバー 333 ベトナム
ベトナムを代表する333はホーチミンのビール。ベトナム南部で人気。かなりあっさり。

❻ ビアハノイ Bia Ha Noi ベトナム
首都ハノイのビール。ビアハノイは北部でポピュラー。ライトな口当たりで飲みやすい。

❼ サイゴン Saigon ベトナム
ベトナム大手ビールメーカーが造る南部で人気のビール。のど越しスッキリで口当たりもさっぱり。

❽ ラルー Larue ベトナム
1909年、フランスの統治下のダナンで造られたビール。やや酸味のある口当たり。

❾ フダ Huda ベトナム
中部の都市、フエのピルスナービール。苦味が少なく、ホップの香りがさわやかでゴクゴク飲める。

❿ ビアラオ Beerlao ラオス
ラオスの国民的ビール。ジャスミン米がほのかに香る上品な味わいで、スッキリとしたあと味。

⓫ アンコール Angkor カンボジア
スッキリとした飲み口のラガービール。カンボジア西南部の天然水を使用している。

⓬ カンボジア Cambodia カンボジア
ヨーロッパの原料、ドイツの最新技術を取り入れてカンボジアで造られるビール。地元の人に人気。

⓭ シンハー Singha タイ
1933年にタイで初めて誕生したビール。さわやかな飲み口だがホップの芳香が強い。

⓮ チャーン Chang タイ
2頭のゾウのパッケージがタイ感満点。さっぱりしているが、独特のコクとあと味がある。

⓯ ミャンマー Myanmar ミャンマー
1997年製造開始のラガービール。軍系ビールのため、政変後は市民には不人気。

⓰ バリハイ Bali Hai インドネシア
バリ島で一番飲まれているビール。穀物の香りとスッキリとしたあと味が特徴だ。

⓱ ビンタン Bintang インドネシア
インドネシアで「星」を意味する。辛口のピルスナーで、苦味は少なく飲みやすい。

⓲ タイガー Tiger シンガポール
1932年設立のシンガポール製ビール。世界60ヵ国以上で飲まれている人気ブランド。

⑲ タイガー・ラドラー [シンガポール]
Tiger Radler
タイガービールの柑橘系ジュース割りはビールが苦手でも飲める。アルコール度2%。

⑳ サンミゲル San Miguel [フィリピン]
フィリピンはもちろん、香港などアジアでも広く飲まれている。コク深く重厚な味わい。

㉑ キングフィッシャー [インド]
Kingfisher
インドのビールといえばこれ。キングフィッシャー(カワセミ)がラベルに描かれている。

㉒ ネパールアイス [ネパール]
Nepal Ice
ヒマラヤの清流水を使ったピルスナータイプのビール。コク深く、少し甘味がある。

㉓ エベレスト Everest [ネパール]
1953年のエベレスト初登頂から50周年を記念して製造されたビール。辛口で苦味しっかり。

㉔ センガー Sengur [モンゴル]
2007年に誕生したモンゴルを代表するビールブランド。軽くてさっぱりしている。

㉕ ライオン Lion [スリランカ]
フルーティでコク深い。約7割が仏教徒のスリランカではお酒が飲める場所が少なく、満月の日は酒の提供禁止。

㉖ マカビー [イスラエル]
Maccabee
ユダヤの英雄の名を冠したマカビーは軽やかで飲みやすい。㉗の「ゴールドスター」と同じメーカーのビール。

㉗ ゴールドスター [イスラエル]
Goldstar
1950年に誕生したイスラエル初のドラフトビールで国内シェアNo.1。まろやかな味わい。

㉘ エフェス Efes [トルコ]
トルコの国民的ビールブランド、エフェスのなかでも定番がピルスナー。ほのかな甘味。

㉙ アルマザ Almaza [レバノン]
アラビア語でダイヤモンドを意味するレバノン製ビール。アルコール度4.2%で飲み口さわやか。

㉚ マウント・ヘルモン [イスラエル]
Mount Hermon
ワインの名産地であるイスラエルのゴラン高原のワイナリーが生産するワイン。

㉛ モンテフィオーレ [イスラエル]
Montefiore
ユダヤ教の教義にのっとった生産方法で造るフルボディの赤ワイン。カシスやブラックベリーの香り。

㉜ ラク Rakı [トルコ]
アニスの香りが濃厚なトルコの地酒。水で割ると白く濁るのでライオンのミルクともいわれる。

㉝ マッコリ Makgeolli [韓国]
米を主原料とする白く濁った発酵酒。まろやかな口当たりでほんのり甘く、飲みやすい。

㉞ 紹興酒 Shaoxingjiu [中国]
もち米と中国浙江省紹興市の鑑湖の湧水で醸造し、3年以上熟成させた黄酒の一種。

東アジア
East Asia

モンゴル高原、中国大陸、朝鮮半島、台湾、日本列島などを含む地域を指す。モンスーンの影響を受け、冬は寒くて乾燥し、夏は高温多湿。気候を生かして古くから農耕が行われてきたため主食は米の国や地域が多い。小麦栽培が盛んな中国では、小麦粉を使った麺やギョウザが発達した。世界3大料理に数えられる中国料理、トウガラシや発酵食品を多用する韓国料理、そして日本料理とグルメも多彩。

モンゴル →P.84

北はロシア、南は中国に囲まれた内陸国。国土の半分以上は草原（ステップ）で、中国との国境付近にはゴビ砂漠が広がる。内陸性の乾燥気候で、冬季の平均気温は0℃を下回る。人口の約50％が首都ウランバートルに住み、年々減少しているが、ゲルという移動式住居に住み、家畜とともに草原を移動して生活する遊牧生活を送っている人もいる。

モンゴル
（P.84）

『東方見聞録』に記述されたアジアの香辛料

ヴェネツィアの商人であり冒険家のマルコ・ポーロが13世紀に書いた旅行記『東方見聞録』には、アジアの香辛料についての記載がある。例えば中国ではシナモンやクローブ、インドではカルダモンやコショウについて言及しており、当時の交易における香辛料の重要性を示している。

豆板醤
ソラ豆、トウガラシなどを発酵させてできる味噌

中国
（P.30）

オイスターソース
カキを主原料とするうま味たっぷりのソース

香港
（P.42）
マカオ
（P.54）

マカオ →P.54

中国大陸南岸の珠江デルタに位置し、広東省珠海市と陸続きのマカオ半島と、タイパ島、コロアネ島からなるマカオ。経済を支えるのは観光業で、なかでも世界1位の売り上げであるカジノ産業は財政収入の8割を占める。旧宗主国のポルトガル料理の影響を受けたマカオ料理は、大航海時代の味。東西融合の異国情緒漂う街角で味わってみたい。

▶ おもな農産物 米 小麦 雑穀 イモ類　トウモロコシ

中国 →P.30

ユーラシア大陸東岸に位置する、人口世界2位、面積世界4位の大国。14の国と国境を接する。黄河や長江といった大河の近くで文明が栄え、最初の王朝ができたのは紀元前2000年頃。食の歴史も古く、周辺諸国へはもちろん、シルクロードを通って西側諸国へも伝播した。中国料理は世界3大料理のひとつに挙げられる。

韓国 →P.72

朝鮮半島の南部にある日本の隣国、韓国は、日本とよく似た気候だが、夏はより暑く、冬はより寒い。箸文化やお正月に食べる雑煮は日本と似ており、中国と同じように「医食同源」の考え方も。食事に欠かせないキムチなど独自の食文化も多彩。昨今の韓流ブームにより、韓国のエンタメや食文化は日本でも非常に身近な存在だ。

コチュジャン
もち米麹、トウガラシ粉などで作られる発酵調味料

北朝鮮

韓国
(P.72)

日本

台湾 →P.60

中国大陸と南西諸島の間に位置する島国で、面積は九州より少し小さいくらい。国土の中央を3000m級の山脈が縦断しており平野部は少ない。亜熱帯〜熱帯に属するが、北部にある首都台北周辺の冬は冷え込む。海と山の幸が豊富でバラエティに富んだ台湾料理は、日本人にもなじみやすく、昨今日本でブームを巻き起こしている。

台湾
(P.60)

香港 →P.42

中国大陸の南側に位置し、九龍半島と香港島を合わせたメインエリアと、中国大陸からつながる新界と呼ばれるエリアからなる。世界的に重要な金融センターであり、2022年には世界一物価が高い都市となった。食の都と称されるだけあり、広東をはじめとする中国料理はもちろん、ローカル料理に海鮮料理、世界中の美食が集う。

 マメ類　 バナナ　 トマト　 ブドウ　 香辛料　 ナッツ類　 柑橘類　オリーブ

029

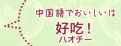

中国

People's Republic of China

中国語でおいしいは
好吃！
ハオチー

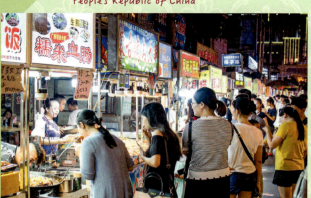

おやつや夜食などで食される小吃（シャオチー。スナックや軽食の意味）の店が並ぶ市場が各地にある

DATA
首都：北京
言語：中国語
民族：漢民族92％、55の少数民族

主食
中国北方は小麦が農作の中心で、主食は小麦から作る麺類やマントウ（蒸しパン）。稲作中心の南方では米が主食。

　古代から文明が発達した中国大陸では、食文化の歴史も古く、周の時代（紀元前1043年頃〜紀元前256年）には、焼く、煮る、漬けるなどの調理法を用いた会席料理が存在したという。国土が広く、気候や風土によって各地域独自の料理が磨き上げられ、多彩な料理・食文化を有する。フランス、トルコと並んで世界3大料理のひとつに挙げられるほど評価が高く、他国の料理にも大きな影響を与えてきた。中華鍋で強い火力を用いた炒め物が多く、食事にはスープなど汁物が供される。北方の料理はこってりと味は濃いめ、西部の四川の料理は辛くて酸っぱく、南東部の上海や広東は比較的あっさり。日本では北京、上海、広東、四川の料理が一般的に知られている。

家庭の食卓。大皿に盛った料理を皆で取り分けて食べる

もっと知りたい！ 食の雑学

おもな地方料理はこの8つ

中国で一般的なのが8大料理と呼ばれるもの。山東（魯菜）・江蘇（蘇菜）・浙江（浙菜）・安徽（徽菜）・福建（閩菜）・広東（粤菜）・湖南（湘菜）・四川（川菜）の8つの料理だ。さらに北京料理と上海料理を加えて10大料理とも。

中国料理と中華料理、何が違う？

中国料理は中国本土で食されている料理。一方の中華料理は日本人に合うようにアレンジされた料理と捉えられている。中華丼、天津丼、冷やし中華、甘いエビチリは日本発祥で、中国には存在しない料理だ。

古代より「食」は重要視されていた

『漢書』には「民以食為天（民は食をもって天となす）」とあり、食は非常に大切なものだと認識されていたのがわかる。大皿に盛られた料理を皆で囲み、にぎやかにコミュニケーションをとりながら食事するのが中国の食習慣。

冷たい料理を食べないのはなぜ？

「薬食同源」という日本でいう「医食同源」の考えに基づき、食材によって体が冷えることが病気につながると考えられており、一般的に冷たい料理は好まない。暑いときには体を冷やす性質の食材を食べるのが基本。

江戸時代初期、長崎に中国料理店が登場、明治時代になって長崎や横浜にも中国人居住区ができ、中国料理が日本へ浸透。

編集部が選ぶ 必食グルメ TOP5

バラエティ豊かな中国料理は、地方ごとに名物料理が存在。各地方を代表する人気料理をピックアップ！

北京烤鴨（北京料理）
ベイジンカオヤー

北京ダック。砂糖水を塗ったアヒルをまるごと窯で焼く。パリッと焼き上がった皮をそぎ切りにし、小麦のクレープ状の薄皮にネギやキュウリ、甜麺醤とともに包んで食べる。

大閘蟹（上海料理）
ダージャーシエ

上海ガニのこと。長江流域の湖や支流に生息し、蘇州の陽澄湖産が珍重されている。秋から初冬にかけてが旬。濃厚なカニ味噌が特徴で、うま味を逃さず味わえる調理法は姿蒸し。

麻婆豆腐（四川料理）
マーボードウフ

四川料理の代表格。豆腐とひき肉をトウガラシ、花椒、豆板醤、豆豉などで炒め煮にした料理。花椒のしびれる辛味「麻」、トウガラシの強い辛味「辣」を併せもつ「麻辣」の味覚が特徴。

叉焼（広東料理）
チャーシャオ

豚肩ロース肉を甘辛味の調味だれに漬け込み、ハチミツやシロップなどを塗り、金串に刺して専用の窯で焼く。叉焼をはじめとするロースト類は広東料理で欠かせないもののひとつ。

小籠包（上海料理）
シャオロンパオ

上海名物の点心。豚ひき肉に刻んだ野菜などを混ぜ、ゼリー状にしたスープと一緒に小麦粉の皮に包んで蒸籠で蒸したもの。ひとかみすると肉汁たっぷりのスープがあふれ出る。

> 麻婆豆腐は19世紀中頃、成都で食堂を営む陳劉さんが考案。彼女の顔にあばた（麻点）があったため「陳麻婆豆腐」と呼ばれるように。

もっと知りたい！ 中国料理

広東料理

中国南部の広東省を中心に香港やマカオで食されている料理。沿岸南部に位置し海産物が豊富なうえ、古くからの海外交易により食材はバラエティ豊か。味付けは食材のもち味を生かしたあっさり味が基本。

紅焼大群翅
ホンシャオダーチュンチィ

フカヒレの姿煮。フカ（大型のサメ）のヒレを天日乾燥させたものを戻して使う。ヒレの形をそのまま残し、ゼラチン質の繊維の奥までスープのうま味をしみ込ませてある。

蠔汁鮑魚
ハオヂーバオユイ

干しアワビのオイスターソース煮込み。水に浸けた後、金華ハムのスープで煮戻したアワビを、オイスターソースや調味料で味付け。もっちりした食感で、かむほどにうま味が広がる。

冬瓜盅
ドングワヂョン

トウガンのワタをくり抜いた空洞に具材とスープを入れて蒸し上げる。具材はおもに金華ハム、干しエビや干し貝柱、干しシイタケなどの乾物類。内側の果肉とともにスープを味わう。

脆皮炸子鶏
ツイピーザーズージー

鶏をまる揚げにした料理。下処理をていねいに行った後、油をかけ回しながら揚げることにより、皮をパリッとクリスピーに、肉はしっとりと仕上げるのがポイント。

咕嚕肉
グールーロウ

豚肉の甘酢炒め。日本の定番中華の酢豚の原型ともいえる料理。豚肩肉に下味、衣を付けて揚げ、ピーマンやタマネギとともにケチャップベースのソースをからめて炒めてある。

蠔油牛肉
ハオヨウニウロウ

牛肉のオイスターソース炒め。広東の家庭料理でポピュラーな料理。オイスターソースをベースに醤油や砂糖、だしスープなどで味付け。青菜などの野菜を添えると彩りがよくなる。

西蘭花帯子
シーランホワダイズー

ブロッコリーとホタテ貝柱の炒め物。さっぱりとした塩味で、ホタテのうま味とブロッコリーのほのかな甘味が引き立つ。野菜は季節の青物を使う場合もある。

Column
広東料理の真髄が詰まった美味スープ

広州の漢方薬材の市場

二重蒸しスープの燉湯

中国ではスープは食事の最後に出されることが多いが、広東料理では最初にスープを飲む。豚や鶏などの肉類と漢方の生薬にもなる薬材を長時間煮込んだ、体にも美容にもよいとされる「医食同源」を具現化したスープだ。具材を水とともに鍋で煮込む煲湯（バオタン）と茶碗蒸しのように水と具材を入れた容器を蒸し器の中に入れて二重蒸しにする燉湯（ドゥンタン）の2種類があり、前者は家庭の日常スープ、後者は手間がかかるぶん、うま味も栄養分も保たれた雑味のないスープとなる。中をくり抜いたトウガンを器に仕立てて蒸し上げる「冬瓜盅」（→上記）も二重蒸しスープの一例だ。

「食在広州（食は広州に在り）」という言葉からも、広東人の食へのこだわりの強さ、食材や料理の多彩なさまがうかがえる。

潮州料理

　広東省潮州市や汕頭市を中心に食されている。海に近く海産物を多用。魚介の乾物、魚醤などを使ったうま味と塩味の料理が多く、あっさりとした味付けで素材のうま味を引き出した料理が特徴。魚介のすり身で作る練り製品も豊富。

潮州凍蟹
チャオジョウドンシエ

潮州特産の花ガニを塩ゆでした後、冷まして食べることにより、身が締まったカニ肉の甘味とうま味が存分に味わえる。この潮州独特の食べ方は、魚やイカにも用いられる。

鹵水鵝片
ルーシュイウービエン

ガチョウのたれ煮。香料や氷砂糖で調味した醤油だれ（鹵水）に、ガチョウをまるごと漬け煮にしてある。米酢を付けて食べる。たれ煮は潮州の特徴的料理で、豆腐やイカなどの具材も使う。

蠔仔粥
ハオザイジョウ

小ぶりのカキの雑炊。潮州語で粥は糜(ムェ)といい、広東風の米粒がなくなるほど煮込んだものではなく、雑炊に近いさらっとしたもの。カキのほか、イカや魚の粥がある。

客家料理 (はっか)

　華北地方に起源をもつ客家と呼ばれる人々が南方へ移住した後も、守り続ける伝統料理。流浪の歴史から保存の効く漬物や乾物をよく使う。カラシナの仲間の野菜を塩漬け干しにした梅菜は有名。塩辛く濃い味付けが多い。

塩焗鶏
イエンジュイジー

まるごと鶏の塩蒸し焼き。下処理をして調味料をすり込んだ鶏を紙に包み、大量の塩の中に埋め込んで蒸し焼きにすることで鶏のうま味がギュッと凝縮される。客家料理を代表する料理。

梅菜扣肉
メイツァイコウロウ

梅菜はカラシナの仲間の青菜の茎と葉を塩漬けにして自然乾燥させた漬物のようなもの。これと脂身たっぷりの豚肉をトロトロに煮込んだボリュームのある料理。

東江釀豆腐
ドンジャンニャンドウフ

広東省の東江流域の名物料理、肉詰め豆腐。豚ひき肉に干しシイタケやネギなどと調味料を混ぜたあんを、豆腐の切り込みの間に詰めて、醤油ベースの合わせ調味料でじっくり煮込む。

Column
潮州伝統の喫茶方法 「工夫茶（ゴンフーチャー）」

食欲増進、消化促進の効果もあるという工夫茶

　潮州は昔からお茶の集散地で、潮州人はお茶をこよなく愛し、独特のお茶の飲み方が暮らしに浸透している。明代には流行していたといわれる喫茶の習い「潮州工夫茶」は、特定の茶葉と茶器、作法で入れるお茶。鳳凰単欉や鉄観音といった烏龍茶、精緻な茶器が必須。小さな茶杯に濃いめに入れたお茶を、まず香りを楽しんだ後、口の中でゆっくりと味わう。友人が集まったり来客をもてなしたりするときに欠かせないコミュニケーションツールでもある。潮州料理のレストランでも、食前と食後にこの工夫茶をサーブするところもある。

 客家の人々は、広東省、江西省、福建省を中心に、香港や台湾、タイ、マレーシアなど東南アジアにも広く居住。

もっと知りたい！ 中国料理

北京料理

歴史が長い山東料理をルーツとし、宮廷料理の流れをくむ。麺やギョウザ、饅頭など小麦を使ったものをメインに、肉類を多用。特に羊肉を使う料理も多く、余すところなく活用する。寒い地方なので、味付けは脂っこく濃い。

京醤肉絲（ジンジャンロウスー）

細切りにした豚肉を炒め、甜麺醤をベースにした甘味のあるソースをからめた人気料理。細切りネギやキュウリとともに豆腐皮（薄い板状の豆腐）に巻いて食べるのが伝統的。

葱爆羊肉（ツォンバオヤンロウ）

羊肉とネギを強火で炒めた料理は、家庭でもよく作られている。羊肉を炒めて醤油または塩で味付けし、ネギとショウガを加えてさっと炒めれば完成。もとは山東省の料理だという。

涮羊肉（シュアンヤンロウ）

羊肉のしゃぶしゃぶ。薄く切った羊の肉を鍋のスープにくぐらせて食べる。羊肉のほか白菜や葉野菜、春雨、湯葉なども鍋の具材に。薬味を入れたゴマだれに付けて食べる。

水餃（シュイジャオ）

北京や東北地方で主食として日常的に食べられているのがギョウザ。焼きギョウザもあるが、ゆで上げる水ギョウザが主流。縁起のよい料理で、中国の正月には家族総出で作って食べる。

炸醤麺（ジャージャンミエン）

家庭料理のポピュラーな麺料理。豚ひき肉を黄醤（豆味噌）や甜麺醤で炒めて作った肉味噌を、ゆでた麺の上にのせ、キュウリやネギなどとあえて食べる。北京では大豆をのせる。

刀削麺（ダオシャオミエン）

山西省発祥の麺料理。小麦粉の生地を、湾曲した専用の包丁で沸騰する湯の中に削り出す。麺は細い柳の葉のような形状で、コシのある独特の食感。あんやたれにからめて食べる。

焼餅（シャオピン）

小麦や大麦の粉を使って焼いた、表面にゴマを振った丸いパン。半分に切って炒めた羊肉や牛肉を挟んで食べることも多く、そぼろ肉を詰めた肉末焼餅（ロウモーシャオピン）が有名。

Column
肉まんを考案したのは諸葛孔明!?

おなじみの肉まんのルーツは、中国の三国時代（220年頃）に遡り、軍師、諸葛孔明の発案によると伝わる。『三国志演義』の記述は次のとおり。南蛮征伐の帰途、川の氾濫で行く手を遮られた際、地元の風習では川の神を鎮めるためには49の人頭を捧げなければならないと聞いた孔明。人を犠牲にしてはならないとして、小麦粉で皮を作り牛と羊のあんをくるんで人頭に似せたものを作って川に投じ祭礼を行ったところ、川は鎮まり無事帰還できた。この肉まんを孔明が「饅頭」と名付けたと記されており、これが肉まんの起源という。ちなみに現代の中国では具入りの蒸しパンは「包子（バオズ）」と呼ばれ、饅頭（マントウ）は通常、具の入っていないものを指す。

包子の中身は肉類のほか、野菜やアズキあんなど

 鎌倉時代以降、中国の禅僧によって羊羹（羊のスープ）が中国から日本へ。禅宗では肉食を禁じていたため羊肉の代わりにアズキなどを用いて作ったものが和菓子の羊かんの原形に。

東アジア ◎ 中国

上海料理

「魚米之郷」と呼ばれる上海周辺の料理。海産物のほか、長江流域では淡水生のエビ、カニ、魚が獲れ、さらに米の産地でもあることから、食材は豊か。酒や醤油、黒酢といった醸造品や、砂糖や麦芽糖を多用し、こってりと甘い味が特徴。

東坡肉
ドンポーロウ

杭州名物の豚の角煮。北宋の時代の詩人、蘇東坡（蘇軾）の名を冠した由来には、蘇東坡が考案したとも好物だったとも諸説ある。皮付きの豚バラ肉を紹興酒と醤油、砂糖で煮込んでいる。

松鼠桂魚
ソンシューグイユイ

白身でクセもない淡水魚の桂魚（ケツギョ）の甘酢あんかけ。尻尾を残して背骨を取り除き、身にさいの目の切り込みを入れて衣を付けて油で揚げ、甘酢あんをかけて完成。

酔蟹
ズイシエ

生きたままの上海ガニをショウガや花椒などの香辛料とともに紹興酒に漬け込む「酔っぱらいガニ」。トロッとした食感で深い味わいだが、寄生虫の心配があるので、店選びは慎重に。

龍井蝦仁
ロンジンシアレン

浙江省杭州の代表料理、川エビの龍井茶炒め。龍井茶は杭州特産の緑茶で、香ばしい香りとさっぱりとした味わいの銘茶。茶葉の芳しい香りとエビの甘味のハーモニーが楽しめる。

叫化鶏
ジャオホワジー

江蘇省の名物、まる鶏の蒸し焼き。下処理をした鶏に野菜などを詰めてハスの葉で包み、泥や粘土で固めてかまどで長時間蒸し焼きにしたもの。別名、乞食鶏（こじきどり）。

生煎包
ションジエンバオ

味付けした豚ひき肉を小麦粉の生地で包んだ小ぶりの包子を、鉄板で蒸し焼きにした点心。表面はカリッと香ばしく、もちもちした皮の中からあふれ出る肉汁がおいしい。

揚州炒飯
ヤンジョウチャオファン

江蘇省の町、揚州で昔から食べられていた卵炒飯をもとに、ハムやエビ、ネギやグリーンピースなどさまざまな具材を入れるものに進化。現代では中国全土に広まり、炒飯の基本に。

Recipe 本場の味を自宅で再現！
◎ 龍井蝦仁（川エビの龍井茶炒め）

龍井蝦仁

龍井茶は平べったく細長い形状で色味もきれい

[材料] 2～3人分
- エビ（むき身）……………200g
- 龍井茶………………………3g
- ショウガ……………ひとかけ
- 塩………………………………少々
- 酒………………………………大さじ1
- 卵（卵白）……………………小さじ1
- 片栗粉………………………小さじ1
- サラダ油……………………適量

[作り方]
1. 背わたを取ったエビに酒、おろしショウガ、塩、卵白、片栗粉を混ぜ合わせ、冷蔵庫で寝かせる。
2. 龍井茶（なければ緑茶）の茶葉を50mlほどの熱湯で蒸らす。
3. 中華鍋で、多めのサラダ油を熱しエビを油通ししておく。
4. 再び鍋でショウガを香りが出るまで炒め、エビを戻し入れ、2の茶葉（お湯ごと）も加えて炒める。
5. 塩で味を調える。

紹興酒はもち米を使って紹興市で醸造され3年以上熟成させた黄酒のこと。熟成期間の長いものは銘酒とされる。

もっと知りたい！中国料理

四川料理

四川省を中心とした地方料理。高温多湿の気候風土から、香辛料を多用した辛い料理が多い。山椒の一種である花椒とトウガラシによる「麻辣（マーラー）」というしびれる辛味が特徴。調味料は豆板醤を多用。辛くない料理もある。

水煮魚
シュイジューユイ

薄くスライスした淡水魚を豆板醤ベースのスープでモヤシなどの野菜とともに煮込み、仕上げにトウガラシ、花椒の香りを移した沸騰油をかけたシビ辛料理。牛肉に替えれば水煮肉片。

宮保鶏丁
ゴンバオジーディン

鶏肉とピーナッツの炒め物。さいの目切りにした鶏肉を炒め、トウガラシ、豆板醤、米酢、砂糖などを加え、ピーナッツと一緒に炒め合わせたもの。カリッとしたピーナッツの食感が絶妙。

辣子鶏
ラーズージー

ぶつ切りにした骨付き鶏肉を素揚げにし、大量のトウガラシや花椒、ショウガ、ニンニクなどと炒めた料理。トウガラシは風味を付けるためのものなので、食べない。ビールとの相性抜群。

干煸四季豆
ガンビエンスージードウ

サヤインゲンと豚ひき肉をトウガラシや花椒、豆板醤などの調味料とともに、少量の油で水分が飛ぶまでカリカリに炒めた料理。芽菜（ヤーツァイ）という漬物を加えることでうま味を出している。

四川火鍋
スーチュアンフォグオ

中国で火鍋（鍋料理）の本場とされる四川省重慶。火鍋のスープは豆板醤、干しトウガラシ、花椒、ショウガなどを用いた麻辣味ベースだ。仕切った片方に白湯スープを入れた鴛鴦（エンヤン）火鍋もある。

乾焼蝦仁
ガンシャオシアレン

エビのチリソース炒め。豆板醤や花椒を効かせてうま味をエビにしみ込ませ、強火で余分な汁気を煮詰めて仕上げる。殻付きのエビを用いることが多い。日本のエビチリのもとになった料理。

回鍋肉
ホイグオロウ

ゆでるか蒸かした皮付きの豚バラ肉を薄切りにして、葉ニンニク、トウガラシや豆板醤、ラー油などで炒めたもの。日本ではキャベツを使い、甜麺醤を多めに使った味付けのものが一般的。

Column

日本でも人気！まだまだある四川の名物料理

しびれる辛さの麻辣ブームが日本を席巻し、四川料理が広く知られることに。酒のつまみにもぴったりの辛味の効いた前菜メニューはこちら。

蒜泥白肉（スァンニーバイロウ）
ゆで豚にたっぷりのニンニク、ラー油、ゴマ油、砂糖、酢、醤油などを合わせたピリ辛ソースをかけたもの

棒棒鶏（バンバンジー）
四川の前菜（冷菜）の代表料理。蒸し鶏に、ゴマペースト、粉末花椒、砂糖、酢、醤油、ラー油、ゴマ油などを混ぜたピリ辛ゴマだれをかけた料理

夫妻肺片（フーチーフェイピェン）
成都の郷土料理。牛の心臓、肺、ハチノスといった内臓肉を香辛料で煮込んで冷やして薄切りにし、ラー油、花椒、トウガラシなどのたれをかけてある

トウガラシに含まれるカプサイシンが発汗を促すことが健康を維持するのに役立つというのが、辛い料理が好まれた理由のひとつ。

福建料理

福建省を中心に食べられている料理。土地柄からカキやイカ、ハモなどの海産物やキノコ、タケノコなど山の幸を多用。スープ料理が多種多彩で、調味には紅麹や酒粕、魚醬、黒酢などが使われる。味付けは淡泊、または甘め。

仏跳牆
フォーティヤオチャン

おもに乾物の具材を陶器の壺に入れ、数日かけて蒸し煮にした福建省福州発祥のスープ料理。具材は干しアワビ、干し貝柱、フカヒレ、干しナマコ、金華ハム、シイタケなど数十種類。

海蛎煎蛋
ハイリージエンダン

福建の特産であるカキ入りのオムレツ。小ぶりのカキを焼き色が付くように炒め、サツマイモのでんぷん粉を水で溶いて回し入れ、最後に卵を加えて焼き上げる。

炒沙茶牛肉
チャオシャーチャーニウロウ

牛肉のサテソース炒めは福建省南部の料理。沙茶醬は魚介をベースにニンニク、トウガラシ、大豆油などを合わせたうま辛の調味料。東南アジアのサテソースがこの地に伝わりアレンジされた。

雲南料理

中国の西南部に位置する雲南省の料理。隣接する四川省の四川料理系の料理と、20以上の少数民族の料理からなる多様さが特徴。トウガラシを使った辛くて酸味のある味付けが多く、山あいの土地柄からキノコ類が豊富に使われる。

汽鍋鶏
チーグオジー

鶏肉の薬膳スープ。建水特産の中央に円錐型の蒸気穴がある素焼き鍋を使い、水を使わず、素材から出る水分だけで3〜4時間、蒸気で蒸し煮にすることで、うま味が凝縮されたスープに。

過橋米線
グオチアオミーシエン

米で作った麺「米線(ミーシェン)」は雲南の人々が大好きな麺。最も有名な米線料理が過橋米線で、鶏肉や豚肉で取った濃厚かつアツアツのスープに、豚肉や野菜などの具と麺を入れて食べる。

菌子火鍋
チンズーフオグオ

雲南特産の多種類のキノコを用いた鍋料理。スープのベースは鶏ガラスープで、ナツメやクコの実などの漢方薬材を入れることも。じっくり煮込んだスープは香りもうま味も格別。

Column
長崎ちゃんぽん、皿うどんのルーツは福建の麺料理

福建料理は日本ではあまり名が知られていないが、歴史をたどると縁のある料理だとわかる。中華街が最初にできたのは江戸時代。当時唯一の開港地だった長崎に福建系の中国人が築いた。長崎に伝わった中国料理や南蛮料理を日本料理化した卓袱(しっぽく)料理は江戸時代にブームに。福建省の禅僧が伝えたとされる精進料理は普茶料理として郷土料理に。そして明治時代、福建省出身の主人が営む料理店「四海樓」で、福建の湯肉絲麺を日本風に工夫して生み出した麺料理が「ちゃんぽん」と名を変え、長崎の名物料理になったといわれる。とはいえ、福建省福清市の燜麺がちゃんぽんのルーツという別説もあり詳細は不明だが、福建の麺料理が起源というのは確かのよう。

福清市の郷土料理、燜麺(モンメン)

福建省の沙県をはじめ福州市や厦門市はワンタンやシュウマイ、カキ入りの揚げパンなど小吃(スナック類)の宝庫。

もっと知りたい！ 中国料理

湖南料理

中国で最も辛い料理。湖南料理の辛さは「酸辣」「鮮辣」といった酸味のある辛味、鮮烈な辛さが特徴。強火で一気に火を通し素材をシャキシャキに仕上げる調理法「爆炒」をよく使う。色味の濃い料理が多いのも特徴に挙げられる。

剁椒魚頭（ドゥオジャオユイトウ）

淡水魚の頭に剁椒という刻みトウガラシの発酵調味料、豆豉、砂糖、醤油などを炒めたソースをかけ、蒸し焼きに。酸味と辛味が絶妙なソースは、残ったら麺にかけて食べるのが湖南流。

紅焼肉（ホンシャオロウ）

中国各地にある豚肉の角煮。湖南省のものは同省出身の毛沢東が好んだというレシピで、毛氏紅焼肉とも呼ばれる。醤油は使わず、砂糖や酒をメインにトウガラシ、香辛料などで味付けしたもの。

酸辣湯（スアンラータン）

酢の酸味とトウガラシの辛味が効いたスープ。豆腐、鶏肉、キノコやタケノコなどの具材を、醤油、ショウガ、酢、コショウなどで調味したスープに入れ、とろみを付け、溶き卵で仕上げる。

富貴火腿（フウグイフオトゥイ）

金華ハムをハチミツや砂糖で煮込み、塩分を抜き甘い味付けにしたもの。薄切りにし、四角い蒸しパンに挟んで食べる。香りがよくとろみのある蜜がパンにしみ込むとおいしさ倍増。

黒臭豆腐（ヘイチョウドウフ）

強い発酵臭で知られる臭豆腐は、もともとは湖南省の郷土食。通常は茶色だが、長沙の臭豆腐は真っ黒。油でカリッと揚げてあり、酸味と辛味のあるたれを付けて食べる。

辣椒炒肉（ラージャオチャオロウ）

豚肉と青トウガラシを醤油や豆豉などでシンプルに炒めた料理。鮮烈に辛い青トウガラシが主役的な存在感を放つが、クセになりそうな辛さで白いご飯が進む一品。

孜然排骨（ズーランパイグゥ）

豚の骨付きバラ肉を、クミンをベースにニンニク、ショウガ、トウガラシ、シナモン、八角などで味付けして揚げる、または炒めた料理。多種類のスパイスの、複雑で奥深い味わいが特徴。

Column

剁椒（ドゥオジャオ）は湖南料理に欠かせない発酵調味料

市販の剁辣椒

剁はみじん切り。剁椒は細かく刻んだ生のトウガラシにニンニク、ショウガ、塩、酒などを加えてよく混ぜ合わせて瓶に詰めて発酵させた調味料。1週間くらい熟成させると猛烈な辛さに、発酵のほのかな酸味とうま味が加わり、万能の辛味調味料になる。そのままご飯や麺にのせたり薬味や付けだれに使ってもいいし、炒め物や蒸し物に使ってもよい。赤トウガラシ、青トウガラシの2種類のものがある。湖南料理のほか、四川や貴州の料理でもよく使われるが、湖南のものは酸味があるのが特徴。

 左宗棠鶏（さそうとうどり、揚げ鶏の甘酢炒め）は湖南料理とされるが、アメリカの中国料理店で誕生した料理で、湖南にはない。

チベット料理

チベット高原を中心に食べられている料理。ヤクや羊、ヤギの肉料理がメインで乳製品も多い。主食は煎った大麦の粉にヤクの乳で作ったバター茶を加えて練ったツァンパ。味付けは塩や花椒を用いたシンプルなもの。

モモ Momo

チベット発祥のギョウザ。小麦粉を練った皮で、羊肉やヤクの肉、野菜、チーズなどを巾着状に包み、蒸し上げる。トマトベースの辛いたれに付けて食べる。揚げたものもある。

シャパレ Sha Phaley

味付けした肉とキャベツを、小麦粉を練って作った皮に包んで揚げたチベット風パイ包み。パレはチベットのパンのことで、地域によって円形や半円形などバリエーションがある。

テントゥック Thenthuk

チベット東北部のアムド地方のうどん料理。きしめんのような平打ちの麺のほか、すいとん状のものも。トマトをはじめ野菜の具材にニンニク、ショウガの効いたとろみのあるスープ。

ウイグル料理

新疆ウイグル自治区を中心に暮らすウイグル族の料理。イスラム教徒が多く、ハラル食材を用いたムスリム料理が食されている。主食は小麦と米、肉類は羊肉をメインに鶏肉も使用。トウガラシ、クミンをはじめ香辛料を多く用いる。

カワープ Kawap

ウイグル式焼肉の総称だが、代表的な串焼き肉のジク・カワープを指す。おもに羊肉のさまざまな部位を使うほか、鶏肉も用いられる。トウガラシやクミン、コショウなどを振りかけて調味。

ダーパンジー Dapanji

名物の鶏肉料理。鶏肉とジャガイモ、ピーマン、トマト、ニンニクなどの野菜を炒めた後、トウガラシ、花椒、八角、カルダモンなどの香辛料とともに煮込む。中国語の「大盤鶏」が語源。

ポロ Polo

炊き込みご飯。羊肉を千切りのニンジン、タマネギとともにたっぷりの油で炒め、米と水を加えて炊き込み、干しブドウをのせて蒸らす。調味は塩のみだが、素材のうま味たっぷり。

本場の味を日本で体験！

チベットレストラン&カフェ タシデレ

チベット人オーナーが経営するレストラン。化学調味料を用いず、体に優しい素材で調理された滋養たっぷりの伝統料理を味わえる。モモやテントゥック、国民食のツァンパをはじめ、バター茶やチベットのどぶろく「チャン」、オリジナルのチベットクラフトビールといったドリンクも豊富。定期的にチベット音楽のライブやチベット語講座を開催するなど、チベットの文化を紹介する活動も行っている。

五色旗ルンタが飾られた店は異国情緒満点

店おすすめ料理のテントゥック(左)とビーフモモ(右)

住 東京都新宿区四谷坂町12-18 四谷坂町永谷マンション1F
TEL 03-6457-7255　地下鉄曙橋駅A4出口から徒歩5分
URL tashidelek.jp

ウイグル族は中央アジアのトルコ系遊牧民。シルクロードの要衝の地であったことから、東西の食材や料理法が融合した料理が誕生。

Column

さすがの麺王国！
中国各地方のご当地麺料理

麺文化発祥の地といわれる中国では、多様な気候風土に根差した地方色あふれる麺料理がたくさんある。そんな特徴的な麺料理をご案内。＊印の5つの麺は中国の5大麺と称される（諸説あり）。

日本でも人気の蘭州牛肉麺。本場蘭州のある甘粛省では香辛料をたっぷり加えた辛味の強い1杯に

「麺」と「粉」について

中国では「麺（面）」は小麦粉や雑穀で作られた生地を指し、「面食（小麦粉製の食品）」には麺のほか饅頭（マントウ）やギョウザ、面包（パン類）も含まれる。一方、米や豆、芋などのでんぷんで作られた麺状のものは「粉」と呼ばれ、その代表格が米粉（米粉で作った麺）だ。麺は小麦粉文化圏の北方で花開き、南方では米粉が種類豊富。製麺技術や調理法などはアジア各地に伝わり、ユニークな麺料理が誕生した。

⑦ 新疆ウイグル自治区

⑥ 甘粛省・蘭州

西北

西南

⑬ 四川省　成都

⑭ 雲南省

---

⑤ 陝西省
日本でも注目の麺

ビャンビャン麺

小麦粉を練った生地を幅2～3cmに伸ばし、その長さは1mに及ぶものも。ゆで上げたあと、トウガラシや酢、醤油、花椒、ニンニクなどで作ったピリ辛のたれとネギを混ぜ合わせて食べる。

猫耳朶（マオアルドゥオ）

ひと口サイズの麺の形が猫の耳に似ていることから命名。小さく切った小麦粉生地を親指で押しつぶすようにして成形。ゆでたあと、野菜や肉と炒め合わせたり、スープの具に。

涼皮（リャンピー）

西安をはじめ陝西省の冷たくして食べる軽食。小麦粉から精製したでんぷん水を蒸し上げ、切り分けた平たい麺は、もっちり、ぷるぷるとした食感。キュウリやモヤシ、黒酢、ラー油と混ぜ合わせる。

⑥ 甘粛省

蘭州牛肉麺（ランジョウニウロウミエン）

甘粛省の郷土料理で、イスラム教徒の回族が考案。深みのある澄んだ牛骨スープに、コシのある手打ち麺を合わせ、牛肉やパクチー、ラー油をトッピング。

⑦ 新疆ウイグル自治区

ラグマン Laghman
拉条子（ラーティアオズ）

ウイグル族の伝統料理で、中央アジア全域で食べられているうどんのような手延べ麺。コシのある麺にトマトやタマネギ、羊肉、トウガラシなどを炒め煮にした具をかけた混ぜ麺。

⑫ 重慶市

酸辣粉（スァンラーフェン）

重慶のソウルフード。極太でもちもちとかみ応えのある春雨に黒酢とラー油の合わせだれ、ひき肉やパクチー、トウガラシや花椒、ネギやピーナッツをのせて味わう。

即席麺もある

⑬ 四川省

担担麺（ダンダンミェン）＊

四川省発祥の麺料理。もともとは天秤棒で担いで売り歩いたことからこの名に。ラー油とトウガラシ、花椒を効かせた辛いたれにゆで麺、豚肉のそぼろ、ネギやザーサイをのせたもの。

⑭ 雲南省

米線は通常、生麺で販売

過橋米線（グオチアオミーシェン）

米線は、太さがある丸いつるっとした米製の麺。煮えたぎった鶏ガラや豚骨ベースのスープに、肉や中国ハム、モヤシやニラ、米線を入れて、スープの熱で具を加熱調理して食べる。

東アジア ◎ 中国

1 北京市
炸醤麺 *（ジャージャンミエン）*
肉味噌や野菜をのせた汁なし混ぜ麺。麺はうどんのような太打ち麺。中国北部を代表する麺料理で、日本のジャージャー麺のルーツだ。

麺と具材は別々に供されるのが本場流

2 山西省
刀削麺 *（ダオシャオミエン）*
沸騰した湯の鍋に、小麦粉の生地を湾曲した包丁で削り飛ばしてゆで上げる。細長く削った麺はコシのある独特の食感に。トマトを用いたたれのあえ麺が山西省名物。

山西省は手打ち麺の宝庫！

3 河南省
羊肉燴麺 *（ヤンローホイミエン）*
手延べの幅広麺と具材を羊肉ベースの白濁スープで煮込んだ料理。羊の肉と骨を長時間煮込んだスープは、うま味濃厚。具はパクチーやネギ、キクラゲ、押し豆腐の細切りなど。

4 湖北省
熱干麺 *（ラーガンミエン）*
湖北省武漢の定番朝食。ゆでた麺を油であえ、ひと晩寝かせて乾いた状態にするのが特徴。食べる直前にさっとゆで、ゴマペーストやラー油などを調合したたれと、ネギやザーサイなどの具を混ぜ合わせて食べる。

8 上海市、蘇州
上海炒麺 *（シャンハイチャオミエン）*
上海名物の焼きそば。うどんより細く、そばより太いもちっとした食感の麺を、濃厚で甘味のある醤油で炒めたもの。

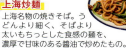

葱油拌麺 *（ツォンヨウバンミエン）*
中太のストレート麺に、ネギ油と濃口醤油を合わせたたれをかけたシンプルな混ぜ麺。具は油で炒めた青ネギのみ。

蘇州麺 *（スージョウミエン）*
上海や蘇州、その周辺地域でよく食べられている麺料理。鶏だしのあっさりスープの細ストレート麺に別注文のおかず料理をのせて食べる。スープは醤油ベースと塩ベースがある。

トッピングは青菜、チャーシュウ、小エビ、カニ肉炒めなど

10 広東省
伊府麺 *（イーフーミエン）*
広州発祥の麺。小麦粉と卵だけで練って作った麺をゆでてから油で揚げたもの。湯通しして、具材と炒めたり、スープで煮込んだりする。写真は上湯スープで炒め煮にした干焼伊麺。

9 福建省
沙茶麺 *（シャーチャーミエン）*
福建省厦門（アモイ）の名物麺。「沙茶」はサテソース（ピーナッツソース）のことで、東南アジアの華僑が伝えたもの。干しエビや魚のだしにエビ味噌とトウガラシ、サテソースを加えたスープは辛くて甘い独特のコクがある。

11 広西チワン族自治区
螺螄粉 *（ルオスーフェン）*
柳州の郷土料理、タニシ（螺螄）ビーフン。ラー油と酢や香辛料を加えたスープに、強烈な発酵臭のタケノコの漬物が入っていて、クセの強い麺料理に。

即席麺の普及で、中国で大ブームに

※P.40-41の地図の地方分けは行政区画に基づくものではなく、わかりやすく大まかな地方分けを採用しています。

041

香港

Hong Kong

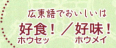
広東語でおいしいは
好食！（ホウセッ）／**好味！**（ホウメイ）

DATA
正式名称：中華人民共和国香港特別行政区
言語：広東語、英語、中国語（マンダリン）ほか
民族：中国系約92%

ワゴン（カート）で点心（→P.48）を販売する「飲茶」は、香港の食の醍醐味を満喫できる

主食

白米。お米はインディカ米が主流で日本の米（ジャポニカ米）と比べると粘り気がない。麺類もよく食される。

　"美食の都"と称される香港。食材が豊富にあり、腕利きのシェフが集まり料理の技を競い合い、中国料理圏のなかでも高いレベルの食を生み出してきた。さらに世界各国の食文化を柔軟に取り入れる姿勢から、フレンチや和食などの技術や食材、盛り付けをアレンジした創作系の中国料理をいち早く発信している。香港の料理はおもに広東料理。潮州、北京、上海、四川、客家などの各地方料理を出すレストランも数多い。注目すべきは、香港の歴史や社会背景から生み出された香港独自の料理や食文化。水上生活者の料理「避風塘料理（ペイフォンタン）」や香港人の生活に密着した食堂「茶餐廳（チャーチャンテン）（→P.50）」、バラエティ豊かな屋台料理など、香港でしか味わえないグルメに注目したい。

市場内にある食堂の集合地「熟食中心（ソッセッチョンサム）」は香港の食のパワーが感じられる場所

もっと知りたい！ 食の雑学

「医食同源」の教えが根付く食文化

　古くから伝わる薬膳の知恵が食生活に根付いている。消化がよく体を温め、栄養のバランスのよい食事に配慮。その一例はスープの老火湯（→P.43）、伝統甘味、漢方茶など。季節や体調によって「食」で体のバランスを整えている。

香港は外食が主流

　共働き家庭が多く、住宅地にレストランや食堂集合地が近接していて、外食のほうが安価で夜遅くまで営業している、などの理由から、外食が生活習慣の一部になっている。さまざまな形態の店があり、テイクアウトできる飲食店も数多い。

代表的な調味料

　ソースやたれ、ペーストを総称する「醤（ジャン）」が豊富。おもなものは豆板醤（トウバンジャン）、甜面醤（テンメンジャン）、芝麻醤（ゴマペースト）、沙茶醤（サテソース）など。香港が生んだXO醤は万能合わせ調味料。オイスターソースや黒豆発酵調味料の豆豉もよく使われる。

暮らしに密着した庶民派グルメも絶品！

　高級食材を用いた料理だけでなく、麺やお粥など伝統技を極めた名店が存在する。職人技がものをいうワンタン麺はシンプルながら奥が深い。土鍋炊き込みご飯の煲仔飯（→P.43）も香港の名物のひとつ。

フカヒレやアワビ、ツバメの巣といった高価なものから、ナマコや魚の浮袋、キクラゲまで、さまざまな乾物を使いこなす。

編集部が選ぶ 必食グルメ

香港で味わいを極め進化を遂げたグルメに注目し、特色のある料理をご紹介。

TOP 5

① 飲茶（ヤムチャ）

点心（軽食）をお茶とともに食する飲茶は、広東独特の食文化。点心には蒸し物や揚げ物、焼き物、まんじゅう、甘味などがあり、蝦餃（エビ蒸しギョウザ）や燒賣（シュウマイ）が代表的。

② 叉燒（チャーシュウ）

豚ロース肉を甘辛い調味液に漬け込んで味付けし、鉄串に刺して専用の窯で焼き上げる。焼き上がりに、表面に蜜を塗ることも。肉のうま味とジューシーさが味わえる絶品メニュー。

③ 煲仔飯（ボウチャイファン）

日本の釜飯に近い炊き込みご飯。専用の土鍋で米を炊き、炊き上がる直前に味付けをした具材をのせて完成。甘めの合わせ醬油をかけてご飯とよく混ぜて食べる。おこげもおいしい。

④ 粥（チョッ）

油をまぶした米をだし入りのスープで炊き上げる広東粥。トロトロでクリーミーなお粥だ。具は魚の切り身、ピータン、塩漬け豚肉など。揚げパンと一緒に食べるのがポピュラー。

⑤ 老火湯（ロウフォートン）

体によい食材と漢方の薬材を合わせて2〜3時間かけて煮込んで作る養生スープ。香港の食生活に欠かせない家庭のスープだが、レストランや食堂、ファストフード店でも出している。

> 老火湯は土鍋で2〜3時間煮込む。茶碗蒸しのように水と具材を入れた容器を蒸し器の中に入れて加熱するスープは「燉湯（ダントン）」という。

東アジア ◎ 香港

もっと知りたい！香港料理

ロースト

広東の食文化で重要な料理が、独特の窯で肉類を焼き上げるロースト（燒味）だ。神様へのお供えにも、宴会料理にも欠かせない歴史ある料理。「燒臘店（シウラップディム）」と名乗る専門店や広東料理レストランで味わえる。

燒鵝（シウンゴー）
ガチョウに香料で下味を付け、窯の中につるしてまる焼きにしたもの。脂ののった肉はジューシー。梅ジャムのような冰梅醬（ビンムイジャン）を付けて食べる。

燒肉（シウヨッ）
豚のまる焼き（ローストポーク）を切り分けたもの。脂を塗りながら焼くため皮の表面に気泡ができてカリカリになっているのが特徴。マスタードが合う。

皮とメインに食べる

烤乳猪（カオルウチュー）
子豚のまる焼き。宴会ではまるごと出るが、前菜として切り分けて皿に盛ったメニューもある。パリパリの皮の食感と軟らかい肉のハーモニーが楽しい。

白切雞（パッチッガイ）
ゆで鶏。香料や調味料は用いず、鶏をまるごと鍋に入れ沸騰したら火を止め、熱湯に浸して火を通す。シンプルに鶏本来のうま味がありふっくら滑らかに。

豉油雞（シーヤウガイ）
醬油だれに香料や香味野菜を入れて熱し、鶏をまるごと浸して調理。白切雞と豉油雞は焼いてはいないが、ローストの一種とみなされている。

サイドメニュー

メインメニューと相性のよい定番サイドメニューがある。ローストにも麺類にも合うのが「油菜（ヤウチョイ）」、ゆで野菜だ。麺の店では揚げた魚団子や魚の皮のから揚げなども定番だ。

油菜（ヤウチョイ）
ゆでた青野菜のオイスターソースがけ。野菜は菜心（菜の花の茎）や芥蘭（カイラン）、韮菜花（ニラの花芽）や生菜（レタス）などを使う。

炸鯪魚球（チャーレンユーカウ）
粥麺店の人気サイドメニュー。コイ科の淡水魚、鯪魚（和名はケンヒー）のすり身を団子状にして揚げたもの。シジミの発酵調味料を付けて食べる。

Column

ロースト店では好みの食べ方をチョイス

ローストのみをお皿に盛ったメニューと、ローストをご飯や麺の上にのせたメニューがある。どちらも肉の種類が単品、雙品（2種類）、三拼（3種類）と、選択肢があるので、好みの組み合わせを選ぼう。

大勢で楽しむなら、ロースト盛り合わせと各自ご飯が、ひとりならご飯や麺の上にローストをのせた皿飯タイプがおすすめ。

ロースト盛り合わせの一例。人数に合わせて調整可能

ローストポークをのせた麺。スープなしのあえ麺タイプでもローストのせができる

ガチョウのローストとチャーシュウの2種類のせご飯。通常スープが付く

 ローストご飯のトッピングにアヒルの塩漬け卵「鹹蛋（ハムダン）」のゆで卵はベストマッチ。

海鮮料理

海鮮料理はポピュラーで、「○○海鮮酒家」と名乗るレストランが数多くある。近海で獲れたものから世界各地から取り寄せた魚介まで種類豊富に揃い、調理方法も刺身、ニンニク入り蒸し物、スパイス揚げなど多彩。

白灼蝦
バッチョッハー

エビをさっとゆでて、トウガラシ入りの醤油だれで食べるメニュー。シンプルなだけに素材のよさが肝心。海鮮料理店だけでなく広東料理店の定番の前菜。

椒鹽瀨尿蝦
チウイムライリウハー

インドネシアやタイ産の30cm近くあるシャコのピリ辛揚げ。素揚げして、塩コショウ、スパイスで味付けする調理法がシャコによく合い、最もポピュラー。

蒜蓉粉絲蒸元貝
シュンヨンファンシーチンユンブイ

日本のホタテ貝に見た目も味も近い元貝(扇貝)の蒸し物。ニンニクのみじん切りと春雨をのせて蒸してある。ホタテに似た貝柱の帯子(タイラギ)を用いることも。

芝士蒜蓉焗龍蝦
ジーシーシュンヨンコッロンハー

香港で人気のあるロブスター料理。バターとチーズにニンニクや香辛料を合わせたソースをかけてオーブンで焼いてある。ロブスターはチーズと相性がよい。

避風塘炒辣蟹
ペイフォントンチャウラッハイ

カニのスパイシー炒め。避風塘(台風シェルター)で暮らしていた水上生活者の料理。ニンニク、豆豉、トウガラシなどを油で煎って作る薬味を用いて炒めたもの。

油鹽焗奄仔蟹
ヤウイムコッイムチャイハイ

奄仔蟹は味噌がバターのような味わいのカニ。7割蒸した後に中温の油をかけ回し、じっくり熱を通すことで、うま味を閉じ込めた料理。

豉椒炒蟶子皇
シーチウチャウセンチーウォン

マテ貝(蟶子皇)を野菜とともに豆豉で炒めた料理。蟶子皇は日本でいうところのマテ貝より数倍大きく、注文はひとり1本が目安。

清蒸石斑魚
チェンチンセッパンユー

ハタの蒸し料理。ハタをはじめ白身魚をまるごと蒸し上げ、沸かした油と醤油のたれをかけ、薬味に香草をのせてできあがり。たれはご飯にかけて食べるのが香港流。

---

mini Column
香港の海鮮エリアはココ

中心部からバスで約1時間の西貢の海鮮街

中心部の街なかでも「○○海鮮酒家(飯店)」と看板を掲げる店で海鮮料理が食べられるが、より魚介の種類・鮮度を極めたいなら海鮮料理店が集まる海辺の街へ足を延ばしたい。比較的中心部に近い鯉魚門(レイユームン)、新界東部の西貢(サイコン)、南丫島(ラマ島)の索罟灣などが有名な海鮮エリアとなっている。

mini Column
海鮮料理をカスタムメイド

海辺の街の海鮮料理店に並ぶ魚介の水槽

海鮮エリアの海鮮レストランには水槽を備えている店が多く、そこから食べたい魚介を選び(または提携の鮮魚店で購入したものを持ち込んで)、調理方法を指定して料理してもらうこともできる。魚介は1両(37.5g)、1斤(約600g)という単位で量り売り。海鮮上級者向けだが、活きのいい素材を選べる。

日常食で人気の魚料理が椒鹽九肚魚(チウイムガウトウユー。テナガミズテングのスパイシー揚げ)。とろけるような身の食感が持ち味。

もっと知りたい！ 香港料理

粥・麺料理

香港のお粥はスープと一緒に米を炊き上げる広東粥がメイン。麺は小麦粉や米粉を使った多種多様なものがあり、スープ麺やあえ麺、炒め料理と食べ方もさまざま、バリエーションが楽しめる。

皮蛋痩肉粥
ペイダーンサウヨッチョッ

ピータンと塩漬け豚肉の細切りを入れたお粥。ベースとなるお粥は豚の骨、干した魚介や貝柱などの海産物からだしを取ったスープで煮込まれている。

魚腩粥
ユーナムチョッ

鯇魚（ソウギョ）という淡水魚の切り身のお粥。アツアツに沸かした白粥の中に生の切り身を入れ、粥の熱で火を通す生滾粥（サーンクヮンチョッ）の代表的なお粥。

鮮蝦雲呑麺
シンハーワンタンミン

ワンタン麺。牛や豚、鶏の骨に干しヒラメや干しエビ、貝柱、羅漢果などでコクやうま味を出した澄ましスープにちぢれ麺、エビ入りワンタンを組み合わせたもの。

魚蛋河
ユーダーンホー

牛や豚の骨、魚類でだしを取った白濁スープに、魚のすり身団子や揚げカマボコなどの練り物をトッピング。麺は平たいライスヌードル「河粉」が定番。

咖喱筋腩伊麺
ガーレイカンナムイーミン

牛肉スープにスパイスの効いたカレーを合わせた濃厚でコクのあるスープに、牛すじ肉やバラ肉をトッピングした麺。麺は卵入りの揚げ麺「伊麺」が合う。

車仔麺
チェーチャイミン

麺とトッピングを選んで注文する。もともとは屋台食で、現在は専門店でのみ販売。具は鶏の手羽先や牛のバラ肉、野菜や魚のすり身団子など数十種類ある。

京都炸醤撈麺
キントウチャーチョンロウミン

香港式ジャージャー麺。ちぢれ麺に、細切りの豚肉と醤油、豆板醤、甘味噌などを油で炒めて作った味の濃いたれをかけたあえ麺。熱いうちによく混ぜて食べる。

乾炒牛河
ゴンチャウンガウホー

牛肉入り炒め米麺。米粉で作った平たい麺（ライスヌードル）に、牛肉、ネギ、モヤシを加え、合わせ醤油で炒めてある。広東料理レストランにも食堂にもある人気料理。

Column
お粥のお供は揚げパンで決まり！

お粥と相性抜群なのが、棒状の揚げパン「油條（ヤウティウ）」。お粥を出す店には必ずといっていいほど用意してあり、多くの人がお粥と一緒に食している。あっさりしたお粥にちぎって入れると、脂の甘味がお粥にしみわたり、食べ応えのあるお粥に一変。お粥とは別にそのまま食べてもよい。

アレンジ系として油條を腸粉（米粉のクレープ）で巻いた「炸腸（チャーチョン）」があり、こちらも粥店の定番人気メニューだ。ゴマだれと甜麺醤をかけて食べる。

細長い形状の揚げパン「油條」

揚げパンを腸粉で巻いたサイドメニュー「炸腸」

揚げパンをお粥に入れるとお粥にコクが増す

 広東粥と違って潮州粥は米の形が残るさらさらのお粥。日本の雑炊に近いもの。

スナック・スイーツ

小腹がすいたときに食べるおやつやスナック類は総称して小食（シウセッ）と呼ばれ、大人から子供まで大好き。スイーツはマンゴーやタピオカ、ココナッツミルクなどを用いた創作系のスイーツや、伝統甘味をアレンジしたものもある。

魚蛋 ユーダーン
揚げた魚のすり身団子をカレー風味に味付けしたもの。好みで辛いたれを付けて食べる。串に5～6個刺して販売していることもある。

腸粉 チョンファン
蒸したライスクレープをクルクルッと丸めたもので、甘いソース、香ばしいピーナッツソース、ゴマをかけて食べる。点心の腸粉のシンプル版。

燒賣 シウマイ
小ぶりで皮が黄色のシュウマイ。小麦粉メインで少量の豚肉を練り込んだもの、または魚肉を使ったものなどがある。醤油やチリソースを付けて食べる。

雞蛋仔 ガイダーンチャイ
1970年代からある香港の代表的なおやつ菓子。数十個のくぼみを付けた焼き器に卵液を流し入れて焼く。粒状の中は空洞でモチモチ、外はカリカリの食感。

楊枝甘露 ヨンチーカムロウ
香港スイーツの代表格。マンゴーピューレをベースにココナッツミルクやコンデンスミルクを合わせ、タピオカやマンゴー果肉、ザボンを加えたもの。

芒果班戟 モングォパンケッ
薄いクレープ生地でマンゴーの果肉と軽い食感のクリームを包んだマンゴーパンケーキ。マンゴーの甘酸っぱさとクリームが口の中でとろける。

蛋撻 ダーンダッ
エッグタルト。クッキー生地とパイ皮の2種類がある。飲茶レストランの点心が発祥で、進化を遂げて人気商品に。プリンを思わせる濃厚なカスタードが特色。

香滑軟雪糕 ヒョンワッユンシュッゴウ
1970年代から人々に愛され続けるソフトクリーム販売車「富豪雪糕車Mobile Softee」。ソフトクリームは軽い食感で、サイズも小ぶりなので手軽に試せる。

---

mini Column
素朴な焼き菓子「雞蛋仔」はアレンジも楽しい！

雞蛋仔はチョコレートやチーズを生地の中に入れたものや、抹茶、コーヒー、バナナ風味のものなど、さまざまな種類がある。さらにアイスクリームやフルーツ、チョコソースなどを挟んで、映えスイーツとして出す店も登場。エッグパフやエッグワッフルの名で海外にも広く知られるようになった。

クリームやフルーツたっぷりのスイーツと化した雞蛋仔

mini Column
昔ながらの「紅豆冰」は、国民的スイーツドリンク

冷蔵庫がなかった時代に涼を取る飲み物として誕生した紅豆冰（ホンタウビン）は、甘く煮たアズキにエバミルク、たっぷりのクラッシュアイスを加えたもの。昔の喫茶店「冰室」の「顔」ともいえるメニューだった。現在も冰室や茶餐廳（食堂）、スイーツ店などにあり、根強い人気を誇る。

プレーンの紅豆冰。アイスクリームやコーヒー、紅茶でアレンジしたものもある

漢方茶（涼茶）スタンドの涼茶舗が多数あり、季節や症状によって異なる処方の漢方茶が飲める。

Column
飲茶天国―香港の 点心リスト

中国茶を飲みながら点心を食べる飲茶は、広東独特の食のスタイルであり、香港人にとってなくてはならない食文化だ。広東料理の真髄が詰まった点心のなかで、定番メニューをご紹介。

蒸し物

蝦餃（ハーガオ）
エビ入り蒸しギョウザ。「飲茶」を代表する人気点心。浮き粉で作る透き通った皮の中身はプリプリのエビ。

燒賣（シウマイ）
豚肉のうま味が存分に味わえるシュウマイ。卵を入れて作った皮で包んで蒸してある。

腸粉（チョンファン）
つるつるで滑らかな食感のライスクレープで、エビやチャーシュウを巻いたもの。甘めの醤油をかけて食べる。

揚げ物・焼き物

春卷（チョンギュン）
豚肉やタケノコ、シイタケ、エビなどの具材を包んでサクサクに揚げた春巻。

蘿蔔糕（ロウバッコウ）
焼きダイコン餅。米粉にダイコン、干しエビ、中華ハムを混ぜて蒸し、油で焼いてある。

酸甜炸雲呑（シュンティムチャーワンタン）
サクッと揚げたワンタンを甘酸っぱいケチャップ味のソースに付けて食べるシンプルな点心。エビ入りのものもある。

香煎腐皮卷（ヒョンチンフーペイギュン）
ゆば巻きを油で焼いたもの。中にニンジン、シイタケ、キャベツなどをみじん切りにした具が入っている。

オイスターソース風味の蒸したゆば巻き「鮮竹巻」も人気

広東料理店で飲茶をする際は、ご飯ものや麺類もメニューにあるので、点心のあとに炒飯や焼き麺で締めるのもよし。

東アジア ◎香港

カスタード入り まんじゅう(奶黄包) も人気！

豉汁蒸鳳爪（シーチャップチンフォンチャウ）
鶏の爪先を豆豉とオイスターソースで味付けして蒸したもの。コラーゲンたっぷりのゼラチン質のねっとりとした食感。

叉燒包（チャーシウパーウ）
チャーシュウまんじゅう。きめ細かくふんわりとした生地の中に、オイスターソースなどで作った甘辛いたれで煮たチャーシュウ入り。

豉汁蒸肉排（シーチャップチンヨッパーイ）
豚肉のスペアリブの豆豉(黒豆の発酵調味料)蒸し。類似のものにニンニク風味の「蒜茸蒸肉排」（シュンヨンチンヨッパーイ）もある。

糯米雞（ノウマイガイ）
もち米のちまき。もち米の中に鶏肉、シイタケ、塩漬け卵などの具を入れハスの葉で包んで蒸したもの。

潮州粉果（チウチャウファンクォ）
潮州地方のもっちりとした蒸しギョウザ。浮き粉で作った薄皮の中に豚肉や干しエビ、ピーナッツ、セリなどが入っている。

甘い点心

炸煎堆（ヂャーヂントイ）
揚げ団子。餅皮の中に少量のあんを入れて揚げ、仕上げにゴマをまぶしたもの。

馬拉糕（マーライゴウ）
中華蒸しパン。ブラウンシュガーを使っており、風味がよく優しい甘さに仕上がる。

エバミルクを かけてもよい

芒果布甸（モングォヴァウディン）
マンゴープリンは香港発祥のデザート。マンゴーの果肉に生クリームやゼラチンなどを混ぜて、冷やし固めたもの。

飲茶 豆知識

◎**いつ、どこで食べられる？**
広東料理レストランで飲茶ができる。最近は点心専門店も増えている。飲茶の時間帯は広東料理店では基本的にランチタイム。早朝や昼食からディナーまでの間も飲茶タイムを設定する店もある。点心専門店は終日点心が味わえる。

◎**注文方法は？**
メニューを見てオーダー、またはオーダーシートに記入するのが一般的。ワゴン（カート）で点心を売り歩く伝統的なスタイルの店は、少なくなっている。

◎**お茶の種類**
席に着いて最初に聞かれるのがお茶の種類。香港でポピュラーなのは、消化促進の働きがあるプーアル茶「普洱茶（ポーレイチャー）」。烏龍茶の一種の「鐵觀音（ティックンヤム）」やジャスミン茶「香片（ヒョンピン）」もある。

動物形の点心や、サプライズの趣向を凝らした見た目が斬新な創作点心も話題を集めている。

Column

地元に密着した便利な食堂
茶餐廳メニューリスト

喫茶店と食堂を兼ねた「茶餐廳」は香港で誕生した店。香港人の生活に欠かせない存在で、最も香港らしい飲食店ともいえる。多彩なメニューのなかで人気の定番ものをリストアップ。

ご飯もの

豉椒排骨飯（シーチウパイクワッファン）
骨付き豚バラ肉とピーマン、タマネギなどを豆豉（黒豆の発酵調味料）で炒め、ご飯の上にのせたもの。

魚香茄子飯（ユーヒョンケーチーファン）
マーボーナスぶっかけご飯。ナスと豚ひき肉のピリ辛ソース炒め（魚香茄子）がご飯によく合う一品。

叉燒煎蛋飯（チャーシウチンダンファン）
チャーシュウと卵焼きをのせたご飯。卵は通常2個、甘めの合わせ醤油がかかっている。

ココナッツミルク配合のマレー風カレーもある

咖喱牛腩飯（ガーレイナウナムファン）
牛バラ肉のカレーライス。香港のカレーはインドやタイのように辛くはなく、やや甘口。ターメリック、トウガラシ、ショウガ、クローブ、シナモン、八角などが入っている。

パン

奶油豬仔包（ナイヤウチューチャイバウ）
フランスパンに似た丸いパンのトースト、コンデンスミルクがけ。通常は食パンを用いる。

西多士（サイドーシー）
香港式フレンチトースト。食パンを卵液に浸けて油で揚げてある。パンの間にピーナッツバターが入っているものも。バターを塗りシロップをかけて食べる。

ピーナッツバターを合わせたコンデンスミルクの奶醬トーストもある

公司三文治（コンシーサンマンチー）
クラブサンドイッチ。卵焼きが必ず入っていて、レタスやトマト、チーズ、ハムやランチョンミートなど具がたっぷり。パンはトーストされている。

菠蘿油（ポーローヤウ）
日本のメロンパンに近い発想で名付けられたパイナップルパン。パン生地の上に卵や砂糖、ラードを混ぜたクッキー生地をのせて焼いたパン。バターを挟んだものがポピュラー。

茶餐廳のコーヒーや紅茶などの飲み物は、アイスはホットより数ドル高い設定になっている。

麺類

葱油雞扒撈公仔麺 (チョンヤウバーロウコンチャイミン)
グリルしたチキンとネギ油をトッピングしたインスタント麺のあえ麺。

麺はビーフン(米粉)、マカロニ(通粉)からチョイス可能

公仔麺 (コンチャイミン)
茶餐廳の麺メニューは公仔麺(インスタント麺)が主流。老若男女が好きな国民食だ。ハムやランチョンミート、ソーセージ、卵などのトッピングを選べる。公仔麺のなかでも味や質のよさで人気があるのが「出前一丁」。ほかの公仔麺より3〜5HK$高い。

蕃茄牛肉通粉 (ファンケニガウヨットンフン)
牛肉入りトマトスープマカロニ。スープマカロニは朝食メニューに並ぶことが多く、コンソメ風の薄味スープマカロニに具がのったものが定番。

スパゲティのほか、ご飯を用いたドリアもある

星州炒米 (シンチャウチャウマイ)
シンガポール風焼きビーフン。スパイシーなカレー味で、具はハムや豚肉、エビ、タマネギ、モヤシ、卵など。シンガポールにはないメニューで、香港式の焼きビーフン。

焗芝士肉醬意粉 (コッジーシーヨッジョンイーファン)
ミートソーススパゲティのチーズのせオーブン焼き。茶餐廳のスパゲティは基本的に軟らかめ。

飲み物

奶茶 (ナイチャー)
香港のこだわりのある飲み物、ミルクティー。ブレンドした茶葉を、きめが細かい布袋で何度も濾して滑らかな食感を出し、エバミルクを入れて完成。

鴛鴦茶 (インヨンチャー)
コーヒーと紅茶をミックスしたもの。砂糖とエバミルクをたっぷり加えて飲む。

阿華田 (オーワーティン)
チョコレート風味の麦芽飲料。「オバルチンOvaltine」はスイス発の粉末麦芽飲料のブランド名。

ミルク風味の麦芽飲料「好立克(ホーリック)」もある

茶餐廳 豆知識

◎茶餐廳とはどんな店?

香港にもともとあった飲み物と軽食を出す喫茶店「冰室(ピンサッ)」が、1950年代以降、食事メニューも出すようになり、人々の要望を取り入れていった結果、さまざまな料理を網羅し、早朝から深夜まで営業する店の形態になった。

店内はシンプル。相席が普通

◎メニュー数が膨大

中国料理(ぶっかけご飯)、香港式洋食、麺やパンまであり、メニュー数は100を超える。好みによってカスタマイズも可能。オリジナルメニューを出す店もある。

◎セットメニューも多彩

朝食、ランチ、アフタヌーンティー、ディナー、オールデイなど1日中、セットメニューが用意されている。ドリンクやスープ付きで料金もお得。

奶茶に使うエバミルクはオランダの「BLACK & WHITE(黒白淡奶)」のものが多く、牛のマークのカップはおみやげに人気。

Column
香港の昔ながらの お菓子withパン

街角の店のショーケースに並ぶ中国由来の伝統菓子、香港風にアレンジされた洋菓子やパン。ご近所さんが次々訪れ、好みの"甘い物"を買い求めていく。長年地元の人々に愛され、ノスタルジー感もまとう菓子類をリストアップ。

洋菓子系&パン

椰撻 (イエタッ)
ココナッツタルト。生地にココナッツファインがたっぷり入っていて、しっとりなのにサクサクとした食感。

おやつにぴったり！

雞批 (ガイパーイ)
チキンパイ。クッキー皮の中に鶏肉やハムの入ったホワイトソース味のフィリングが詰まっている。

沙翁 (サーヨン)
ドーナツのような揚げ菓子。中がしっとりふかふか。シュー生地に近いもので、見た目より軽い。

雞蛋卷 (ガイダンギュン)
エッグロール。薄い生地をくるくると巻いて筒状に焼き上げたお菓子。贈答用に缶入りで販売されることも多く、専門店もある。

中華菓子&餅菓子

老婆餅 (ロウポウベン)
砂糖漬け冬瓜のあんが入った焼き菓子。あんはほどよい甘さでもっちり。「老婆」は奥さんの意味で、夫が妻のことを思って作ったお菓子といういわれがあり、中国広東省発祥。

豆沙餅 (タウサーベン)
アズキあんをパイ生地で包んで焼いたお菓子。紅豆燒餅というアズキあん入りの餅（左上）もある。

月餅 (ユッベン)
中秋節に食べたり、贈答し合う伝統の焼き菓子。アズキのこしあんやハスの実あんが代表的で、塩漬けにしたアヒルの卵が入っているものが人気。

ピーナッツやゴマ、ピスタチオあん入り
キウイやマンゴー入り

糯米糍 (ロウマイチー)
もち米で作った生地であんを包んだ餅菓子。アズキやハスの実、ピーナッツ、ゴマなどのあんのほか、フルーツを入れたものもある。

砵仔糕 (ボッチャイゴウ)
きび砂糖や白砂糖、米粉やもち米の粉などの粉類、アズキを材料にして磁器の小鉢に流し込み、蒸し上げて作るういろうに似た食感の素朴なお菓子。発祥は中国広東省。香港では1980年代に露天商が販売し人気を得た。

白糖糕 (バットンゴウ)
米粉を水で溶き砂糖を加えて発酵させ、蒸し上げた伝統菓子。ほんのり甘くスポンジ状の気泡が入っている。発酵過ぎると酸味が強くなり、足りないと食感を損なう、作り手の技量がものをいう一品。

砵仔糕は、きび砂糖を用いた薄茶色のものと、白砂糖を用いた白いものがある。購入すると、器から外して竹串を2本刺してくれる。

東アジア ◎ 香港

ピーナッツバターとマーガリン入り

格仔餅 （ガッチャイベン）
香港風ワッフル。ピーナッツバターやジャム、コンデンスミルクなどを塗ってふたつ折りに。その場で作成する専門店で販売。

忌廉筒（奶油筒） （ゲイリムトン（ナイヤウトン））
クリームホーン。パイ生地を円錐形の型に巻いて焼き上げ、内部にクリームを詰めた菓子パン。作製に手間を要するため、販売店は減っている。

紙包蛋糕 （チーバーウダンゴウ）
紙の筒の中に生地を入れて焼いたプレーンなケーキ。シフォンケーキのような軽い食感で優しい味わい。

雞尾包 （ガイメイバーウ）
1950年代、売れ残ったパンを無駄にしたくないパン屋の店主が、残ったパンの生地を砕き砂糖を加えたものをあんにしてパンを作ったことが始まり。いろいろ混ぜるという意味で「カクテル（雞尾）パン（包）」と呼ばれるようになったという。現在のものはココナッツファインも入っている。

墨西哥包 （マクサイゴーバーウ）
メキシコパン。1940年代、メキシコ移民の夫婦が香港に戻ってメキシコにあったパンをもとに作ったとされる。砂糖、バター、ミルクをペースト状にしたものをパン生地の上に貼り付けて焼いてあり、しっとりと甘い。

芝麻卷 （チーマーギュン）
黒ゴマをクワイ粉、氷砂糖、水と合わせて薄く蒸し上げ、くるくると巻いたもの。滑らかでもちもち。形状がカメラのフィルムに似ていることから「菲林卷（フィルム卷）」とも呼ばれる。

壽桃 （サウトウ）
誕生日など祝いの席で食べる縁起ものの桃の形のまんじゅう。皮の中はハスの実やアズキあん。点心の一種。

蛋散 （ダンサン）
小麦粉と卵をこね合わせ、長方形に切り分け手綱の形のようにひねった形状にして油で揚げたお菓子。シロップをかけて食べる。デザート点心として茶樓や広東料理店のメニューに。

スーパーでも販売

馬仔 （マーチャイ）
小麦粉にアメを入れてふくらし粉でふくらませ、油で揚げて乾燥させたお菓子。ふわふわと溶けるように軟らかい。

雞仔餅 （ガイチャイベン）
南乳という発酵調味料の風味を生かした焼き菓子。皮と一体化したあんには豚の脂身やナッツ類も入っていて甘じょっぱい味。

こんな店で販売

洋菓子系とパンはおもに「餅店」「餅家」と呼ばれるパン＆菓子屋や茶餐廳（チャーチャンテン）（→P.50）で販売。中華菓子は専門店や点心を供する茶樓、パン＆菓子屋でも販売。

格仔餅、砵仔糕や白糖糕などの蒸し菓子類は、もともとは屋台で販売されていた経緯があり、今も自家製の店で販売される場合が多い。

餅店に並ぶ菓子類

菓子店のギフト用菓子はおみやげにも人気

香港ならではのパンも

蛋散は発酵調味料の南乳も入っているのが広東風。菓子店でも販売されている。

マカオ

Macao

広東語でおいしいは
好食！ ホウセッ ／ **好味！** ホウメイ

ストリートフードもマカオ名物。街中いたるところで軽食を販売する店がある。写真は牛モツ煮込みの屋台

DATA
正式名称：中華人民共和国澳門特別行政区
言語：広東語、中国語（マンダリン）、ポルトガル語
民族：中国系約90％

主食
白米。ポルトガル料理やマカオ料理ではリゾットや炊き込みご飯など多彩な米料理がある。パンや麺類もよく食す。

　地理的に近い広東料理、旧宗主国のポルトガル料理が複雑に融合する独特の食文化をもつマカオ。人口の大部分を占める中国系の人々が食す広東料理にもココナッツミルクや香辛料、東南アジア由来の調味料が使われ、独自の味わいに。ポルトガル料理店では、干しダラの料理やポートワインなど本場の味を提供。さらなる特色は、大航海時代の影響を色濃く受けたマカオ料理の存在だ。ポルトガル料理をベースに、広東料理やポルトガルからマカオへの航路の途中で経由したアフリカ、インド、マラッカなどの料理の影響も受けた、究極のフュージョン、マカオ料理を生み出した。また、ポークチョップバーガーやカレー風味のスナックなど、ローカルフードも豊富。

アズレージョと呼ばれる装飾タイルが街を彩るマカオ。東西文化が交わるシーンが随所に見られる

もっと知りたい！ 食の雑学

マカオ料理のルーツはマカニーズの家庭料理
　マカニーズ（マカエンセ）は、ポルトガル人とマカオや近隣諸国出身者の血を引く人々。育んできた文化の象徴が、香辛料を多用するフュージョン料理だ。レストランで出されるようになり「マカオ料理」として広まった。

マカオ料理の代表メニュー
　ターメリックやシナモン、タマリンド、オイスターソースなどアジア各地の多様な香辛料や調味料を使用するのが特徴で、アフリカンチキン、ミンチ、ポルトガルチキンなどが代表料理。カニやエビなど海鮮を使った料理もある。

職人たちが紡ぐ伝統の食が健在
　減少傾向にあるが、職人の手作りの食品が街に根付いている。竹竿を使って麺打ちする「竹昇麺」、伝統菓子の杏仁餅、昔ながらの素朴なアイスクリームなど。姿を消しつつある手間のかかる広東の伝統料理も継承されている。

ローカル料理の食堂「咖啡美食」
　街のいたるところで目にする、店名に「咖啡美食」とある店は、庶民的な食堂。コーヒーやパンなどの軽食から、麺類やおかずのせご飯など豊富なメニューが揃っている。店の造りは簡素。特化したメニューで人気を得る名店もある。

マカオ料理は2012年にユネスコの無形文化遺産に、マカオは2017年にユネスコ食文化創造都市に登録された。

編集部が選ぶ 必食グルメ TOP5

ポルトガルとアジアの融合を遂げたスパイスが香るマカオならではの料理は外せない。

東アジア ◎ マカオ

1. 咖喱蟹
ガーレイハイ

カニのカレー炒め。カニをまるごと使う豪勢なカレーは、スパイスをふんだんに用いることで香りが引き立ち、カニのうま味と相まって、あとを引くおいしさ。辛さは控えめ。

2. 非洲雞
フェイチャウガイ

スパイシーな鶏肉料理のアフリカンチキンは、マカオにしかない料理。大航海時代に経由地で得たさまざまなスパイスを使い、マカオで完成した一品。レシピ、見た目とも店によって異なる。

3. 免治豬肉
ミンチーチューヨッ

通称「ミンチ」。醤油やオイスターソースで炒めた豚ひき肉に、揚げた角切りのジャガイモを添える。または揚げたジャガイモを一緒に炒める。目玉焼きを崩してご飯と一緒に食べる。

4. 炸馬介休球
チャーマーガーイヤウカウ

バカリャウ(干しダラ)のコロッケ。ポルトガル料理を代表する食材、バカリャウをたっぷり使ったコロッケはビールに合う前菜として、また子供も好きな料理として人気。衣が薄く小ぶり。

5. 豬扒包
チューパーパーウ

マカオ名物のスナック、ポークチョップバーガー。骨付き豚肉を五香粉などのスパイスでマリネしカリッと焼いて、ポルトガルのロールパンに挟んだもの(パンは店によって異なる)。

カレー味の料理が多く、マカオのカレーはスパイスの配合が独特。ターメリック、シナモン、クローブ、ニンニク、トウガラシに加え、中国料理でよく使う八角も効かせている。

もっと知りたい！ マカオ料理

ポルトガル料理・マカオ料理

ポルトガル料理はイワシやタラといった魚介や肉料理が豊富で、比較的シンプルな味付け。ポルトガル料理がアフリカ、インド、マラッカなどの経由地の香辛料や調理法によって工夫され、複雑な風味をまとったものがマカオ料理。

燒馬介休
シウマーガーイヤウ

ポルトガルの国民食バカリャウ（干しダラ）の定番料理。大きめの切り身とジャガイモをたっぷりのオリーブオイルでグリルする。干しダラの味わいをダイレクトに楽しめる一品。

薯絲馬介休
シューシーマーガーイヤウ

バカリャウの人気メニュー。あらかじめ揚げた千切りポテトと細くほぐしたバカリャウを炒め、卵でとじた料理。黒オリーブを飾り、パセリを振りかけて完成。

忌廉薯蓉焗馬介休
ケイリムシューヨンコッマーガーイヤウ

バカリャウ入りマッシュポテトのグラタン。クリーミーな味のポテトとバカリャウの塩味が絶妙のバランス。表面にこんがり付いた焼き色が食欲をそそる。

燒沙甸魚
シウサーディンユー

脂ののったイワシを炭火で焼き、塩とオリーブオイルで味付けしたシンプルな料理。レモンを搾って食べる。蒸したジャガイモを添えることも。日本人の口にも合う一品。

辣蝦
ラッハー

大エビのガーリックチリソース。ポルトガル語で「ピリピリ Piri-Piri」という小さいトウガラシを用いる。たっぷり使ったニンニクと辛味が食欲を刺激し、食べ応えのある一品。

葡式炒蜆
ボウセッチャーウヒン

ポルトガルでもよく食される、アサリのワイン蒸し。ニンニクやコリアンダーをたっぷり用い、アサリの濃縮したうま味を存分に味わえる。レモンを回しかけて食べるとさわやかに。

海鮮鍋
ホイシンウォー

蓋と本体を金具で固定した銅製の鍋がカタプラーナ。この調理器具で作る名物料理が、魚介と野菜を蒸し煮にした料理。魚介のうま味がギュッと詰まったポルトガル南部の郷土料理。

Column
ポルトガル料理、マカオ料理の特色ある海の幸 バカリャウとマカオソール

ポルトガル料理で欠かせないのがバカリャウ。塩漬けにした干しダラのことで、保存性が高く、昔は航海中の食料として重宝された。

調理前に塩抜きが必要で、魚の大きさによって1日〜数日かけて冷水で何度も水を替えながら行う。この処理の加減が難しく、料理の味わいをも左右する。定番料理はP.56〜57で紹介したグリル料理や卵とじ、グラタンをはじめ、数

大型の舌平目、マカオソール

ポルトガルの国民食、バカリャウを1匹まるごと塩漬けにしたもの

多くの調理法がある。

一方マカオは、近海で獲れる舌平目、龍脷（ロンレイ）が有名。特に肉厚で体型の大きい種類は「方脷（フォンレイ）」、英語名でマカオソールと称され、珍重されている。マカオ料理ではムニエルやソテー、フライなどに調理される。

ポルトガル料理とマカオ料理を厳密に区別するのは難しく、店によっては混在していたり、ポルトガル料理とうたっていてもマカオ料理だったりすることも。

葡式牛扒
ポウセッンンガウパー

ポルトガル風ビーフステーキの特徴は目玉焼きがのっていること。付け合わせはジャガイモやサラダ、ご飯など。半熟の卵を崩して肉と一緒に食べる。

焗乳豬
シウユーチュー

炭火で焼いたポルトガル風子豚のロースト。ニンニクやスパイスでマリネした肉を数時間かけてゆっくりと焼き上げ、皮はパリッ、肉はジューシーで軟らかい。ワインに合う。

葡式焗牛尾
ポウセッピッンガウメイ

赤ワインが効いたオックステールの煮込み。ジャガイモやニンジンもゴロゴロ入っている。じっくり煮込まれており、口の中でとろけるうま味が広がる。

八爪魚沙律
パッチャウユーサーロッ

香草の効いたタコのサラダ。ゆでてひと口サイズに切ったタコを、タマネギ、ニンニク、コリアンダー、レモン、オリーブオイル、コショウであえた、タコの持ち味を生かしたひと皿。

紅豆豬手
ホンタウチューサウ

豆と豚肉の煮込み料理「フェジョアーダ」。家庭料理のひとつで、インゲン豆と豚肉（スペアリブ、豚足、豚耳など）、ソーセージ、ベーコン、タマネギ、トマト、キャベツなどを用いる。

葡國雞
ポウコッガイ

「ポルトガルチキン」は、本国にはないマカオ独特の料理。クリーミーなココナッツ風味のカレーで、鶏肉とジャガイモは必須、ソーセージやオリーブ、ゆで卵などをトッピング。

燒葡國腸
シウポウコッチョン

豚肉を使ったソーセージ、チョリソ。ポルトガルを代表する食品のひとつだ。写真は、専用の容器にアルコール度数の高い酒を注ぎ火をつけてあぶった状態でサーブする前菜メニュー。

西洋茨茸青菜湯
サイヨンシューヨンチェンチョイトン

ポルトガルを代表するスープ「カルド・ヴェルデ」。ジャガイモがベースのスープで、千切りにしたケールとチョリソが入っている。オリーブオイルを数滴たらして飲むのが、本場流。

Recipe 本場の味を自宅で再現！
◎ **免治豬肉（豚ひき肉とジャガイモ炒め）**

マカニーズはカラメルを隠し味に使うそう

揚げたジャガイモをひき肉炒めの上にのせてサーブするタイプもある

【材料】2〜3人分
- 豚ひき肉 ……………………… 250〜300g
- ジャガイモ …………………………… 2個
- タマネギ ……………………… 2分の1〜1個
- ニンニク ……………………………… 1片
- 卵 …………………………………… 2〜3個
- サラダ油 …………………………… 適量

〈調味料〉
- 醤油（あれば中国のたまり醤油）… 大さじ1＋2分の1
- オイスターソース …………………… 少量
- 砂糖 ……………………………… 小さじ1
- 塩コショウ …………………………… 少々

【作り方】
1. ジャガイモをさいの目切りにして揚げ焼きにし、器に取る。
2. ニンニクとタマネギのみじん切りを炒める。
3. しんなりしたら、ひき肉を加えて炒める。
4. 1のジャガイモを加え、調味料で味付けをし、器に盛る。
5. 黄身が半熟の目玉焼きを作り、トッピング。

ポルトガル、マカオ料理のレストランにはポルトガルワインが用意されていることが多い。さわやかで飲みやすい「ヴィーニョ・ヴェルデ（若い微発泡ワイン）」はぜひ試したい。

もっと知りたい！ マカオ料理

米・麺料理

マカオ料理はパエリア風の炊き込みご飯やリゾットなど、メイン料理として楽しめる米料理が多彩。中国系のローカル料理は、とろとろの広東粥や炒飯、ワンタン麺やエビの卵を振りかけたあえ麺などがポピュラー。

海鮮飯
ホイシンファン

海の幸をふんだんに使ったリゾット。エビやカニ、貝類にワインやトマトを加え、魚介のだしがしみ込んだスープを作り、そこに米を入れて炊く。仕上げに香草やパセリを振りかけて。

八爪魚燴飯
パッチャウユーウイファン

タコのリゾット。赤ワインで煮たタコの煮汁で、トマト、タマネギなどの野菜に米を入れて煮込んである。タコが軟らかく仕上がっていて、香りのよいタコのだしがご飯を包み込む。

焗鴨飯
コックンガップファン

鴨肉から取ったスープで硬めに炊いた炊き込みご飯、ダックライス。ほぐした鴨肉が入っていてチョリソがのっている。滋味深い味わいで、ポルトガル、マカオの隠れた名品。

燒雞釀飯
シウガイヨンファン

揚げ鶏の炒飯詰め。鶏の骨だけを抜き、炒飯を詰めて揚げた手の込んだ料理。炒飯の味がどこか懐かしい洋食屋風ケチャップ味なのも、マカオ料理らしい。

水蟹粥
ソイハイチョッ

カニのうま味だしが存分に味わえるお粥。マカオ周辺の海水と淡水の交わる水域で獲れる水ガニ（ノコギリガザミ）は、肉より水分が多いため、だしとして利用するのが最良の調理法。

蝦子撈麺
ハーチーロウミン

コシのある細麺をゆでて、乾燥させたエビの卵を混ぜ合わせて食べるあえ麺。細切りのネギがトッピングされることも。潮の香りを感じるエビの風味が濃厚。スープと一緒に食べる。

咖喱牛腩湯麺
ガーレインガウナムトンミン

牛バラ肉のカレースープ麺。スパイスが効いたカレースープは店によって激辛からマイルドな辛さまで味は異なる。軟らかく煮込まれた牛肉とコクのあるスープがベストマッチ。

Column
「マカオ風おでん」は名物ストリートフード

魚介の練り物を中心に、練り物や野菜などを串刺しにしたものをゆがいて、カレーソースをかけたスナックが「咖喱魚蛋（ガーレイユーダーン）」。具材は数十種類あり、各自好きなものを串単位でチョイス。カレーソースの辛さも選べる。だしのうま味とカレーのスパイスが調和して、ウマ辛が止まらない。カレーと名の付く料理が多いマカオ。その歴史から、ポルトガル料理と中国料理、さらにインド料理が合わさり、独自のカレーを生み出し、アレンジが進んだのではないかと、街角のスナックからも想像が広がる。

食べ歩きにぴったり

もつ煮込みの牛雑（シガウチャップ）も人気

バラエティ豊かな具材が特色

珍しいものでは、魚肉を練り込んだ皮で豚肉などの具材を包んだギョウザ「魚皮角」を入れた麺やスープもある。昔の屋台料理、「豆腐麺（豆腐のせ麺）」も限られた店で健在。

スイーツ・ドリンク

ポルトガルスイーツと中国の伝統甘味や菓子類がある。マカオで最も有名なスイーツはポルトガル風エッグタルト。濃厚ミルクプリンの「雙皮燉奶(ションペイダーンナイ)」やココナッツミルク風味のお汁粉「喳咋(チャチャ)」はマカオらしい地元ローカルスイーツ。

葡撻
ポウタッ

エッグタルト。ポルトガルオリジナルの「パステル・デ・ナタ」をアレンジしたもので、クリスピーなパイ生地と焼き目を付けた濃厚なカスタードクリームのハーモニーが絶妙。

木糠布甸
モッホンボウディン

ポルトガル発祥のデザート、セラドゥーラ。細かく砕いたビスケット、生クリームとコンデンスミルクでコクを出したクリームを、交互に重ねて層状にして冷やし固めたもの。

雞蛋布甸
ガイダーンボウディン

ポルトガルの卵プリン。卵黄をたっぷり用いた甘くてねっとりとした食感の硬めのプリンに、ほろ苦いカラメルソースがたっぷり。香り付けにポートワインを用いることも。

橙蛋糕
チャーンダンゴウ

ポルトガル伝統菓子のオレンジタルト。タルトといっても、ロールケーキに近い形状。砂糖、卵、小麦粉、オレンジジュースを混ぜてオーブンで焼き、丸めて砂糖をまぶしてある。

菠蘿蛋糕
ボーローダンゴウ

パイナップルケーキ。ポルトガル由来のケーキで、カラメルを敷いた型に輪切りにしたパイナップルを敷き詰め、パイナップル果汁を加えた生地を入れて、オーブンで焼いたケーキ。

雙皮燉奶
ションペイダーンナイ

広東省の順徳発祥の牛乳プリン。濃厚なミルク味が特徴。表面に膜が浮いているのがその名の由来。ホットとアイスがある。写真右が雙皮燉奶、左はアズキをのせた紅豆雙皮燉奶(ホンダウションペイダーンナイ)。

瓦煲咖啡
ンガーボウガーフェー

漢方薬を煎じる土鍋を用いて炭火で沸かすコーヒーはマカオ独特。熱伝導性がよく遠赤外線効果もある土鍋によって、香りのよいまろやかな風味のコーヒーに。エバミルクを入れて出す。

Column

マカオの地ビール「マカオビール」で乾杯！

マカオ料理やポルトガル料理にはワインを、と思いがちだが、ビールとも相性がよい。ぜひ試してみたいのは、マカオでしか飲めない「マカオビール（澳門啤酒）」。まろやかな味わいのフルーティな香り高いエールビールだ。このビールは日本とも関わりがある。

1996年にアメリカ人の醸造家がマカオで創業し、2003年に日本のキリンビールの子会社となり、品質も生産量もアップ。現在は広東省珠海のキリンビール工場で製造されている。マカオの大手スーパーマーケットで販売されているほか、ポルトガルやマカオ料理レストランにも置いている。

マカオビール。2021年には試飲もできるマカオビールのコンセプトストアが開業

マカオならではのドリンクにイチジク茶（無花果茶）がある。ポルトガル伝来のイチジクの葉とハチミツで作られた飲み物。ペットボトル入りのイチジク蜜（無花果蜜）もある。

台湾

Taiwan

中国語でおいしいは
好吃！
ハオチー

台北屈指の屋台街、士林夜市（士林市場）。スナック類やスイーツ、フルーツなどが食べ歩きできる

DATA
正式国名：中華民国（台湾）
言語：中国語（北京語）で、台湾語も話される
民族：本省人約84％、外省人約14％、先住民族約2％

主食
米。日本種米を改良したうるち米の「蓬萊米（ほうらいまい）」をはじめ、インディカ米やもち米も栽培。

　自然豊かな台湾は、海と山の幸に恵まれていて、多彩な料理が揃っている。17世紀以降、福建省周辺から移住した漢民族が社会を形成してきた歴史背景から、台湾料理は福建料理をルーツとし、四川料理や客家料理、広東料理などの中国料理も取り入れ、独自のアレンジを加えて形成された。さらに日本が統治していた時代があり、日本の食文化の影響も見られる。台湾料理は、繊細であっさりとした味付けで、素朴で家庭的な料理が多いのが特徴。ニンニクやネギ、ショウガ、八角や香菜、中国セロリといった香辛料や食材が多用される。外食文化が発展していて、小吃（シャオチー）と呼ばれる軽食を出す屋台や食堂が数多い。名物小吃の宝庫である夜市は観光客にも人気。

夜市など屋台でよく見かける台湾風おでんの「滷味（ルーウェイ）」。好きな具材を選ぶと、鍋で煮てくれる

もっと知りたい！ 食の雑学

バラエティ豊かな麺料理
　台湾でよく食べられているのが、米粉（ビーフン）、意麺（小麦粉と卵製のちぢれ麺）、麺線（小麦粉製の細麺）の3つ。新竹の米粉（ビーフン）、南投の意麺、台南の擔仔麺（→P.68）など、地域の特色ある名物麺料理も多い。

白粥と小皿料理「清粥小菜」
　清粥小菜はお粥と一緒に副菜（小皿料理）を食すスタイルで、台湾の食文化の特色のひとつ。店頭に並ぶ種類豊富な料理から、お客が好みのものを選ぶ形態の店が一般的で、おもに朝食や夜食に利用されている。

台湾に溶け込んだ日本食
　日本料理の影響がいたるところに存在。稲荷寿司や巻き寿司、おでん、刺身、味噌汁などが広く普及しており、家庭でも食される。天婦羅または甜不辣と表記される「てんぷら」は、日本から伝わったさつま揚げに似たもの。

朝昼晩すべて外食!?
　外食文化が根付いていて、3食外食で済ませることも普通。朝ごはん（→P.66Column）の台湾式おにぎり「飯糰」、クレープ巻きの「蛋餅」の店から深夜まで営業の小吃店まで終日にぎわう。店の形態もレストラン、食堂、屋台、テイクアウト店とさまざま。

路上にテントを張って、大勢の人をごちそうでもてなす台湾伝統の宴会のスタイルがある。これは「流水席」と呼ばれ、結婚式や新築祝いの際に催される。

編集部が選ぶ 必食グルメ TOP5

家庭的で庶民的な料理が多い台湾料理は、日本でもなじみのある料理もたくさん。ぜひ、本場の味を堪能しよう。

東アジア ◎ 台湾

1 魯肉飯
ルーロウファン

小さく切った豚肉をショウガやニンニク、八角などの香辛料を加えた醤油ベースのたれで甘辛く煮込んでご飯の上にのせ、煮汁をかけた料理。店によって高菜や煮卵がトッピングされる。

2 小籠包
シャオロンバオ

上海由来の蒸し点心。小麦粉で作った薄い皮で豚ひき肉のあんを包み、中に入れた豚肉の煮こごりがアツアツのスープになり、あふれだす。この肉汁スープとあんのうま味が小籠包の魅力。

3 紅蟳米糕
ホンシュンミーガオ

台南名物のワタリガニの炊き込みおこわ。たっぷりの子持ちのカニをもち米と醤油ベースで炊き上げる。うま味がしみ込むご飯にコクのあるカニ味噌と甘味のあるカニ肉が合わさったごちそう。

4 東坡肉
ドンポーロウ

中国杭州の名物、豚の角煮が台湾に伝わり定着。皮付きの豚バラ肉を紹興酒と醤油、砂糖でじっくりと煮込み、とろけるほど軟らかく仕上げる。饅頭(マントウ)の皮で挟んで食べるのも人気。

5 排骨飯
パイグーファン

排骨とは、豚の骨付きあばら肉を醤油や五香粉などの香辛料、酒などで下味を付けて揚げたもので、これをご飯にのせると排骨飯に。揚げたもののほか、醤油ベースのたれで煮込んだ排骨もある。

サクサクでジューシーな揚げ物「排骨(パイグー)」を麺の上にのせた「排骨麺」もポピュラー。

もっと知りたい！台湾料理

スープ

台湾の食卓に欠かせない存在。メイン料理と一緒にスープを食べるのが一般的だ。だしは鶏や豚、貝類や海産乾物まで種類豊富。塩味控えめでうま味のあるスープがたくさんある。ちなみに「羹」はとろみをつけたスープのこと。

蛤蜊湯（ゴーリータン）

蛤蜊はハマグリ、湯はスープのことで、蛤蜊湯はハマグリのシンプルな澄まし汁。ハマグリのほかにショウガとネギが入り、ショウガが効いていてあと味すっきり。炒め物など脂っこい料理に合う。

豆腐羹（ドウフゲン）

体に優しいヘルシーな豆腐のとろみスープ。具材は豆腐のほか、野菜やキノコ、キクラゲや卵、細切りにした鶏肉など。醬油ベースの味わいに仕上げる。家庭料理の定番。

肉羹（ロウゲン）

肉団子のとろみスープ。もともとは中国福建省の伝統料理。豚肉や鶏肉で作った肉団子のほか、キノコやモヤシ、タケノコなどを入れ、香菜をトッピング。麺やビーフンと合わせるメニューも。

貢丸湯（コンワンタン）

貢丸は豚肉を練って作った肉団子のことで、ぷりぷりの弾力のある食感が特徴。この肉団子入りのあっさりしたスープが貢丸湯。セロリや香菜、モヤシなどを加える。新竹のものが有名。

魚丸湯（ユィワンタン）

魚のつみれ団子入りスープ。これも中国福建省発祥の料理で、鶏ガラの澄んだあっさりしたスープに、弾力のある魚団子を入れてネギやセロリを加えたもの。肉あん入りの魚団子もある。

牛肉湯（ニウロウタン）

台南のローカルな朝食メニュー。牛肉と野菜を煮込んでだしにしたアツアツのスープを、生の牛肉にかけて色が変わった肉を好みで醬油だれに付けたり、ショウガと一緒に食べることも。

米粉湯（ミーフェンタン）

台湾北部の屋台でよくあるビーフン入りのスープ。太めで短くカットしたビーフンを使うのがポイント。モチッとした食感で、スープは豚ベース。小腹がすいたときや夜食にぴったり。

Recipe 本場の味を自宅で再現！ ◎魯肉飯（豚肉煮込みのせご飯）

ご飯が進む簡単おいしい魯肉飯

[材料] 2～3人分
- 豚バラブロック肉……… 300g
- ショウガ……………… ひとかけ
- ニンニク……………… ひとかけ
- 五香粉………………… 少々
- ゴマ油………………… 適量
- ★ 醬油……………… 大さじ2
- ★ 砂糖……………… 大さじ2
- ★ 酒………………… 大さじ2
- ★ 酢………………… 大さじ1
- オイスターソース…… 小さじ1
- ご飯…………………… 適量

[作り方]
1. ショウガとニンニクはみじん切りに、豚肉は1～1.5cm角に切る。
2. フライパンにゴマ油、ショウガ、ニンニク、五香粉を入れて弱火にかけ、香りが立ったら豚肉を加えて炒める。
3. 豚肉の色が変わったら、★を加えて弱火でとろみがつくまで加熱する。
4. ご飯を盛り豚肉をのせ、好みでゆでたチンゲン菜や卵をトッピングする。

牛肉湯（→上記）は、新鮮な牛肉が入手でき、牛肉の産地である台南ならではのスープ。

野菜・豆腐料理

ヘルシーな野菜料理も多く、メインの肉料理と一緒に食べたい。サツマイモの葉やヘチマなど日本では食べる機会のない野菜も試したい。豆腐は台湾料理に欠かせない食材。スープやおかずだけでなく、デザートにも使われる。

炒水蓮 チャオシュイリエン

水蓮菜は台湾の人気野菜。和名は「タイワンガガブタ」といい、沼地や池で細長く伸びる水草。シャキシャキした食感が特徴で、さっと炒めて食べることが多い。ニンニクや海鮮を入れることも。

地瓜葉 ディーグアイエ

地瓜葉はサツマイモの葉で、台湾ではよく使われる食材。ゆでたり、ニンニクと炒めたりするのがポピュラー。ほんのり甘くねっとりとした食感で、食物繊維やビタミンA、カルシウムや鉄分が豊富。

炒空心菜 チャオコンシンツァイ

空心菜の炒め物。ニンニクやトウガラシとともに炒め合わせることが多い。空心菜はサツマイモの葉茎に似た中国野菜で、茎の中が空洞。シャキシャキ食感で、葉にぬめりがある。

絲瓜炒蛤蜊 スーグアチャオゴーリー

家庭料理のひとつ、ヘチマとハマグリの炒め物。貝のうま味と合わさった優しい味わいの料理。絲瓜（ヘチマ）は台湾の夏野菜のひとつで、体の熱を取り、ミネラルやビタミンが豊富。

菜脯蛋 ツァイポーダン

菜脯とはダイコンを塩漬けにして干したもので、これをネギとともに溶き卵に入れて焼いたオムレツが菜脯蛋。家庭料理としてよく食卓に上る。菜脯のしょっぱさと食感が卵とよく合う。

蘿蔔糕 ローボーガオ

日本語では「大根餅」。中国や台湾、香港の伝統料理として親しまれている。すりおろしたダイコンに米粉や調味料、干しエビなどを加えて蒸したもの。厚切りにしてカリッと焼いたものがポピュラー。

臭豆腐 チョウドウフ

豆腐を発酵液に漬けて発酵させたもの。特有の強い臭いで知られる食品。油で揚げて塩やコショウ、ラー油などを付けて食べる。専門店やレストランで提供されるほか、屋台でも販売されている。

Column
日本でも健康食品として注目される「豆腐干（ドウフガン）」

台湾は大豆製品が豊富で、豆腐をはじめ豆乳や湯葉などさまざまなものがある。特色のある豆腐として知られる臭豆腐のほかに、豆腐干または豆干という豆腐も広く食されている。豆腐に圧力をかけて脱水し、乾燥させた豆腐の加工食品のことで、四角い形状の硬い豆腐だ。揚げ物や炒め物、煮物をはじめ、精進料理では肉の代わりに使われることもある。

豆干のトウガラシ炒め　豆腐干絲のサラダ

豆腐干を細く麺状に切ったものは「豆腐干絲（ドウフガンスー）」と呼ばれ、前菜のあえ物、麺類の代用などに使われている。近年、日本でも高タンパク・低糖質なヘルシー食品として注目されている。

 臭豆腐は揚げるほか、焼く、蒸す、鍋料理に入れるなどの調理法で食されている。

もっと知りたい！台湾料理

肉料理

肉類は豚肉が中心。元来は開拓民だったこともあり、食材を無駄なく使うという発想から、豚・牛などの内臓や凝固させた血液を用いる料理も数々ある。牛肉を使った料理は、戦後中国大陸からの影響を受けて広まったとされる。

三杯鶏　サンペイジー

家庭料理の代表格。鶏肉を、等量のゴマ油、醤油、酒を用いた三杯ソースで煮込んだ料理。台湾では九層塔というバジルを入れて香りよく仕上げるのが特徴。ルーツは中国江西省の客家料理。

滷肉　ルーロウ

八角の風味が効いた台湾風豚バラ肉の角煮。豚肉に焼き目を付けた後、醤油ベースのショウガやニンニク、ネギ、八角などの香辛料を入れた鍋でじっくりと煮込み、風味よく仕上げる。

梅菜扣肉　メイツァイコウロウ

梅菜はからし菜を塩漬けにして干した発酵食品でうま味とほのかな酸味がある。豚バラ肉をこの梅菜と一緒にとろとろになるまで煮込む、台湾の代表的客家料理。濃厚な味で、紹興酒に合う。

豬腳　チュージアオ

豬腳は豚足のことで、ニンニクやショウガ、トウガラシなどとともに醤油ベースで煮込みにするのが一般的。とろとろ、ジューシーでコラーゲンたっぷり。煮込み汁をご飯にかけて食べることも。

烤鹹豬肉　カオシエンヂューロウ

塩漬けにした豚肉をグリルしてスライスした先住民族料理のひとつ。豚バラ肉を用い、塩や調味料、酒などをマリネしてじっくりと焼き上げるローストポーク。ニンニクと一緒に食べる。

鴨肉　ヤーロウ

アヒルの肉は台湾ではポピュラーな食材。ローストや塩ゆでにしたメニューがある。弾力のある鶏肉に近い食感で、滋味あふれる味わい。鴨肉をご飯の上にのせた鴨肉飯もある。

薑母鴨　ジアンムーヤー

冬限定の鍋料理。鴨肉をショウガや香辛料、ナツメ、羅漢果など漢方の薬材、米酒とともに煮込む薬膳料理でもあり、食べているうちから体がポカポカ温まる。具は野菜や豆腐など。

Column

漢方系のだしで煮込む「羊肉爐（ヤンロウルー）」は冬の人気鍋

ナツメやクコの実などの漢方の食材や香辛料たっぷり

　暑いイメージのある台湾でも、冬場は気温が下がる。そんなときに好んで食べられるのが羊肉の鍋料理「羊肉爐」。台湾で「羊肉」と書かれている料理は、基本的にヤギ肉のこと。鍋料理のほか、炒め物や串焼き、スープなどに使われている。

　羊肉爐はぶつ切りにした骨付きのヤギ肉を漢方素材やショウガ、米酒とともに煮込む鍋料理で、トウモロコシやキャベツなどの野菜、豆腐なども入っている。漢方や香辛料の香りと奥深い味わいのスープは、心身ともにじんわりと温めてくれる。ヤギ肉はラム肉に似た味わいで、新鮮なものは臭みもなく食べやすい。

中国江西省の名物料理でもある三杯鶏。歴史ある料理で、その由来にまつわる話が諸説語られている。

魚介料理

四方を海で囲まれた台湾は魚介が種類豊富。魚、カニ、エビ、イカ、カキなどの貝類を用いた料理も多種多様で、レストランはもとより、屋台でも楽しめる。海鮮料理店の魚介の値段は時価のことが多いので、相場をチェック。

清蒸魚 チンチェンユイ

タラやハタ、スズキなど白身魚をシンプルに蒸しただけの素材の風味を生かす料理。ショウガやネギ、香菜を添えて、醤油ベースの香味だれと沸かした油をかけて完成。

乾煎虱目魚 チエンジエンシームーユイ

虱目魚は台湾語で「サバヒー」と呼ばれる人気の大衆魚。英語ではミルクフィッシュといい、とても軟らかく、小骨が多いのが特徴。乾煎虱目魚は塩焼きにしたもの。お粥やスープの具材にも。

滑蛋蝦仁 ホアダンシアレン

台湾の定番家庭料理のひとつ、エビとふわふわ卵の炒め物。具はエビのほかはネギのみ、塩コショウで味を調えただけのシンプルな料理。卵は半熟状に仕上げるのがコツ。

蝦捲 シアチュエン

台南名物のエビのすり身揚げ。エビのすり身に豚ひき肉、セロリ、ネギを加え、調味料で味付けしたものを網脂に巻いて揚げてある。外はカリカリ、中はふんわり。カキを使った蚵捲もある。

花枝丸 ホアヂーワン

イカのすり身団子を揚げたもの。プリプリの弾力があり、かむとイカの風味が広がる。そのままか、五香粉が混じった塩コショウに付けて食べる。エビのすり身団子、蝦仁丸もある。

蚵仔煎 クーザイジエン

台湾語でオアジェン。夜市の定番、カキ入りオムレツだ。小ぶりのカキを炒めネギを加え、水で溶いたサツマイモのでんぷん生地をかけ、卵でとじて焼き上げる。甘辛いたれをかけて食べる。

蒜香醃蜆仔 スアンシアンイエンシエンザイ

さっとゆでたシジミのニンニク醤油漬け。日本のものより大ぶりのシジミを低温で時間をかけて加熱し、身にたっぷりと漬け汁を吸い込ませるように調理。紹興酒などお酒に合う一品。

Column
台湾料理と相性のよいお酒

台湾料理に欠かせないのが、ビール。最大のビールメーカー「台湾啤酒（台湾ビール）」の「金牌」が最もポピュラーな銘柄だ。大麦麦芽とホップに蓬莱米（ジャポニカ米）を使用。日本のビールより軽い飲み口で苦味も少なめで飲みやすく、日本人にも好評。すっきりとしたのど越しが、台湾の炒め料理や揚げ物によく合う。また、同社から出ているパイナップルやマンゴーのフレーバーのアルコール度数の低いフルーツビールにも注目したい。

そのほか紹興酒やトウモロコシを主原料とする蒸留酒の高粱（コウリャン）酒なども台湾でポピュラーなお酒。

定番のビール「台湾ビール金牌」

幅広い料理に合う紹興酒

台湾みやげの定番、カラスミ（ボラの卵を塩漬けにして天日干しにしたもの）は、軽くあぶって酒のつまみにするのが一般的。

もっと知りたい！台湾料理

粉もの

おもに小麦粉で作った食べ物「粉もの」も数々あり、代表的なのが小籠包。胡椒餅も不動の人気を誇っている。主食代わりに食べるワンタンやギョウザをはじめ、おやつや夜食になる屋台の人気メニューが豊富にあるので食べ歩きをしたい。

生煎包（ションジエンバオ）

焼き小籠包。小籠包より厚めのもっちりとした皮で肉あんを包み、大きな鉄板で蒸し焼きにしたもの。底の部分はカリッと香ばしく焼かれていて、肉あんからは肉汁があふれ出す。

肉圓（ロウユエン）

台湾語でバーワン。サツマイモや片栗粉などでんぷんの粉で肉あんを包んで蒸した後、油で表面がカリッとなるように揚げて作る。プリッと弾力のある食感が楽しい。甘辛いたれをかけて食べる。

割包（刈包）（グアバオ）

小麦粉で作った白い蒸しパンの饅頭に豚の角煮を挟んだもの。中国版漬物の酸菜や香菜、砕いたピーナッツなどの具も一緒に挟む。おもに夜市や屋台で販売されている。

韭菜盒子（ジウツァイホーズ）

もともとは中国東北料理。小麦粉で作った生地でたっぷりのニラ、春雨、炒り卵、豚肉、シイタケなどを包んで焼いたおやきのような料理。ダイナミックな見た目でボリューム満点。

葱油餅（ツォンヨウビン）

中国北京料理として知られており、台湾や東南アジアにも定着している。小麦粉を練って作った生地を平たく伸ばし油を塗り、細かく刻んだネギを巻き込んで焼いたパイ状の小吃（スナック）。

水餃（シュイジャオ）

水ギョウザ。薄い皮で豚肉や牛肉、鶏肉などの肉類や、キャベツ、ニラなどの具材を包んでゆで上げる水ギョウザは、焼きギョウザよりポピュラー。具によってさまざまな味わいが楽しめ、主食にもなる。

肉包（ロウバオ）

肉まんのこと。店によっては豚肉のほか、タマネギや香菜、タケノコなどを入れており、大サイズのものもある。蒸したてホカホカのものをほおばりたい。おもに朝食として食べられている。

Column
名物朝ご飯が充実のラインアップ

朝ご飯も外で食べる人が多い台湾では、朝ご飯専門店もあり、メニューも充実。

まず、定番は豆漿（トウジャン、豆乳）や、豆乳に酢やラー油を加えたスープ風の鹹豆漿（シェンドウジャン）。揚げパンの油條（ヨウティアオ）やもち米のおにぎり、飯糰（ファントゥアン）とともに食べる。小皿料理と食べる白粥もヘルシーな定番朝食だ。

鹹豆漿（奥）と相性のよいパンやまんじゅう

蛋餅の屋台

粉もの系で人気なのが、卵焼きをクレープ状の生地で巻いた蛋餅（ダンビン、卵焼きのクレープ巻き）というもの。そのほか肉包（肉まん）や韮菜包（ニラまん）などのまんじゅう類や、三明治（サンミンヂー、サンドイッチ）も一般的な朝ご飯。

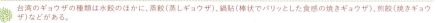
台湾のギョウザの種類は水餃のほかに、蒸餃（蒸しギョウザ）、鍋貼（棒状でパリッとした食感の焼きギョウザ）、煎餃（焼きギョウザ）などがある。

米料理

魯肉飯（ルーロウファン、→P.61）や鶏肉飯（ジーロウファン、→右記）に代表される丼ご飯は、小ぶりなものが多くおやつ代わりにもなる。日本由来とされるご飯の上におかずを豪快にのせた弁当文化も根付いている。

鶏肉飯
ジーロウファン

あっさりとした味わいの鶏肉のせご飯。ゆでた鶏のムネ肉を細長くほぐしてご飯の上にのせ、エシャロットを炒めて香りを付けた鶏油ベースのたれをかけて食べる。

蝦仁飯
シアレンファン

台南名物のエビご飯。エビは台南で獲れる火燒蝦（アカエビ）を使用。このエビやカツオのだしをご飯に吸わせながら炒めて作られていて、濃厚なエビのうま味がしっかり感じられる。

粽
ゾン

端午節に欠かせない伝統料理のちまき。もち米の中に豚肉やシイタケ、塩漬け卵などの具材を入れて竹の葉で包んで蒸し上げたもの。具材の豊かな風味と竹の香りが食欲をそそる。

虱目魚粥
シームーユイヂョウ

サバヒーと呼ばれる魚のお粥。身が白いことからミルクフィッシュと呼ばれるこの魚は、台湾南部で養殖が盛んなことから、台南の名物郷土料理のひとつに。お粥には脂ののった腹部を使用。

筒仔米糕
トンズーミーガオ

米糕はおこわ。もち米、肉そぼろ、シイタケ、干しエビなどを筒の中に入れて蒸したもの。皿にひっくり返して甘辛いたれをかけて食べる。昔は竹筒を使用したが、現在はステンレス製に。

碗粿
ワングオ

米をすりつぶし、エビや鶏肉、シイタケなどの具材と一緒に茶碗に入れて蒸し上げた料理。ねっとりとした食感。とろみを付けた甘辛いたれをかけ、木のへらで食べる。おもに台南の料理。

便當
ビエンダン

日本統治時代の影響を受け、弁当文化が浸透。敷き詰めたご飯の上に排骨（豚肉の揚げ物）や滷肉（豚バラ肉の煮込み）といったメイン料理に数種類の総菜がのる。駅弁の台鐵便當も有名。

Column
フルーツ天国台湾で食べたい
極上マンゴー

果皮は赤色。酸味と濃厚な甘味のバランスがよい愛文マンゴー

　台湾では果物がとても種類豊富。ライチやパパイヤ、パッションフルーツなど、街角のいたるところに色鮮やかなフルーツが並ぶ。とりわけ王様的存在がマンゴー（芒果）。数ある品種のなかでも代表格の愛文種は人気もナンバーワン。皮がリンゴのような赤色であることから「アップルマンゴー」とも呼ばれている。果肉には濃厚な甘さと香りがあり、とてもジューシー。愛文マンゴーの旬は5～7月。ほかにも玉文や金煌などの品種があり、9月くらいまでさまざまなマンゴーが楽しめる。カットフルーツやスイーツ、かき氷などで満喫したい。

 米糕（おこわ）は、台南など南部では蒸したもち米の上に煮込んだ豚肉と魚のでんぶをかけた丼ご飯が多い。

もっと知りたい！台湾料理

麺料理

米粉を蒸して麺状にした「米粉（ビーフン）」、極細の小麦粉の麺「麺線」、小麦粉と卵で作ったちぢれ麺の「意麺」が台湾特有の麺。小麦粉製の麺の多くは太めで、かん水を使用しないため、ストレート麺が主流となっている。

擔仔麺（ダンヅーミエン）
台南発祥の名物麺料理。エビでだしを取ったスープに、小麦粉の中細のストレート麺を入れ、豚肉のそぼろ煮やネギ、モヤシ、香菜などをトッピング。小ぶりの碗で供される。

紅焼牛肉麺（ホンシャオニウロウミエン）

牛骨からとっただしに醤油や酒、豆板醤、八角などの香辛料を入れて煮込んだスープはピリ辛。ストレート麺を合わせ、ホロホロになるまで煮込んだ牛バラ肉や牛筋をトッピング。

麺線（ミエンシエン）

そうめんのような極細の形状の小麦粉製の麺を、かつおだしが効いた少し酸味のあるスープで煮込んだ屋台料理の定番。とろとろのスープの上に豚のモツやカキ、香菜などがのっている。

麻醬麺（マージャンミエン）

ストレート麺にゴマだれをからめて食べるあえ麺。あえだれは芝麻醬（ゴマペースト）をベースに醤油や黒酢、ゴマ油などを加えて作られている。具はネギなど薬味のみのシンプルな料理。

炒粄條（チャオバンティアオ）

粄條は客家料理の代表的な麺。米粉を蒸して作ったきしめんのような幅広麺のこと。炒粄條は野菜類と豚肉とともに醤油ベースで炒め合わせた焼きうどん風の料理。

鰻魚意麺（シャンユイイーミエン）

台南の郷土料理であるタウナギのあんかけ麺。タウナギはウナギに似た淡水魚で、淡泊で弾力のある食感。平打ちのちぢれ麺の意麺に甘酸っぱいあんがからみ、食べ応えがある。

涼麺（リアンミエン）

暑い夏に人気のゴマだれをかけた冷たい麺。ゴマだれには酢も入っていてさっぱり。トッピングの具はキュウリやニンジンなど。シンプルな麺料理だが、ゴマだれの風味が食欲をそそる。

Column
台湾の伝統麺「意麺（イーミエン）」を深掘り

意麺は、小麦粉と卵（おもにアヒルの卵）を使い水を加えずに製麺し、天日干しして乾燥させた平打ちちぢれ麺のこと。台南市の塩水が産地として有名。台南では意麺を低温の油で揚げたものをスープ麺や炒め麺に使う。この揚げ麺の意麺が日本のインスタントラーメンのヒントになったという話もある。
　また、台南では日本のなべ焼きうどんがもとになったという「鍋焼意麺」も人気メニュー。こちらは硬めに揚げた香ばしい意麺を使うのが特徴で具だくさんの麺料理。台南を訪れたらぜひ、意麺を味わってみたい。

もっちりとした食感の意麺。写真はスープ麺

米粉湯（→P.62）の麺と見た目が似ているのが「米苔目（ミータイムー）」。米粉にサツマイモの粉も入っていて、穴の開いた器具でところてんのように押し出して作られる麺。

スナック・スイーツ

おやつや夜食に「小吃（軽食やスナック）」を楽しむ文化があり、麺類やご飯ものからおやつ類まで種類も店舗も豊富。スイーツはひんやり系をはじめ、伝統的な温かい甘味も充実。菓子類やドリンクにも台湾ならではのものがある。

大鶏排（ダージーパイ）

ビッグサイズの鶏のから揚げ。鶏肉を薄くたたき伸ばして、香辛料入りのたれに漬けて下味を付け、油で揚げ外はザクザク、中はジューシーに仕上げる。香辛料が効いたスパイシーな風味。

胡椒餅（フージャオビン）

豚肉とネギにコショウと香辛料を混ぜ合わせたあんを小麦粉の生地に包み、窯の壁面に貼り付けて焼き上げる。カリっとした皮の中から肉汁とコショウがしっかりと効いた風味があふれ出す。

芒果冰（マングォビン）

台湾スイーツの代表格であり、根強い人気を誇るマンゴーかき氷。きめ細かいふわふわのかき氷にマンゴー果汁と練乳、果肉、マンゴーのアイスクリームなどをトッピング。

愛玉（アイユゥ）

愛玉子（台湾語でオーギョーチ）という台湾固有のつる性植物の種から作るゼリー。水の中でこの種をもむと、含まれるペクチンの作用でゼリー状に固まる。レモンやシロップをかけて食べる。

豆花（ドウホア）

古くから台湾で親しまれている伝統スイーツのひとつ。豆乳に石膏粉（硫酸カルシウム）を加えてゆるく固めたもの。甘いシロップをかけて食べる。トッピングは果物やタピオカなどさまざま。

芋圓（ユィユエン）

サツマイモやタロイモなどのイモ類を練って作るもちもちの団子のこと。冷たいものや温かいシロップをかけたものがある。果物などとともに豆花やかき氷のトッピングにも使われる。

鳳梨酥（フォンリースー）

パイナップルケーキ。小麦粉、バター、砂糖、卵などで作られたサクサクの皮の中に、パイナップルジャムがたっぷり詰まった焼き菓子。ほのかな甘味と酸味が魅力。おみやげにも人気が高い。

Column

ドリンクスタンドが立ち並ぶ台湾でポピュラーなドリンク

台湾生まれの人気ドリンクといえば「珍珠奶茶（チンジューナイチャー）」、タピオカ入りミルクティーだ。今ではアジアをはじめ、世界各地のチャイナタウンなどで愛飲されている。ミルクティーに大粒の真珠のようなタピオカを入れたドリンクで、もちもちとしたタピオカの食感と香り豊かなミルクティーの組み合わせが特徴。黒糖をプラスしたものもヒット商品に。

珍珠奶茶（左）と木瓜牛奶（右）

パパイヤミルクの木瓜牛奶（ムーグアニウナイ）も台湾発の人気ドリンク。パパイヤと牛乳をミキサーにかけて作られる。まろやかな甘さで濃厚な味わいの木瓜牛奶は、美肌や疲労回復にもよいとされる。

揚げた食パンの中をくり抜いてクリームシチューを詰め、パンで蓋をした「棺材板（グワンツァイバン）」という軽食もある。

Column

個性もバリエーションも豊富
台湾茶の世界を探訪

烏龍茶をはじめ、紅茶や緑茶など種類もさまざま。
世界的な銘産の産地である台湾のお茶の歴史をひ
も解き、お茶を楽しむ文化に触れてみよう。

台湾の美しい風景のひとつとされる山間部での茶摘み

台湾茶の歴史

　台湾茶とは台湾で生産された茶葉から作られたお茶の総称。中国茶に分類されることもあるが、地理的にも気候的にも異なる島国ゆえの台湾で独自の進化を遂げ、「台湾茶」というジャンルを確立している。18世紀の終わり頃、福建出身の商人が福建省最大のお茶産地、武夷山から烏龍茶の苗木を移植したことが台湾茶の起源とされている。同地から伝わった製茶法をもとに、台湾の気候に合った製法や加工法が編み出され、台湾茶が作られるようになった。

　19世紀中頃には台湾茶が世界各地へ輸出されるようになり、一躍産業物として脚光を浴びることに。その後戦争の影響で一時衰退したものの、1980年代には標高1000m以上の高地で栽培される高山茶が人気となりブームを巻き起こした。

台湾茶の特徴

生産量が最も多い烏龍茶をはじめ、紅茶や緑茶なども楽しめる

　台湾を代表するお茶が烏龍茶で、その種類の多さが大きな特徴となっている。烏龍茶は不発酵の緑茶と全発酵の紅茶の中間の半発酵に分類され発酵の幅が広く、各銘柄の発酵度や焙煎方法によって異なる風味を楽しめるのが魅力。

茶葉の種類

● 台湾茶の4大銘柄

東方美人茶

紅茶のような芳醇な香りと甘味をもつ東方美人茶

　ウンカと呼ばれる虫が葉をかむことで、分泌物と茶葉の成分が反応し発酵を促す独特の製法のお茶で、歴史のある銘柄。烏龍茶のなかでも発酵度が高く、入れると濃い色に。ハチミツのような香りでフルーティ。比較的紅茶に近い味わいだ。19〜20世紀にかけて海外へ輸出され、イギリスで「オリエンタル・ビューティ」と名付けられ高評価を得た。

文山包種茶

　台北市近郊の文山地域で生産される発酵度の低い烏龍茶の銘柄。昔は紙で包んで売られていたことが、名前の由来。お茶の色合いは透明な黄緑色で、苦味や渋味はほとんどなく、すっきりとした味わいと甘い花のような香りが楽しめる。

● 高山茶

　高山茶とは標高1000m以上の山地で収穫された茶葉の総称。昼夜の温度差が激しい厳しい環境ゆえ、高品質な茶葉が育つ。それぞれの山によって味や香りが異なるが、総じて高山の気を秘めたすっきりとした上品な香りとまろやかな甘味をもつ。

　有名な銘柄は「阿里山烏龍茶」「梨山烏龍茶」「杉林渓烏龍茶」「大禹嶺烏龍茶」など。産地の標高がそれぞれ異なり、環境の違いがもたらす香りや味わいを楽しめる。

凍頂烏龍茶

　台湾中部の南投県鹿谷郷にある凍頂山周辺を産地とする、台湾の代表的な烏龍茶の銘柄。中発酵で比較的緑茶に近い味わいで、見た目も薄い金色。華やかなよい香りとまろやかな甘味をもち、あと味さわやか。茶葉は丸く固まった球状をしている。

木柵鉄観音茶

　台北市近郊の文山区木柵で生産される、発酵が高くしっかりと焙煎を行う伝統的な烏龍茶。お茶の色合いは黄金色で、ほうじ茶に似た香ばしさと芳醇な味わいが特徴。柑橘系のほのかに甘い香りが感じられる。手間と時間を要する製法ゆえ生産茶園が少なく、貴重なお茶となっている。

● 金萱茶

　標高の高い阿里山で作られる烏龍茶の新品種のお茶。色合いが金色のお茶で、渋味が少なくさっぱりとした味わい。ミルクやバニラのような甘い香り「乳香」が特徴。

優しい甘味で、あと味はすっきり

茶葉はお湯をつぎ足すたびに味わいが変わり、通常は1回分の茶葉で4〜5煎まで飲める。

東アジア ◎ 台湾

世界的評価も高い台湾の紅茶

●紅茶

台湾産の紅茶は豊かな香りと自然の甘味が特徴。種類も多様で、それぞれ個性的な香りと味わいをもつ。インドから持ち込まれたアッサム種の苗木によって本格的な紅茶生産が始まり、台湾中部の日月潭周辺（標高600〜800m）がおもな産地。

日月潭紅茶はさまざまな味わいのものがあり、なかでも最高級とされるのが「紅玉紅茶」。アッサム種の改良品種で、コクと味わい深さが特徴。ほのかなミントの香りもさわやか。もうひとつの有名銘柄「蜜香紅茶」は、烏龍茶の東方美人茶を完全に発酵させたもので、同様にウンカという虫を発酵の媒介として用いる。名前のとおり蜜のような甘い香りとマイルドな味わいが特徴。

●花茶

茶葉に乾燥させた花弁を混ぜたり、花弁の香りを茶葉に移したりして作られたお茶で、茉莉花茶（ジャスミン茶）や桂花茶（キンモクセイ茶）が代表的。ともに烏龍茶をベースにしており、すっきりしたお茶の味わいと花のよい香りが協調し、リラックス効果があるとされる。

甘く優しい香りが心も癒やしてくれる桂花茶

茶藝とは

台湾や中国には「茶藝」という文化がある。「型」そのものが美学である日本の茶道とは異なり、茶藝は生活のなかから生まれた、お茶をおいしく飲むための方法で、難しい作法はなく生活に根差している。

台湾には茶藝が体験できる茶藝館が各地にあり、店員が茶藝にのっとってお茶を入れてくれたり、入れ方を教えてくれたりする。それぞれの茶葉に合う入れ方でじっくりとお茶を楽しんでみたい。

お茶の味わいを最大限に引き出してくれる茶藝

お茶の道具

茶壺（ちゃこ）
急須のこと。紫砂、磁器など茶葉によって味わいを引き出すのに適した材質がある。

茶海（ちゃかい）
茶壺から茶海と呼ばれるピッチャーにお茶を移し、茶杯に注ぎ分ける。これはお茶の濃さ（香りや味）を均一にするために使う。

●聞香杯と茶杯
茶海のお茶を聞香杯に注いだ後、茶杯に移す。聞香杯に残った香りを楽しんだ後、茶杯のお茶を味わう。

茶杯（ちゃはい）
お茶を飲む小ぶりの器。

聞香杯（もんこうはい）
お茶の香りを楽しむための細長い形状の器。

●蓋碗（がいわん）
茶壺にも茶杯にもなる、蓋と受け皿付きの茶碗。茶葉とお湯を入れ、蓋を少しずらして急須のように使ったり、茶葉が口に入らないよう蓋を少しずらして直接飲むときにも使える。

茶則（ちゃそく）
茶葉をすくう道具。茶缶から茶葉を茶壺に入れる際に使う。

茶針（ちゃはり）
茶壺の注ぎ口に詰まった茶葉を取り除く際に使う。

茶挟（ちゃきょう）
茶杯を扱うときにこれで挟んだり、茶壺から茶葉を取り出したりするときなどに使う。

お茶請け

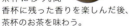

お茶菓子は、台湾茶の風味に合うフルーティで自然な風味のものがぴったり。干し梅やドライマンゴー、ドライイチジク、紅ナツメ、クコの実といったドライフルーツや、パイナップルケーキ（鳳梨酥、→P.69）などが定番。黒ゴマやピーナッツのお菓子やナッツ類も台湾茶と相性がよい。

ポピュラーなお茶菓子3種。上左は干しアンズ、上右はドライイチジク、左はゴマのお菓子

茶藝館は伝統的なスタイルからモダンなカフェ風のものまでさまざま。観光地の九份にはノスタルジックな風情ある茶藝館がある。

韓国

Republic of Korea

韓国語でおいしいは
맛있어요!
マシッソヨ

安くておいしいグルメの食べ歩きは韓国旅行の楽しみのひとつ。ソウルには各エリアに大小さまざまな市場がある

DATA
首都：ソウル Seoul
言語：韓国語
民族：韓民族

主食

日本と同じ粘り気のあるジャポニカ米。白米のほか、雑穀や野菜、豆などを混ぜて炊く五穀米も食べられている。

昨今の世界的な韓国カルチャーブームもあって、日本でも韓国文化、とりわけ韓国料理への関心は年々高まっている。日本と韓国は地理的に近く、古来より文化の往来があったこともあり、食文化においても類似点が多い。韓国の食の基本は、中国由来の思想である医食同源、そして五味五色（→欄外）にもとづく、栄養的にも見た目や味わい的にもバランスのいい食事だ。主食の米と汁物、おかず、キムチなどの漬物と、日本の食事と似ているが、韓国はおかずの品数が日本よりも多くトウガラシから作られるコチュジャンに代表されるジャン（醬）と呼ばれる発酵調味料の種類が豊富でこれらを多用するのも特徴的。三方を海に囲まれているため魚介を使った料理も多い。

韓国ドラマや映画にもよく登場する、飲み屋屋台のポジャンマチャ（→P.81）

もっと知りたい！ 食の雑学

冬の風物詩 キムジャン

本格的な冬が来る前に、ひと冬分のキムチを作ることをキムジャンといい、18世紀中頃に貴族の間で広まり、徐々に庶民の間に普及していったという。今でも家族や親族、近所の人々と一緒にキムジャンが行われている。

韓国料理の基本 伝統調味料ジャン

ジャン（醬）と呼ばれる発酵調味料は味付けの基本。代表的なジャンがカンジャン（醬油）、テンジャン（味噌）、コチュジャン（トウガラシ味噌）。これらをベースに薬味や香辛料などを合わせてたれも作られる。

ビビン（混ぜる）＆サム（包む）

韓国料理ではビビンパプ（ビビン＝混ぜる、パプ＝ご飯）のように混ぜて食べたり、エゴマの葉などの葉野菜でご飯や肉などのおかず、キムチを包んだりするサムパプ（サム＝包む、パプ＝ご飯）という食事スタイルが多くある。

誕生日に欠かせない ワカメスープ

ワカメをニンニクなどとゴマ油で炒めて作るワカメスープ（ミョックク）。妊婦や授乳中の母親が栄養をつけるために食べる習慣があり、産んでくれたことへの感謝を込めて誕生日に食べるようになったのだとか。

医食同源とはおいしく栄養のバランスが取れた食事は病気を予防し、治癒するという考え方。一方、五味五色は青・赤・黄・白・黒の5色、甘・酸・辛・苦・かん（塩辛い）の5つの味をバランスよく食べることを指す、古代中国の陰陽五行説に由来するもの。

編集部が選ぶ 必食グルメ TOP5

トウガラシを使った辛い料理もあるが、食材や調味料を組み合わせ、奥深い味わいが多いのも韓国料理の魅力。

東アジア ◎ 韓国

① サムギョプサル
Samgyeopsal

サムギョプサルとは脂身と赤身が3層になった豚の三枚肉のことで、豚焼肉メニューの定番。カリッと焼いた肉をひと口大にカットし、葉野菜でキムチやニンニクなどと一緒に包んで食べる。

② チーズタッカルビ
Chijeu Dak Galbi

タッカルビは鶏もも肉をコチュジャンベースのたれに漬け、野菜と一緒に石鍋や鉄板で焼く辛い料理。チーズタッカルビはタッカルビにチーズをのせたバージョンでチーズで辛さがまろやかに。

③ ビビンパプ
Bibim Bap

ビビンは混ぜる、パプはご飯で、豆モヤシやホウレンソウなどのナムルとコチュジャンを混ぜて食べる全州発祥の料理。熱した石鍋に盛り付け、おこげご飯が楽しめる石焼ビビンパプもある。

④ カンジャンケジャン
Ganjang Gejang

ワタリガニの醤油漬け。ニンニクなどが入ったカンジャン(醤油)にカニを漬け込んだもので甘味のあるカニが絶品。締めにはカニの甲羅にご飯を入れ、とろりとしたカニ味噌と一緒に食べる。

日本料理にも同じ考え方がある。

⑤ プッチンゲ (チヂミ)
Buchimgae (Jijimi)

小麦粉やすいとん粉の生地に野菜や海鮮、肉などを合わせたお好み焼きのような料理。日本ではチヂミという呼称が一般的だが、韓国ではプッチンゲという。

もっと知りたい！韓国料理

 スープ・鍋料理

韓国の汁物は大きく分けてクク（汁）とタン（湯）がスープで、味が濃く辛いものが多いチゲや寄せ鍋のチョンゴルが鍋料理とされる（区分はあいまいなことも多い）。タンは肉や骨などを長時間煮込んだスープがベース。

カムジャタン
Gamja Tang

豚の骨付き肉を長時間煮込んだスープにトウガラシ、ニンニク、ゴマ、ジャガイモ、ネギやエゴマの葉を入れて煮込むスタミナ満点の鍋料理。ジャガイモなし版はピョダギヘジャンククという。

コムタン
Gom Tang

牛のすね肉、テールなど牛肉を中心に長時間じっくり煮込んで作るスープ。同じ牛スープであるソルロンタンより、スープは透明な場合が多い。塩コショウで好みの味付けにして食べる。

ソルロンタン
Seolrong Tang

コムタンが肉中心のスープとすると、こちらは牛骨や内臓をメインに長時間煮込んだ白濁スープ。コクがあり奥深い味わい。コムタン同様に塩コショウで好みの味付けにして食べる。

タッカンマリ
Dak Hanmari

タッ＝鶏、ハンマリ＝1羽を組み合わせた料理名のとおり、鶏1羽を使ったスープ。ジャガイモやトック（韓国の餅）なども入り、具はコチュジャンベースの辛いたれに付けて食べる。

サムゲタン
Samgye Tang

日本でも知られる参鶏湯。丸鶏に韓方やもち米を詰め、高麗人参、ナツメ、クコの実、ニンニクなどと一緒に煮込んだ滋養たっぷりの伝統スープ。滋養強壮や疲労回復効果が高いとされる。

プゴクク
Bukeo Guk

約1ヵ月干したタラ（プゴ）を使ったスープで、二日酔いのときに食べられる。真冬に凍結と乾燥を約20回繰り返す軟らかい干しダラはファンテといい、これを使ったスープはファンテグク。

ヘムルタン
Haemul Tang

ヘムルとは魚介類のことで、エビやホタテ、魚、タコなど海の幸をコチュジャンベースの辛いスープで煮込んだ海鮮鍋。ヘムルタンに似た料理に魚のアラを使った辛い鍋、メウンタンもある。

Column
日本と異なる点がいっぱい！
韓国の食事＆飲酒マナー

箸は右側、スプーンは左側に置く

同じ箸＆米食文化でも日本とは異なるマナーがたくさん。以下は代表的なマナー。①年長者から食べ始める。②器は持ち上げずにテーブルに置いたまま食べる。③ご飯と汁物はスプーンで、それ以外は箸で食べる。箸とスプーンは料理の右側に縦に並べる。また食事中はスプーンや箸は食器の上に置かず、テーブルまたはスプーン置き、箸置きにそれぞれ置く。④座卓の場合は、女性は立て膝、男性はあぐらをかいて食べる。⑤大皿料理でも直箸が基本。⑥年上の人とお酒を飲む際は顔を横に向けて口元を隠して飲む。またお酒をつぐときは右手でつぎ、右腕に左手を添える。つぎ足すのは飲み干してから。

韓国の食卓に欠かせない汁物は具だくさんのものが多く、肉や魚介のほか野菜も多種類を入れるのが特徴。

東アジア ◎ 韓国

キムチチゲ
Gimchi Jjigae

チゲとは鍋料理の総称。定番鍋料理のひとつで酸っぱくなった古漬けのキムチのほか、豚肉や豆腐、ネギなどを煮込む。味付けは基本的にキムチのみ。締めは乾麺のラーメンを入れるのが定番。

テンジャンチゲ
Doenjang Jjigae

韓国の味噌、テンジャンを使った具だくさんの鍋料理。入れる具材は特に決まっていないが、豚肉、牛肉などの肉、野菜、キノコ、魚介など。韓国の納豆が入ったものはチョングクチャンという。

プデチゲ
Budae Jjigae

プデとは部隊のことで、かつて米軍から出回ったソーセージやスパムをキムチチゲに入れたことが始まりといわれる。現在はチーズやトック(餅)、ラーメンなども加わり、B級グルメ的な味わいで人気。

マンドゥググ
Mandut Guk

野菜やシイタケ、ひき肉などの具材を小麦粉の皮で包んだ韓国のギョウザ、マンドゥのスープ。スープは牛骨だしが伝統的なものとされるほか、煮干しや鶏だしなどあっさりタイプもある。

ユッケジャン
Yuk Gaejang

牛肉のピリ辛スープ。トウガラシをベースに牛肉のだしが効いた真っ赤なスープが特徴で、具は牛肉のほか、モヤシ、ネギ、ワラビなどシンプルな場合が多い。鶏肉バージョンはタッケジャンという。

コプチャンチョンゴル
Gopchang Jeongol

ホルモン鍋。コプチャンはホルモン、チョンゴルは寄せ鍋の意味。ホルモン(牛の小腸が多い)とキャベツやネギなどの野菜をコチュジャンベースの辛いスープで煮込む。締めはうどんなど。

野菜・豆腐・卵

野菜をよく食べる韓国は野菜料理が豊富。小皿に盛られたおかず「パンチャン」(→P.83)にもよく登場するナムルから、サイドメニューで人気の卵や豆腐のおかずまで、代表的なものをピックアップ。

ナムル
Namul

ニンニクや塩で味付け

韓国の代表的な常備菜のひとつで、モヤシやホウレンソウなどの野菜、ワラビなどの山菜を塩ゆでし、ゴマ油と調味料であえたものや、炒めたものなど具の種類や調理方法も豊富。ゴマ油で香り高く仕上げるのが特徴。

ケランチム
Gyeran Jim

だしを合わせて溶いた卵を土鍋に入れ、刻みネギやニンジンなどの野菜を加えて蒸した卵料理。だしではなく水と塩の場合もある。ふわふわの卵スフレのような食感でサイドメニューにぴったり。ケランは卵、チムは蒸すの意味。

スンドゥブ
Sundubu

韓国のおぼろ豆腐、スンドゥブを煮た料理で、薬味と醤油で食べる。このスンドゥブを使った辛い鍋料理がスンドゥブチゲ。アサリや煮干しなどでだしを取り、ネギ、ニンニク、ゴマ油、トウガラシ、塩などで味付け。卵を落とすのも定番。

スープや鍋料理は料理によって2人前からのみ頼める場合と1人前のものがある。また鍋の締めはご飯、うどん、ラーメン、餅など。

075

もっと知りたい！ 韓国料理

肉料理

焼肉は一般的にコギグイ（コギ＝肉、クイ＝焼き物）と呼ばれるが、肉の種類、部位ともに豊富で専門店化している場合がほとんど。もっとも親しまれているのは、豚肉の焼肉。牛肉は韓国産の高級肉ハヌ（韓牛）が有名。

テジカルビ
Dwaeji Galbi

テジカルビとは豚のあばら肉のこと。甘辛い醬油だれ（ヤンニョム）にじっくり漬けた豚カルビは非常に軟らかく、牛より安いこともあって韓国では人気が高い。テジカルビクイともいう。

テジコプチャン
Dwaeji Gopchang

豚のホルモン焼き。コプチャンとは腸（大腸・小腸）のこと。ていねいに下処理したコプチャンを野菜やキノコなどと鉄板で塩焼きにしたり、コチュジャンベースのたれをからめたりする。

ソッカルビ
Seok Galbi

石焼きの豚カルビ。ソッとは石のことで、甘い醬油だれに漬けた豚カルビを、アツアツに熱した石の鉄板の上でタマネギやキャベツなどと焼く。千切りにしたネギと一緒に葉野菜で包んで食べる。

カルビグイ
Galbi Gui

牛カルビの焼肉。たれに漬け込んだヤンニョムカルビと、たれに漬け込まず肉本来の味わいを楽しめる生カルビのセンカルビの2種類がある。京畿道の水原のカルビは大きさとたれが特徴的。

プルコギ
Bulgogi

薄切りの牛肉を野菜や果物を加えた甘い醬油ベースのたれに漬け込み、タマネギやキノコ、春雨などと一緒に炒め煮にする肉料理。豚肉のプルコギはテジプルコギという。

トッカルビ
Tteok Galbi

牛カルビをたたいて軟らかくし、ニンニク、ネギ、ショウガ、ナシなどで味付けし、ハンバーグ状に丸めて焼く。牛肉と豚肉または鶏肉を混ぜることもあり、牛肉のみのものはハヌトッカルビという。

プルタッ
Bul Dak

鶏のトウガラシ炒め。チョンヤンコチュと呼ばれる辛いトウガラシで激辛ソースを作り、そのソースに鶏肉を漬け込んで焼く。プルは火、タッは鶏肉のこと。おこげ湯と一緒に食べる。

Column
豚肉&牛肉の各部位

焼肉をはじめ豚肉&牛肉料理を食べる際に知っておくと便利な豚肉&牛肉のおもな部位をご紹介。

韓国肉の等級は5つに分けられ、1++が最高級

豚肉の部位

○ バラ肉 ＝ テジカルビ	○ トンタン（舌）＝ トンソル
○ 肩ロース ＝ モクサル	○ ミミガー（耳）＝ テジクイ
○ 豚ハラミ ＝ カルメギサル	○ ガツ（胃）＝ オソリガムトゥ
○ 三枚肉 ＝ サムギョプサル	○ シロ（腸）＝ コプチャン
○ 豚トロ ＝ ハンジョンサル	○ テッポウ（直腸）＝ マクチャン
○ 豚足 ＝ チョクパル	○ ハツ（心臓）＝ ヨムトン
○ 皮肉 ＝ テジコプテギ	○ レバー（肝臓）＝ カン

牛肉の部位

○ バラ肉 ＝ カルビ	○ ネック ＝ モクシム
○ 肩バラ肉 ＝ チャドルバギ	○ ミノ（第1胃）＝ ヤン
○ 肩ロース ＝ トゥンシム	○ ハチノス（第2胃）＝ ボリャン
○ ハラミ ＝ アンチャンサル	○ センマイ（第3胃）＝ チョニョプ
○ ヒレ ＝ アンシム	○ ギアラ（第4胃）＝ マクチャン
○ ランプ ＝ チェクッサル	○ ヒモ（小腸）＝ コプチャン
○ 外もも ＝ ウドゥンサル	○ シマチョウ（大腸）＝ テチャン
○ もも ＝ ソルドサル	○ ハツ（心臓）＝ ヨムトン
○ タン ＝ ウソル	○ テール（尻尾）＝ コリ

 韓国では羊を食べる習慣はなかったが、近年は健康志向もあってラム肉（ヤンコギ）が食べられている。

チムタッ
Jjim Dak

ぶつ切りの鶏肉をタマネギ、ジャガイモ、春雨、トウガラシと甘辛い醤油ベースのソースで煮込んだ料理。トウガラシをたくさん使うのでかなり辛いが、ご飯が進む味付け。チムは蒸し煮の意味。

プライドゥチキン
Peuraideu Chikin

フライドチキンとビールは鉄板の組み合わせで、現地ではチメク（チキンとビール＝メクチュの造語）という。定番は甘辛味のヤンニョムチキン。そのほかスイートチリなど多種類の味がある。

ポッサム
Bo Ssam

ショウガやタマネギ、ネギの青い部分などと一緒にゆでた豚肉をスライスし、キムチやニンニク、サムジャン（→欄外）などと一緒に葉野菜で包んで食べる。肉だけで食べるスユクもある。

タッカンジョン
Dak Gangjeon

骨なし鶏肉のひと口大から揚げ。タッは鶏肉、カンジョンは水飴のことで、たっぷり水飴を使った甘辛い味付けで定番は、ヤンニョムソース味。フライドチキンのヤンニョムより甘い。

チョクパル
Jokbal

チョクパルとは豚足のことで、醤油＆ニンニクベースのたれでじっくり煮込んだコラーゲンたっぷりの料理。釜山にはキュウリやクラゲと一緒にカラシ酢であえたネンチェチョクパルがある。

トムベゴギ
Dombe Gogi

済州島式ゆで豚。コギは肉、トムベとは済州島の方言でまな板のことで、スライスしたゆで豚をまな板にのせて提供する。サンチュなどの葉野菜の上に豚肉と塩辛をのせ、包んで食べる。

ユッケ
Yukhoe

ランプと呼ばれる牛のでん部の肉を使った肉の刺身。卵黄を割ってよくあえ、塩コショウ入りのゴマ油に付けて食べる。焼肉のサイドメニューや酒のつまみに好まれている。

マルゴギフェ
Mal Gogi Hoe

済州島の郷土料理、馬刺し。済州島には在来馬がいるため、馬肉を食べる習慣がある。馬刺しは塩とゴマ油に付けて食べる。馬刺しのほか、馬肉のユッケもポピュラー。

Column
韓国の正月「ソルラル」の料理

韓国の正月は陰暦の1月1日でソルラルという。地域によってさまざまな正月料理があるが、代表的なのがトック、チャプチェ、ジョンの3品。トックは韓国の餅、トックが入ったスープでお雑煮のようなもの。チャプチェはサツマイモの春雨と野菜や肉などを合わせた日本人にもなじみのある料理。チヂミ（→P.73）に似た料理のジョンはハム、ニンジンなどの食材を彩りよく、ひと串にしたものなどが作られる。

トックク。日本のお雑煮のように具もスープも地域によってさまざま。韓国ギョウザのマンドゥを入れることもある

チャプチェ。3品とも正月だけでなくハレの日の料理でもある

ジョンの盛り合わせ

サムジャンはテンジャン、コチュジャン、ニンニク、ネギなどを合わせた味噌ペースト。葉野菜で肉などを包んで食べるときに欠かせない。

もっと知りたい！韓国料理

海鮮料理

海鮮は韓国語でヘムル。三方を海に囲まれた韓国は、海産物が豊富でその料理も非常に多い。大まかなメニューは、刺身、塩焼き、煮付け、炒め物、鍋料理などで、済州島や釜山など各地の海鮮の郷土料理も多い。

カンジャンセウ
Ganjan Saeu

生エビの醤油漬け。ニンニクの効いた少し甘い醤油だれに新鮮なエビを漬けた料理で、トロッととろけるおいしさのエビの身や、溶け出したミソがご飯によく合う。セウとはエビのこと。

サンナクチ
Sannakji

生きたままのタコをぶつ切りにし、塩を加えたゴマ油や酢入りのコチュジャンに付けて食べる。サン＝生きた、ナクチ＝手長ダコで、刺身を意味するフェをつけてサンナクチフェともいう。

フェ
Hoe

刺身。韓国では白身魚が一般的で魚の名前を付けてトミフェ（トミ＝マダイ）などと呼ぶ。コチュジャン酢やワサビ醤油に付けて食べるほかサムジャン（→P.77欄外）と一緒に葉野菜で包む。

カルチグイ
Galchi Gui

タチウオの塩焼き。身はふんわりと軟らかでご飯が進む。カルチはタチウオ、クイ（グイ）とは焼き物の総称で、アマダイの塩焼きのオクトムグイ、イシモチの塩焼きのチョギグイなどがある。

チョゲクイ
Jogae Gui

貝焼き。網にホタテやハマグリなどの貝類をのせて炭焼きにするポピュラーな貝料理。ワサビ醤油やコチュジャンに付けて食べる。さまざまな貝を蒸し焼きにするチョゲチムも人気がある。

コドゥンオチョリム
Godeungeo Jorim

サバの煮付け。コチュジャンベースの辛いたれでダイコンなどの野菜と一緒に煮込む。魚のだしが煮汁にしみ出してご飯が進む一品。コドゥンオはサバ、チョリムとは煮込み料理のこと。

ナクチポックン
Nakji Bokeum

手長ダコの辛炒め。手長ダコをトウガラシ、ニンニク、醤油などで炒める辛い料理。ナクチは手長ダコ、ポックンは炒めるの意味。イイダコを使ったバージョンもありチュクミポックンという。

Column
韓国のお酒

韓国でもっとも一般的に飲まれているのが韓国焼酎のソジュ。地方ごとに銘柄があるが全国的にはチャミスルが有名。近年は苦味がなく、アルコール度数も低いフルーツ焼酎も人気がある。ビールはメクチュ（麦酒）といい、ハイト（Hite）とオービー（OB）が2大銘柄。ビールが入ったジョッキにソジュを入れたショットグラスを落として作る爆弾酒と呼ばれるソメクもある。米などを発酵させたにごり酒のマッコリは、低アルコール・乳酸発酵で健康にいいと、再注目されている韓国の伝統酒。そのほか、韓方の入った酒、百歳酒などもある。ちなみに韓国は、お酒のマナーにも儒教思想が根強く残る（→P.74）。

飲み会文化のある韓国。韓国語で乾杯は「コンベ」。目上の人と乾杯する時はグラスを低くして乾杯する

 西南部の港町木浦の郷土料理には、エイを発酵させた保存食ホンオフェがある。冠婚葬祭に欠かせない食材でもある。

米料理

日本と同じく、米が主食の韓国。毎日の食事に欠かせない白米はもちろん、雑穀や豆などを入れたご飯も食べられている。ビビンパプ（→P.73）に代表される丼物から釜飯、お粥、巻物までバリエーションも豊富。

キムパプ Gim Bap

キムチ、卵焼き、ハム、ナムルなどの具材を海苔で巻いた韓国風海苔巻。日本のように酢飯ではなく、ご飯は塩とゴマ油で味付けされ、仕上げに海苔にもゴマ油をぬる。キムは海苔、パプはご飯。

コンナムルククパプ Kongnamul Guk Bap

ククはスープ、パプはご飯でククパプは具だくさんのスープにご飯を入れたスープご飯。コンナムルはモヤシ入りのククパプのこと。タロククパプという、ご飯を別盛りにする大邱の名物もある。

テジククパプ Dwaeji Guk Bap

テジは豚肉のことで、豚骨や豚肉の各部位を煮込んだスープを使ったスープご飯。釜山名物として知られる。薄味に仕上げられているので塩やアミの塩辛などで好みの味に調整して食べる。

トルソッパプ Dolsot Bap

雑穀や豆などをご飯と一緒に石釜で炊いたヘルシーな釜飯。よく使われる具材が黒豆、エンドウ豆、銀杏、黒米など。単品ではなく定食のご飯として出されることが多い。トルソッは石釜のこと。

チョンボクチュク Jeonbok Juk

アワビ粥。薄切りにしたアワビと米をゴマ油で炒めて炊き、塩または醤油で薄く味付け。チョンボクはアワビ、チュクは粥のことで、カボチャ粥のホバクチュク、海鮮粥のヘムルチュクなどもある。

ヨンニプパプ Yeonnip Bap

ハスの葉の蒸しご飯。ハスの葉でもち米、黒米、黒豆、松の実、栗などを包み蒸した料理で、僧侶が修行の際にご飯を抗菌作用のあるハスの葉で包んで持ち歩いたことに由来するのだとか。

フェトッパプ Hoe Deop Bap

刺身のビビンパプ。ご飯の上に刺身、韓国野菜、キュウリ、韓国海苔などをのせ、コチュジャン酢を加えて混ぜて食べる。刺身はマグロ、サーモン、スズキなど。生ガキのグルフェトッパプもある。

Column

韓国のコンビニ事情

日本と同様に街のあちらこちらにコンビニがある韓国。代表的なチェーン店は「GS25」、「CU」、「emart」、日本の「セブン-イレブン」など。品揃えは日本と似ていて、食品や日用品など。特に食品はバラエティに富んでいて、カップ麺、お菓子、パン、アイスクリームのほか、弁当、おにぎり（韓国語でサンガクキムパプという）やキムパプなどの中食も充実している。基本的に小規模店舗が多いが、繁華街などでは1階が店舗、2階がイートインスペースになっている店もある。日本のコンビニのようなトイレはない。

店の前にはテーブルと椅子が置かれ、ここで食事ができる店舗もある

食事を大切にする文化の韓国では「ご飯食べた？＝パップモゴッソ？」が日常のあいさつになっている。

もっと知りたい！韓国料理

麺料理

韓国語で麺はミョンまたはククスといい、古くは前者は小麦を使った麺、後者は小麦だけでなくそば粉や穀物などを混ぜた麺とされていたが、現在は料理によって原料が異なる。麺は夜食にも食べられている。

ネンミョン
Naeng Myeon

冷麺。ジャガイモなどのでんぷんや小麦などの麺に冷たいスープをかけて食べる。ムルレンミョン（水冷麺）ともいう。そば粉とジャガイモ粉の麺に牛だしスープをかける平壌冷麺が有名。

カルグクス
Kal Guksu

温かい小麦粉の平麺。カルとは包丁のことで生地を包丁でうどん状に切ることに由来する。地域によってスープや具が異なり、麺自体はタッカンマリ（→P.74）など鍋料理の締めにも入れる。

コングクス
Kong Guksu

冷たい豆乳スープ麺。そうめんに似た細い小麦粉麺に豆乳と鶏だしを合わせた冷たいスープをかけたもので、具はキュウリやゆで卵など。キムチと一緒に食べると美味。夏季限定の店も多い。

チャジャンミョン
Jjajang Myeon

韓国風のジャージャー麺。韓国式中華料理のひとつでチュンジャンと呼ばれる黒味噌をひき肉と一緒に炒め、とろみを付けた甘いあんがのる。麺とあんがからむようによく混ぜ合わせてから食べる。

チャンポン
Jjamppong

ジャージャー麺と並ぶ韓国式中華料理を代表する麺料理。海鮮や野菜など具がたっぷり入った辛いスープ麺で日本のチャンポンとは異なる。辛くない白チャンポンのペッチャンポンなどもある。

スジェビ
Sujebi

韓国風すいとん。煮干しやコンブ、アンチョビなどの魚介類でじっくりだしを取った優しい味わいのスープに、手でちぎり入れた小麦粉生地を入れ、野菜などと一緒に煮込んだ家庭料理。

ラミョン
Ra Myeon

インスタントラーメン。自宅ではもちろんブンシッチョム（粉食店）と呼ばれる街なかにある軽食店や飲食店、屋台などでも食べられ、非常にポピュラー。プデチゲ（→P.75）にも欠かせない。

Column

平壌冷麺だけじゃない韓国の冷麺

咸興冷麺

上記の平壌冷麺のほか、有名なのが咸興冷麺。北朝鮮の港町発祥の汁なし冷麺で、コチュジャンなどをベースにした辛味噌がのっていて混ぜて食べることから、ビビンネンミョンとも呼ばれる。こちらはでんぷんの麺でコシがしっかりしている。通常はゆでた肉などがのるが、刺身がのる場合は、フェネンミョンという。平壌冷麺、咸興冷麺はどちらも北朝鮮発祥だが、釜山名物のミルミョンという冷麺もあり、これは北朝鮮から釜山に逃れてきた人々が小麦粉で作った冷麺。そのほかそば粉麺＆魚介だしの慶尚南道・晋州の郷土麺である晋州冷麺や、マッククスという江原道・春川の郷土麺もあり、こちらはそば粉の割合が高い麺を使った冷麺。

 江原道の名物麺にはトウモロコシのでんぷんから作る短めの麺を使ったオルチェンイグクスがある。

スナック

韓国にはおいしい屋台料理やB級グルメがたくさん。軽食一般をプンシク（粉食）といい、もともとは粉物料理を指す言葉だったが、現在はキムパプ（→P.79）やラミョン（→P.80）もプンシクに含まれる。

トッポッキ
Tteok Boki

餅と野菜の炒め煮。うるち米で作る韓国の餅、トクを野菜と一緒に炒め煮にし、コチュジャンと砂糖の甘辛い味付けが多い。元来は宮廷の炒め料理だったが庶民向けに炒め煮に発展した。

マンドゥ
Mandu

韓国風ギョウザ。あんは野菜や肉で、焼き（揚げ）ギョウザはクンマンドゥ、蒸しギョウザはチンマンドゥ、ゆでギョウザはムルマンドゥという。スープギョウザのマンドゥクク（→P.75）もある。

オデン
Odeng

ひらひらと帯状になった魚介の練り物（オムク）を串に刺し、だしで煮たトッポッキと並ぶ代表的な屋台料理。だしはコンブや魚介、ダイコンなどから取り、オムクにも味がしみておいしい。

ティギム
Twigim

韓国風天ぷら。衣で花を咲かすためサクサクとした食感が特徴。具は種類があり、エビのセウティギム、サツマイモのコグマティギム、鶏肉のタッティギムなど。トウガラシや卵もある。

スンデ
Sundae

韓国風ソーセージ

豚の腸詰め。豚の腸にひき肉やもち米、春雨、野菜、香菜と豚の血を一緒に詰めて蒸したもの。塩コショウや醤油に付けて食べる。スープに入れたスンデグク、炒めたスンデポックンなどもある。

ピンデトック
Bindae Tteok

緑豆チヂミ。小麦粉ではなく、緑豆粉を使ったチヂミで、豚肉やキムチ、モヤシなどを入れて焼く。外はカリカリ、中はふわふわで人気の屋台料理のひとつ。マッコリとの相性もいい。

ハットグ
Hat Dogeu

韓国風アメリカンドッグ。ハットグはHot Dogを韓国語読みしたもの。モッツァレラチーズが中に入って伸びるチーズハットグやフライドポテトを衣に使ったものも。

Column
韓国の屋台

ソウルなど、韓国の繁華街には必ず屋台があり、韓国ならではのさまざまな軽食やB級グルメが楽しめる。韓国の屋台は大きく分けてノジョム（露店）とポジャンマチャ（布張馬車）の2種類がある。ノジョムは天ぷらのティギムやハットグといった軽食やおやつなどを販売する屋台で、ほとんどの場合は席は設けられておらず、その場で立ち食いするかテイクアウト専門。一方、ポジャンマチャは韓国ドラマや映画

ノジョムは昼〜夕方頃の販売が多いがメニューによっては朝のみ販売の場合もある

にもよく登場する簡易居酒屋で、多くは席が設けられている。ソジュなどのお酒とともにトッポッキやオデン、鶏の足などのB級グルメをつまめる。

朝食として人気の屋台メニューにトーストがある。韓国風トーストはハムや卵、チーズなどの具材を挟んだホットサンドが定番。

もっと知りたい！韓国料理

スイーツ・ドリンク

ホッとする味わいの伝統的なものから、洋菓子を独自にアレンジした進化系といった最新のものまでバラエティ豊かなスイーツ＆ドリンクが楽しめる韓国。特に進化系は見た目のインパクトも大。

ピンス
Bingsu

韓国風かき氷。トッピングの種類が非常に豊富で、アイスクリームや練乳、フルーツ、トッ（餅）など。イチゴミルクや紅茶味の氷もある。アズキを使ったピンスはパッピンスという。

ホットック
Ho Tteok

黒砂糖やシナモン、ピーナッツなどのあんを入れ、油をたっぷり敷いて焼く伝統的な韓国風パンケーキ。生地はもち米や小麦粉などが定番だがトウモロコシ粉などもある。屋台料理でもある。

トゥンカロン
Ttungkarong

フィリングのクリームがたっぷり入ったボリューミーな韓国発祥のマカロン。独創的なフレーバーやトッピングも多く、トゥンカロンより大きなサイズのジョゲロンと呼ばれるものもある。

シルトック
Siru Tteok

韓国の伝統的な蒸し餅。アズキ入りが有名でパッシルトックという。うるち米の粉生地を蒸籠に敷き、アズキと交互に重ねて蒸す。韓国では引越しや開業の際に近所にシルトックを配る風習がある。

クァベギ
Kkwabaegi

モチモチ食感が美味

屋台の定番おやつ、ツイストドーナツ。近年は、塩キャラメルでパリパリに表面をコーティングしたりクリームやフルーツをトッピングしたりと進化系のクァベギが登場し、人気を集めている。

シッケ
Sikhye

ヨッキルムという麦芽粉を発酵させ、砂糖を加えて煮た韓国伝統の発酵飲料。日本の甘酒に似ているがとろみはなく、サラッとした口当たり。松の実などをトッピングし、夏は冷やして飲む。

タルゴナコーヒー
Dalgona Keopi

牛乳にインスタントコーヒーと砂糖で作るコーヒーホイップをのせたドリンク。韓国版カルメ焼きのタルゴナに味や色合いが似ていることから名付けられた。コーヒーではなくミルクティー版もある。

Column
韓国の伝統餅あれこれ

昔ながらの韓国菓子は、もち米やうるち米を使った餅菓子が多い。代表的なものはシルトック（→上記）、蒸しパンのような味わいの米粉の蒸し餅ソルギ、きな粉餅のインジョルミ、蒸し器に松葉を敷いて蒸し上げる半月形の小さな餅ソンピョン、米粉を蒸して作る虹色のムジゲトックなど。ソンピョンは秋夕の名節に、ムジゲトックは子供の満1歳や還暦の祝いの席になど、いずれも祭祀やハレの日に欠かせない伝統菓子だが、日常的にも食べられている。

上／ふわふわもっちり食感の蒸し餅ソルギ。近年は洋風仕立てにするなどバリエーションいろいろ　右／手前がソンピョン、奥がムジゲトック

 進化系スイーツは上記のほかにクロワッサン×マフィンのクロフィン、カップティラミス、レインボーケーキ、クロワッサンをワッフルメーカーで焼いたクロッフルなどがある。

Column
小皿に盛られたおかず
パンチャン

韓国料理店でテーブルいっぱいに並べられる小皿のおかず、パンチャン。基本はおかわりが自由（1回までと制限する店もある）で、さまざまな種類のおかずを少しずつ好きなだけ楽しめるのが魅力だ。韓国の家庭でも食べられている長期保存が可能なおかずはミッパンチャンといい、ここでは代表的なミッパンチャンを一部ご紹介。

パンチャンの一例。卵焼きのケランマリもよく登場する

東アジア ◎ 韓国

ナムル Namul

あえ物（→P.75）。野菜や山菜などを塩ゆでし、ゴマ油などの調味料であえたものでビビンバブ（→P.73）に欠かせない。写真はホウレンソウのナムル、シグンチナムル。ほかはモヤシやゼンマイなど。

チャンアチ Jang Ajji

野菜の浅漬け。キムチのように発酵させず、醤油、コチュジャンなどに漬け、食べる前にゴマ油をかける。写真はエゴマの葉の醤油漬け、ケンニプチャンアチ。ほかはニラ、ダイコン、ニンニクなど。

キムチ Gimchi

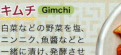

白菜などの野菜を塩、ニンニク、魚醤などと一緒に漬け、発酵させる韓国伝統の漬物。写真は白菜キムチのペチュギムチ。ほかにキュウリのオイギムチ、ダイコンのカクトゥギなどがある。

チョリム Jorim

煮物。野菜、肉、魚介、豆腐などをだしと醤油などの調味料で煮る。写真はジャガイモの煮物、カムジャチョリム。煮卵のケランチャンチョリム、豆腐の煮込みのトゥブチョリムなどがある。

韓国風ジャコのつくだ煮。ピリ辛でご飯が進む

ポックム Bokeum

炒め物。野菜や練り物、魚介、肉など種類がたくさんあるが、ニンニク、塩コショウまたは醤油、コチュジャンなどで味付け。写真はジャコ炒めのミョルチポックム。オデンのオムクポックムも定番。

mini Column
韓定食（ハンジョンシク）とは？

韓定食は数種類〜数十種類のパンチャンが出る韓国式の定食またはフルコースのこと。数十種類の豪華なおかずが供される宮廷式韓定食のほか、郷土料理のおかずが並ぶ韓定食、精進料理の韓定食など種類がある。

宮廷式韓定食は李朝時代の宮廷の料理を再現

昔はパンチャンの品数は身分によって異なり、庶民は3種類、貴族（両班）は5〜9種類、王族は12種類以上だったとか。

モンゴル

モンゴル語でおいしいは
Амттай!
アムトゥタイ

Mongolia

草を食べ尽くして草原を枯らさないよう移動しながら生活する遊牧民。国土の大半は草原だが、北は森林、南にはゴビ砂漠が広がる

DATA
首都：ウランバートル
Ulaanbaatar
言語：モンゴル語
民族：ハルハ族84.5％、カザフ族、ブリヤート族など少数民族

主食

小麦を使った小麦粉料理。多くの家庭に麺棒と麺打ち台があり、手作りの皮や麺などを作る。米も食べられている。

　東と南は中国と、北はロシアと国境を接する東アジアの内陸国、モンゴル。日本の約4倍という広大な国土のほとんどが草原で、古くから遊牧生活が営まれてきた。寒冷で乾燥が激しく、農業に適さない厳しい自然環境のなかで、羊やヤギ、馬、牛などとともに移動生活をしながら生まれたのが遊牧民の食文化だ。モンゴルでは伝統的に羊肉や牛肉などの「赤い食べ物」と乳製品などの「白い食べ物」のふたつがあり、赤い食べ物は冬に、白い食べ物は夏に食べられる。食事は放牧の家畜である羊肉を使った肉料理と乳製品が中心。香辛料は使わず塩で味付けとシンプルだ。小麦粉を使った主食もあるが肉料理のほうが量が多く、野菜はほとんど食べない。

遊牧民の移動式住居ゲルの中でモンゴル式塩ミルクティーを作る女性

もっと知りたい！ 食の雑学

世界でも有数！モンゴルの乳製品
　代表的なのが乳脂肪を集めたクリーミーなバターのウルム、軟らかいチーズのビャスラグ、酸味のないチーズのエーズギー、固くて酸味のあるチーズのアーロール。ヨーグルトなどもあり乳製品の種類は数えきれないほど。

1日2食のモンゴルの定番朝食
　基本的に食事は朝と夜の1日2回。朝食には小麦生地を揚げたボールツォグにジャムやモンゴルのクリーム、ウルムを付けて食べる。モンゴルの塩ミルクティー、スーテイ・ツァイも朝食に欠かせない。

ハレの日の料理ヘビン・ボーブって？
　小麦粉にバターを混ぜてこねた生地を揚げたパンを縁起のいい奇数段で重ね、乾燥チーズやお菓子などで飾った楕円形のタワーをヘビン・ボーブという。正月や祝いの席などハレの日に欠かせない料理だ。

モンゴルに暮らすカザフ族の食事
　モンゴルの少数民族のなかでも最多数を誇るカザフ族。カザフ族は羊、馬、牛などの肉を食し、煮込み肉のベシュバルマクや馬のあばら肉腸詰めのカズなどが有名。乳製品も主食のひとつだが作り方はモンゴルとは異なる。

モンゴルでは羊や牛を解体する際、一滴の血もこぼさずにきれいにさばく方法が採られ、内臓から骨まで残さず食べる。

編集部が選ぶ 必食グルメ TOP5

主食よりも量を食べる肉料理は基本的に塩でシンプルに味付け。ゆでたり、蒸したり、煮たりする調理方法が多い。

東アジア ◎ モンゴル

1. ホルホグ
Khorkhog

焼き石で羊肉を蒸し焼きにする伝統料理。大きな牛乳缶に羊肉、ジャガイモ、ニンジンなどの根菜類と焼いた石とを交互に重ねて隙間のないように積み上げ、蒸し焼きにする。味付けは塩。

2. ボーズ
Buuz

蒸しギョウザ。小麦粉で作る皮の中に牛肉や羊肉のミンチ、みじん切りにしたタマネギなどで作るあんを入れ、蒸し上げる。正月の料理でもあり、来客用に各家庭でたくさん作られる。

3. ホーショール
Khuushuur

揚げギョウザ。小麦粉で作る生地にミンチあるいはたたいた羊肉や牛肉を入れて包み、揚げる。コーカサスやトルコで食べられるクリミア・タタール料理のチェブレキと似ている。

4. ゴリルタイ・シュル
Guriltai Shul

羊肉入りのスープうどん。チャンサン・マハという骨付き羊肉の塩ゆでを作る時のゆで汁を使うため、スープに肉のうま味がしみ出して美味。麺は小麦粉から作るうどんに似た麺を使用。

5. ツォイワン
Tsuivan

モンゴル風焼きうどん。まず羊肉やニンジンなどの野菜を油で炒めてから小麦粉で作る手打ちの麺と一緒に蒸し焼きにする。味付けは塩のみ。麺に野菜と肉のうま味がしみた家庭料理。

遊牧民の生活では、春から夏が搾乳シーズンでヨーグルトやチーズなど乳製品を作り、秋になると弱った家畜をさばいて冬に備える。

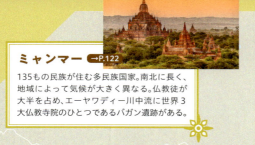

ミャンマー →P.122

135もの民族が住む多民族国家。南北に長く、地域によって気候が大きく異なる。仏教徒が大半を占め、エーヤワディー川中流に世界3大仏教寺院のひとつであるバガン遺跡がある。

ラオス →P.98

ベトナム、カンボジア、タイ、ミャンマー、中国に挟まれた内陸国。メコン川流域は平野だが国土の多くは山岳地帯で北部の冬は零下になることも。世界遺産に登録された古都ルアンパバーンが有名。

タイ →P.110

13世紀のスコータイ王朝から長い王朝の歴史をもつ「ほほ笑みの国」。首都バンコク周辺や、プーケット島が有名な南部では、年の平均気温は30℃超え。チェンマイなど北部では朝晩は冷え込む。

ミャンマー（P.122）

ラオス（P.98）

タイ（P.110）

ナムプリック
トウガラシ、ニンニク、香味野菜、干しエビ、ライム果汁などをすりつぶしたペースト

カンボジア（P.104）

ベトナム（P.88）

ブルネイ（P.160）

ヌックマム
カタクチイワシを原料とした魚醤

マレーシア →P.136

マレー半島南部とボルネオ島北部から構成される多民族国家。高層ビルが建ち並ぶ首都クアラルンプールや、異国情緒漂う歴史都市・マラッカやペナン島、動植物の宝庫であるボルネオ島など多様な魅力がある。

タマリンドペースト
タマリンドと呼ばれる果物のペースト。独特の酸味が特徴

マレーシア（P.136）

シンガポール（P.142）

インドネシア（P.130）

ボルネオ島

シンガポール →P.142

ほぼ赤道直下に位置する都市国家シンガポールは、年中高温多湿の熱帯雨林気候。東京23区ほどの面積に中国系、マレー系、インド系の人々が暮らしており、文化もグルメも多国籍。近未来的な建築物とエスニックタウンのコントラストが楽しい。

インドネシア →P.130

首都ジャカルタや世界三大仏教寺院のボロブドゥール遺跡があるジャワ島、南国リゾートの代名詞バリ島などを含む大小1万7000以上もの島々で構成される、世界1位の島国国家。ボルネオ島東岸ヌサンタラへの首都移転が話題。

▶おもな農産物　米　小麦　雑穀　イモ類　トウモロコシ

東南アジア
Southeast Asia

カンボジア →P.104
世界遺産のアンコール・ワットが有名なカンボジア。首都プノンペンは経済成長が進み、タイランド湾に面する南海岸にはビーチリゾートもある。

赤道直下または周辺に位置し、大部分が熱帯気候。平均気温は25℃程度と、1年中半袖で過ごせるエリアが多い。モンスーンの影響で雨季乾季がはっきりしている地域が多く、雨季には急な雷雨やスコールが見られる。料理はさまざまな種類のスパイスやハーブを多用した、比較的濃い味付けのものが多いが、内陸部と沿岸部では内容も味付けもかなり異なる。

ベトナム →P.88
中国、ラオス、カンボジアと国境を接し、南シナ海に面する。南北に細長いため、北部の首都ハノイ、中部のビーチリゾートであるダナン、南部の商業都市ホーチミンではかなりの気候差がある。

フィリピン（P.154）

バゴオン
小魚や小エビを塩漬け発酵したペースト

フィリピン →P.154
7641もの島々からなるフィリピンは、多様な民族の意思疎通を図るため公用語は英語。ASEANで唯一のキリスト教国でもある。セブ島をはじめ美しいビーチリゾートも有名。

東ティモール

ブルネイ →P.160
ボルネオ島北部に位置する小国。マレーシアに取り囲まれる形で、北側は南シナ海に面している。国土の7割が未開発のジャングルとあって、手つかずの自然を満喫するネイチャーツアーが楽しめる。

 マメ類　 バナナ　 トマト　 ブドウ　 香辛料　 ナッツ類　 柑橘類　 オリーブ

087

🇻🇳 ベトナム

Socialist Republic of Viet Nam

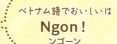

ベトナム語でおいしいは
Ngon！
ンゴーン

生春巻にベトナム風サンドイッチのバイン・ミー。ベトナム料理は庶民派グルメにこそ美味が詰まっている

DATA
- **首都**：ハノイ Hanoi
- **言語**：ベトナム語
- **民族**：キン族が約86％。そのほか53の少数民族が暮らす

主食
米。日本の米とは異なりグルテンが少ない長粒米が主流。米を原料にした麺や米粉生地の巻物料理など種類豊富。

さまざまな種類のハーブや生野菜をふんだんに使い、ヘルシーかつ繊細な味わいにファンが多いベトナム料理。食材が豊富なメコンデルタ、宮廷料理が発展した古都フエ、海の幸が豊富なニャチャンなど、南北に細長い国土をもつベトナムでは、各地域に根付いた郷土料理が数多生まれ、豊かな食文化が育まれてきた。ベトナム料理の核となるのは魚醤ヌックマム。あえ物から炒め物、煮物、スープにいたるまで、ほとんどの料理に使われ、ベトナム料理に欠かせない付けだれもヌックマムをベースにしたものがポピュラーだ。また、バイン・ミー（→P.89）に代表されるストリートフードも種類が非常に豊富で逸品揃いなのも美食の国、ベトナムならでは。

食事時になるとコム・ビンザン（南部はコム・ビンヤン）と呼ばれる食堂（→P.92）はどこも客でいっぱいに

もっと知りたい！ 食の雑学

ベトナム料理の基本は魚醤ヌックマム
ベトナムの食卓に欠かせないヌックマムは、カーコム（Ca Com）というカタクチイワシなどの魚に塩をすり込んで発酵・熟成させた魚醤だ。ベトナム南部のファンティエットやフーコック島産のものが有名。

北は塩辛く南は甘い！？地域で異なる味付け
南北に細長い国土をもつベトナムは地域によって味付けが異なる。一般的に、ハノイなどの北部はしょっぱい味付け、ホーチミンなどの南部は甘い味付け、ダナンなどの中部は辛い味付けが多いといわれる。

肉料理もさっぱり！多種多様なハーブ
麺料理、鍋料理、あえ物など、あらゆる料理に添えられる香草は、香りや味わいをプラスしてくれ、味付けの濃い料理や肉料理でもさっぱりと食べられる。香草の種類は多様で日本ではなじみのないものも多い。

外食文化が根付き屋台グルメが豊富
共働き家庭の多いベトナムでは外食文化が根付き、朝から深夜まで街のあちらこちらにさまざまな屋台が立つ。屋台料理の代表的なものは、フォーやブンなどの麺料理、バイン・ミー、コム・タム（→P.94）など。

発酵調味料はヌックマムのほか、エビを発酵させたマム・トム、魚の身が入ったマム・カーなどがある。

編集部が選ぶ 必食グルメ

中国やフランスの食文化の影響を受け、独自の発展を遂げてきたベトナムには何度でも味わいたくなる美食がズラリ。

TOP 5

1. フォー・ボー
Pho Bo

ベトナムの国民食ともいわれる平たい米麺を使ったヌードルスープ。ベトナム全土で食されているが本場は北部とされる。八角、シナモンなどのスパイスを加えて煮込む牛骨だしが美味。

2. ゴーイ・クォン／ネム・ザン（チャー・ヨー）
Goi Cuon／Nem Ran（Cha Gio）

ライスペーパーで米麺ブン、エビ、香草を巻いた生春巻は南部グルメ。春雨や豚ひき肉、キクラゲなどを巻いて揚げた揚げ春巻は、北部ではネム・ザン、南部ではチャー・ヨーという。

3. バイン・セオ
Banh Xeo

ターメリックで色付けし、水で溶いた米粉生地で豚肉やエビ、モヤシなどの具を包んで焼き上げた中・南部の料理。生野菜やハーブと一緒に包み、たれに付けて食べる。

4. バイン・ミー
Banh Mi

軽い食感のベトナム風バゲットにレバーパテ、なます、香草、ハムや焼き豚などの具材を詰め、ヌックマムやベトナム醤油のたれをかけたバゲットサンド。屋台グルメの代表格。

5. ゴーイ・ゴー・セン
Goi Ngo Sen

シャキシャキとした食感のハスの茎に香草や豚肉などを合わせ、砂糖と水、トウガラシ、ヌックマムで作る甘じょっぱいたれであえたサラダ。エビせんべいと一緒に食べる。

東南アジア ◎ ベトナム

バイン・セオは南部はパリッとした食感でヌックマムだれに付けるが、中部は小ぶり＆モチっとした食感でピーナッツだれに付ける。　089

もっと知りたい！ベトナム料理

前菜・サラダ

バナナの花や青パパイヤ、ジャックフルーツなど南国らしい食材を多用したベトナムのサラダは甘じょっぱいヌックマムだれであえ、エビせんべいやゴマせんべいなどと一緒に食べるのが基本。練り物料理のほか巻物料理も多い。

ゴーイ・ホア・チュオイ
Goi Hoa Chuoi

バナナの花を千切りにし、ゆでた鶏肉、ニンジン、タマネギなどの野菜とヌックマムだれで混ぜ合わせたさっぱり味のサラダ。家庭料理の定番。

ゴーイ・ブオイ
Goi Buoi

柑橘系の果物、ザボン（ブオイ）をメインにしたサラダで、エビやゆで豚などの具材と合わせることが多い。ベトナム南部でよく食べられている。

ゴーイ・ソアイ・カー・コム
Goi Xoai Ca Com

千切りにしたマンゴーとヌックマムの原料でもあるカタクチイワシのから揚げをヌックマムだれであえた南部の港町ニャチャンの名物サラダ。

ヘン・チョン
Hen Tron

温かいシジミのサラダ。ゴマせんべいのバイン・ダー（Banh Da）ですくって食べる。フエやホイアンなどベトナム中部でよく食べられている。

クォン・ジエップ
Cuon Diep

ピリッとしたさわやかな辛味のあるカラシ菜で、米麺ブンやゆでたエビ、豚肉などを巻いたヘルシーな生春巻。もともとは中部フエの料理。

バイン・ベオ
Banh Beo

小皿ごと蒸したぷるぷる食感の米粉生地に、干しエビや揚げた豚皮をトッピングした中部フエの料理。ヌックマムだれをかけてスプーンですくって食べる。

バイン・ボッ・ロック
Banh Bot Loc

甘辛く炒め煮にしたエビや豚肉をキャッサバなどのでんぷん粉生地と一緒に、バナナの葉やラーゾン（La Dong）という葉で包み蒸しにしたフエ料理。

チャー・カー
Cha Ca

ベトナム版さつま揚げ。チャーは練り物のことで、カーは魚。世界遺産ハロン湾のある北部のクアンニン省にはイカのさつま揚げ、チャー・ムックがある。

Column
宮廷文化が花開いた古都フエの料理

個性豊かな郷土料理が多いベトナムのなかでも、繊細な味わいで、どこか洗練された一品が多いのがフエ料理だ。フエはベトナム最後の王朝がおかれた古都で、かつて皇帝のために料理人たちが腕を競い合い、見目麗しい数々の宮廷料理が生まれた。やがて宮廷から庶民の間へ宮廷料理のレシピが伝わり、現在のフエ料理の礎となっている。代表的な料理はハスの実ご飯やバイン・ベオ（→上記）など。

ハスの葉で包み蒸したハスの実入りご飯、コム・セン（Com Sen）

世界遺産のフエ王宮。フエ市内には宮廷料理が楽しめるレストランがある

 サラダは上記のほか、干し牛肉とパパイヤのサラダ、ゴーイ・コー・ボー（Goi Kho Bo）があり、軽食として人気。

スープ・野菜料理

スープは大きく分けて2種類あり、とろみのあるスップ（Sup）とサラサラとしたカイン（Canh）。カインは家庭料理では欠かせない存在でご飯、おかず、カインが必ず食卓に並ぶ。南国の野菜を使った料理も豊富。

カイン・コアイ・モー
Canh Khoai Mo
粗めにすりつぶした紫イモのスープは南部家庭料理の定番。刻んだノコギリコリアンダーがいいアクセントに。豚ひき肉を入れてコクを出すことも多い。

カイン・チュア
Canh Chua
淡水魚、オクラ、ハスイモ、パイナップル、トマトなど具だくさんの甘酸っぱいスープ。南部の家庭料理で、特にメコンデルタの食事には欠かせない。

カイン・コー・クワー・ニョイ・ティット
Canh Kho Qua Nhoi Thit
ニガウリの肉詰めスープ。軟らかく煮込まれたニガウリの苦味が甘めのスープにもほんのりしみ出ておいしい。暑い日の定番スープ。

カイン・クア・ザウ・ダイ
Canh Cua Rau Day
すりつぶした田ガニとモロヘイヤのクリアスープ。ヘチマ（Muop）が入ることもある。モロヘイヤの代わりにツルムラサキ（Rau Mong Toi）も使われる。

スップ・クア
Sup Cua
カニ身が贅沢に入ったとろみのあるスープ。カニ以外の具はシイタケ、卵など。ピータンや豚の脳みそ入りもある。朝食やおやつに食べる南部のストリートフード。

ザウ・ムオン・サオ・トーイ
Rau Muong Xao Toi
空芯菜のニンニク炒め。ニンニク、トウガラシと一緒に強火で一気に炒め、ヌックマムで味付け。オイスターソースやベトナム醤油を使うこともある。

ティエンリー・サオ・トーイ
Thien Ly Xao Toi
ガガイモ科のツル植物、夜来香（イエライシャン）のニンニク炒め。少し苦味があるため、オイスターソースの甘味とマッチ。牛肉を合わせることも多い。

マム・コー・クエッ
Mam Kho Quet
ゆで野菜を豚の脂や干しエビなどと砂糖で煮詰めたヌックマムのカラメルソースに付けて食べる南部の料理。野菜ではなくおこげご飯を付けて食べることも。

---

mini Column
ベトナムの食事のマナー

麺を食べるときはスプーンにのせて口に運ぶ

ベトナムの食事は、大皿料理をみんなで取り分けて食べるのが基本。ご飯をよそった茶碗におかずをのせて食べる。自分の分のおかずを取る場合は直箸でOKだが、他人の分を取り分けるときは箸の反対側などで取り、直箸は使わないのがマナー。また麺やスープを食べるときは丼に口を付けてはダメで、スプーンを使う。

mini Column
ベトナムの花料理

左手前がディエンディエンの花

ベトナムでは花を食す習慣があり、特にメコンデルタを中心とした南部に多い。よく食べられているのがバナナの花（→P.90）、カボチャの花、ティエンリーの花（→上記の夜来香）など。メコンデルタでは、8～9月になるとディエンディエンという黄色いマメ科の花が市場に出回り、この時期だけの花料理が食べられている。

烏骨鶏の漢方スープ、ガータン（Ga Tan）は風邪を引いたときや妊娠中によく飲まれている。

もっと知りたい！ベトナム料理

肉料理

ヌックマムやベトナム醤油で甘辛く煮付けてご飯のお供に、ミンチにして練り物になど、ベトナムの肉料理は調理方法もさまざま。香草や野菜と一緒に食べる料理も多く、脂っこくなりすぎず、さっぱり食べられるのも魅力。

ティット・コー・ヌオック・ズア
Thit Kho Nuoc Dua

脂身のある部分の豚の塊肉をゆで卵と一緒にヌックマム、ココナッツジュースで煮込んだベトナム版豚の角煮。家庭料理のおかずの定番でご飯が進む味。

ネム・ヌオン
Nem Nuong

ライスペーパーで豚つくねのネム、青マンゴー、野菜＆香草、揚げライスペーパーを包んでひき肉入りのピーナッツだれで食べる南部ニャチャンの名物料理。

ボー・ラー・ロット
Bo La Lot

ロットというスパイシーな香りがするコショウ科の葉で牛肉ミンチのたねを包み、炭火で焼いた料理。最後に砕いたピーナッツを振りかける。

ボー・ネー
Bo Ne

アツアツの鉄板で提供されるビーフステーキ。サラダとバゲットのバイン・ミーと一緒に食べる。中部ダナンでは朝食の定番。ボー・ビッ・テッともいう。

ボー・コー
Bo Kho

ベトナム版ビーフシチューでバゲットと一緒にまたはフー・ティウ麺とあわせて食べる（→P.97）。北部にはボー・ソット・ヴァン（Bo Sot Vang）という似た料理がある。

バイン・チャン・クォン・ティット・ヘオ
Banh Trang Cuon Thit Heo

豚肉の手巻き生春巻。ライスペーパーの上にさらに蒸しライスペーパー、豚肉（ゆで、ロースト など)、野菜、香草をのせて巻き、発酵だれに付けて食べる。

カイン・ガー・チエン・ヌックマム
Canh Ga Chien Nuoc Mam

カリッと香ばしく揚げた鶏手羽のヌックマム揚げ。鶏肉料理だと、ゆで鶏や炭火焼き（鶏足も大人気）、鶏肉のショウガ炒め煮などもポピュラー。

ラウ・ゼー
Lau De

タロイモ、湯葉なども入るヤギ鍋。ヤギ肉は腐乳だれを合わせることが多く、ヤギ鍋とセットで食べられるヤギのおっぱい焼肉のたれにも使われる。

Column
おかずがズラリ！庶民の食堂、コム・ビンザン

コム・ビンザン（Com Binh Dan、南部ではコム・ビンヤンと発音）とは、食事時になると店頭に野菜や肉、魚などのおかずが20～40種類並ぶローカル食堂。好きなおかずを選ぶと、ご飯とスープ（無料で付くことも多い）と一緒におかずが運ばれてくる。ワンプレートご飯（コム・ディア）にすることも可能だ。魚の煮付けをウリにする店も多く、こうした店は店頭に魚の煮付け

お昼は特に混み合う。近年はカフェ風のおしゃれなコム・ビンザンも登場

が入ったミニ土鍋を並べており、注文するとアツアツをいただける。ちなみにビンザンよりも価格が安い食堂はコム・ブイ（Com Bui、ブイ＝ほこりの意味）と呼ばれることがある。

ネム・ヌオンに似た豚肉つみれのネム・ルイ（Nem Lui）はレモングラスの茎にミンチ肉を巻き付けて焼くフエの料理。

魚介料理

ダナンやニャチャンなどの港町をはじめ、海に近い地域ではシーフードがよく食べられているが、メコンデルタやハノイなどは淡水魚が多く食べられている。貝類の種類も非常に豊富で、貝料理専門店も多い。

トム・チエン・ムオイ・オッ
Tom Chien Muoi Ot

エビを塩、トウガラシと一緒に多めの油で揚げ焼きにした家庭料理。コム・ビンザン（→P.92）の定番メニューのひとつ。ニンニク版もポピュラー。

トム・スー・ハップ・ヌック・ズア
Tom Su Hap Nuoc Dua

エビのココナッツジュース蒸し。ココナッツジュースで蒸すことで身がふっくら軟らかくジューシーな味わいに。海鮮料理店などで食べられる。

クア・ロット
Cua Lot

脱皮直後の軟らかいカニに衣を付けて揚げたソフトシェルクラブのから揚げ。チリソースに付けて食べる。から揚げをトウガラシなどと炒める場合もある。

チャー・カー・タンロン
Cha Ca Thang Long

ハノイ名物、白身魚の油鍋。ライギョなどの白身魚をネギやディルと一緒にたっぷりの油で揚げ焼きにし、米麺ブンと食べる。チャー・カー・ハノイともいう。

ムック・スア・チエン・ゾン
Muc Sua Chien Gion

小さめのイカ、ヒイカに薄く衣を付け、カリッと油で揚げたイカのから揚げは、酒のお供にピッタリ。ほかにイカの一夜干しやスルメも人気。

ゲウ・ハップ・サー・グン
Ngheu Hap Sa Gung

ハマグリのレモングラス＆ショウガ蒸し。さわやかなレモングラスの香りとショウガでさっぱり食べられる。トウガラシを入れピリッとさせることも。

オック・ニョイ・ティット・ハップ・サー
Oc Nhoi Thit Hap Sa

タニシの身を細かく刻んで豚ひき肉と混ぜたたねをレモングラスと一緒にタニシの殻に詰めて蒸した料理。甘じょっぱいヌックマムだれに付けて食べる。

ハウ・ヌオン・フォーマイ
Hau Nuong Pho Mai

カキにチーズをのせて直火焼きにしたもの。ネギ油と粗く刻んだピーナッツをまぶして焼くハウ・ヌオン・ハイン・モーやニンニクバターも定番。

Column
ベトナムの正月、テトの料理

北部風の四角いバイン・チュン。南部のは筒状の形をしている。田舎では家族でバイン・チュンを作る家庭も多い

ベトナムの正月、テトの料理といえばバイン・チュン（Banh Crung）。ゾンというガランガルの葉（La Dong）で、もち米、緑豆、塩コショウで下味を付けた豚肉を包み、ひと晩かけてゆでるベトナム風ちまきだ。テトの期間はほぼ毎食バイン・チュンを食べ、新年のあいさつで訪問した先々でも必ずバイン・チュンでもてなされる。そのため数日たつとやや飽きてくるのだが、残っているバイン・チュンをどうにかおいしく食べようと、油で揚げ焼きにしたリメイクバージョンが作られることも。表面がカリカリになって、また違ったおいしさを味わえるのである。

 南部ニャチャン、中部ダナンなど海辺の町の海鮮料理店では、海鮮料理のカスタムができ、調理方法＆味付けを選べる店が多い。

もっと知りたい！ベトナム料理

米料理

米食文化のベトナムではとにかくたくさんお米を食べる。日本で食べられているジャポニカ米とは異なり、粘り気が少なくサラサラとした長粒米が主流（短粒米もある）。炒飯にしたり、お粥にしたりと食べ方もさまざま。

コム・タム
Com Tam

精米の際に欠けてしまったお米を使った南部のワンプレートご飯。トッピングは豚焼肉や目玉焼き、豚皮を炒ったものなどでヌックマムだれをかけて食べる。

コム・ザン（コム・チエン）
Com Rang (Com Chien)

ベトナム風炒飯。具は豚肉、鶏肉、エビ、野菜、卵など。好みで、刻みトウガラシを加えたベトナム醬油をかけて食べるとさらにおいしい。

コム・ヘン
Com Hen

中部フエ風シジミご飯。ご飯の上にシジミ、バナナの花、スターフルーツ、香草、ピーナッツなどがのり、シジミのだしが効いたスープをかけて食べる。

コム・ガー・ホイアン
Com Ga Hoi An

中部ホイアン名物鶏飯。鶏だしとターメリックで炊いたご飯にゆでた鶏肉をのせ、香草、スライスタマネギを添える。好みで豆板醬やベトナム醬油をかける。

コム・アム・フー
Com Am Phu

錦糸卵やベトナムのハム、甘辛く味付けた鶏肉、野菜などを彩りよく盛り付けたフエの五目ご飯。ヌックマムだれをかけ、混ぜ合わせて食べる。

ソイ
Xoi

おこわ。緑豆入りやトウモロコシ入りなどのバージョンがあるほか、トッピングも煮卵、豚の角煮、ベトナムのハム、ゆで鶏などさまざま。朝食の定番。

コム・チャイ
Com Chay

おこげご飯。ベトナムではコム・ニエウ（Com Nieu）という土鍋で炊くご飯が人気だが、このコム・ニエウのおこげご飯は格別の味わい。

チャオ・ハウ
Chao Hau

チャオはお粥、ハウはカキのことでカキがごろっと入った贅沢なお粥。鶏粥、アヒル粥、ホルモン粥なども定番で、北部の町ヴィンにはウナギ粥もある。

Column
食べ比べも楽しい
種類いろいろバイン・ミー

ベトナムのバゲットサンド、バイン・ミー（→P.89）。昼夜問わず食べられているベトナムを代表するストリートグルメだ。バイン・ミーとはそもそもパンのこと。卵入りならバイン・ミー・チュンなど、中に挟む具によって名称が変わる。バイン・ミーの種類は非常に多く、近年はキノコ入り、牛肉＆チーズなど店独自のモダンなバイン・ミーも増えている。

ボリューミーな豚チャーシュウ入り

ポークフロス入りのバイン・ミー・チャーボン

全種類入りミックスのバイン・ミー・タップカムが定番

---

094   中国料理の腸粉に似たバイン・クオンなど、米粉の生地を使った料理も非常に多く食べられている。

スナック・スイーツ

スナックや、チェーに代表されるスイーツも絶品揃いのベトナム料理。夕方になるとおもに学校の周辺などに軽食やスイーツの屋台が立つ。ベトナムでは軽食のことをアン・チョイ（アン＝食べる、チョイ＝遊ぶ）という。

バイン・ゴイ
Banh Goi

ひき肉、キクラゲなどの具を詰めた半月形の揚げギョウザ（写真右下）。青いパパイヤとニンジン入りのヌックマムだれで香草と食べる、ハノイの人気軽食。

バイン・トム・ホー・タイ
Banh Tom Ho Tay

ハノイ名物のエビの天ぷら。生地はほんのり甘く、パパイヤ入りのヌックマムだれに付け、野菜や香草に包んで食べる。ハノイのタイ湖名物。

チェー
Che

甘く煮た豆や果物とゼリーなどを合わせ、ココナッツミルクなどをかけて食べるベトナム風ぜんざい。氷を入れる冷たいチェーと温かいチェーがある。

バイン・フラン
Banh Flan

アヒルの卵、コンデンスミルクで作る濃厚なベトナム風プリン。南部ではクラッシュアイスとコーヒーをかけて食べる。北部ではカラメンと呼ぶ。

タウ・フー
Tau Hu

優しい味わいのおぼろ豆腐のシロップがけ。シロップはショウガ入りが多く、ココナッツミルクをかけることも多い。タオ・フォーとも呼ばれる。

スア・チュア・ネップカム
Sua Chua Nep Cam

古代米の黒米と、甘くて濃厚なベトナムのヨーグルトを合わせたハノイ発のスイーツ。黒米のプチプチとした食感が楽しい。発酵黒米を使うことも多い。

バイン・ザー・ロン
Banh Da Lon

パンダンリーフなどで色付けしたタピオカ粉ベースの餅を重ね層にし、蒸し上げたケーキ。豚の三枚肉に見えることから「豚皮餅」と名付けられた。

シン・トー
Sinh To

南国フルーツとコンデンスミルクで作るベトナム風スムージー。日本では珍しい果物もあり、数種類混ぜたミックスも人気。写真はアボカドのシン・トー。

Column
変わり種メニューも続々登場
ベトナムコーヒー

仏領時代にコーヒー栽培が始まったベトナムではコーヒー文化が盛ん。ベトナムコーヒーといえば、コンデンスミルクを使った甘いミルクコーヒーが有名だが、近年、ホイップした卵を合わせたエッグコーヒーやヨーグルトと合わせたヨーグルトコーヒーなど変わり種が登場。なかでも今最も人気なのがフエ発といわれる塩コーヒーと、濃厚なアボカドコーヒーだ。

専用フィルターでじっくり入れるベトナムコーヒー

ハノイ発のエッグコーヒー

甘さ控えめのアボカドコーヒー

クリーミーな塩コーヒー

ベトナムではお茶もよく飲まれる。特に北部ではコーヒー文化よりお茶文化が浸透しており、緑茶に加えてハス茶も飲まれる。

Column
バラエティ豊かな
ベトナム麺料理大集合

ベトナムでは小麦麺や春雨も食べられているけれど、やはりここはお米の国。フォーやブンなど米麺を使った麺メニューがバラエティ豊かに揃っている。めくるめく魅惑のベトナム麺ワールドへご案内。

北 ブン・チャー Bun Cha
ハノイ名物のつけ麺。米麺ブンを炭火焼きの豚肉やつくねを、たっぷりの野菜と一緒にヌックマムだれに付けて食べる。

北 バイン・ダー・クア Banh Da Cua
北部ハイフォンの名物麺。サトウキビ汁を練り込んだ米粉の麺バイン・ダーにカニをすりつぶした濃厚なスープがからむ。

北 ブン・ダウ・マム・トム Bun Dau Mam Tom
ギュッとひと口大に固めた米麺ブン、揚げ豆腐や野菜と一緒に強烈な臭いのエビの発酵調味料マム・トムに付けて食べる北部料理。

北 ブン・タン Bun Thang
錦糸卵、ハム、ゆで鶏などがのった見た目にも華やかなハノイの五目麺。もともとは客人をもてなすための麺料理。

北 ミエン・ルオン・サオ Mien Luon Xao
ウナギの春雨炒め。ウナギのスープ春雨もポピュラー。春雨はベトナム全土で食べられているが、スープ春雨は北部でよく食べられている。

北 ブン・オック Bun Oc
トマトの酸味が効いたスープにコリコリとした食感が楽しいタニシを入れたハノイの名物麺。米麺ブンのツルッとした食感もよく合う。

全土 ミー・ヴァンタン（ミー・ホワンタイン） Mi Van Than (Mi Hoanh Thanh)
ワンタン麺。黄色い中華麺は日本のものより少し硬めで歯応えがしっかりしている。あっさりスープが美味。

全土 フォー・ガー Pho Ga
鶏肉のフォー。フォー・ボー（→P.89）に比べるとあっさりした味わい。

全土 ブン・ジエウ・クア Bun Rieu Cua
すりつぶした田ガニが入ったトマトスープの麺。米麺ブンを使用。

ハノイのアレンジフォーいろいろ
フォーの本場とされる北部ハノイには、フォーの麺をアレンジさせた料理がある。代表的なものが麺切りする前のフォーの生地を使ったフォーの生春巻（フォー・クォン Pho Cuon）、炒めフォー（フォー・サオ Pho Xao）、四角く切って揚げたモチモチ食感の揚げフォー（フォー・チエン・フォン Pho Chien Phong）など。

野菜＆肉炒めのあんがのるフォー・チエン・フォン

甘辛く味付けた牛肉入りが定番のフォー・クォン

フォーよりも実は種類豊富で広く食べられているのがブン。同じ米麺でも、フォーは蒸した生地を裁断するのに対して、ブンは専用の機械で押し出してゆでる。ちなみにフー・ティウは中国由来の麺で、蒸した生地を乾燥させてから裁断する半乾麺。

東南アジア ◎ベトナム

ミー・クアン 中部
Mi Quang
ダナンのある中部クアンナム地方の名物汁なし麺。甘辛く煮た豚肉、エビ、香草などがのり、ゴマせんべいを割り入れて食べる。

カオ・ラウ 中部
Cao Lau
コシのある麺に薄切りにした煮豚、野菜、揚げワンタンなどがのり、醤油ベースのたれにからませて食べる中部ホイアンの名物麺。

ブン・ヘン 中部
Bun Hen
フエのシジミご飯、コム・ヘン（→P.94）の麺バージョン。細めの米麺ブンを使用。

ブン・ボー・フエ 中部
Bun Bo Hue
中部フエの名物、牛肉のピリ辛スープ麺。トウガラシが効いたスパイシーなスープに牛肉やカニの練り物などがのる。太めまたは細めの米麺ブンを使用。

ブン・マム 南部
Bun Mam
発酵調味料マムを使ったメコンデルタの名物スープ麺。豚肉のロースト、イカやエビなど具だくさん。空芯菜などのゆで野菜を入れ、好みでタマリンドソースを入れて食べる。

ミエン・サオ・トム・クア 南部
Mien Xao Tom Cua
エビ＆カニの春雨炒め。エビとカニのだしを吸った春雨が絶品。

バイン・カイン・クア 南部
Banh Canh Cua
タピオカや米粉から作るモチモチ食感の麺、バイン・カイン。とろみの付いたスープで、具はカニ、エビ、つみれ、うずらの卵など。

フー・ティウ 南部
Hu Tieu
歯応えのある米麺フー・ティウは南部の名物麺。スルメや豚骨だしの甘めのスープに豚肉、エビ、ニラなどが入る。

イカのフーティウも人気

フー・ティウ・ボー・コー 南部
Hu Tieu Bo Kho
米麺フー・ティウとベトナム版ビーフシチューのボー・コー（→P.92）を合わせた南部の朝食の定番。

ブン・ドー 南部
Bun Do
赤いブンという意味の南中部バンメトートの名物麺。トマトベースのあっさりスープに豚の練り物や血を固めたもの、うずらの卵、豚皮フライなどがのる。

南部の汁なし麺ではブン・ティット・ヌオン（Bun Thit Nuong）も定番。野菜＆香草、米麺ブンの上に焼いた豚肉となますをのせ、砕きピーナッツをトッピングし混ぜて食べる。昼食によく食べられている。

097

ラオス

Lao People's Democratic Republic

ラオス語でおいしいは
ແຊບ！
セープ

世界遺産の町ルアンパバーンの朝市。狭い路地に生鮮食品がズラリ。活気ある庶民の台所だ

DATA
首都：ヴィエンチャン　Vientiane
言語：ラオス語、各民族は独自の言語を使用
民族：ラーオ族（全人口の半数以上）を含む50民族

主食
米。インディカ種長粒米のもち米「カオ・ニアオ」。カオは米、ニアオは粘り。うるち米の場合は「カオ・チャオ」。

2021年末に開通した国際列車「ラオス中国鉄道」。中国から東南アジアを縦断する大物流ルートはアフターコロナで本格始動。ラオスの経済や観光業にも追い風が吹く。"東南アジア最後の秘境"といわれるラオスは8割が山岳、高原地帯。そこに多くの少数民族が分散して自給農業で暮らしている。日本の本州くらいの広さに東京の約半分の人口。1953年の独立から内戦を経て、1975年ベトナム革命に連動して社会主義国へ。1986年に市場経済導入、経済発展を目指す。内陸国だがメコン川流域の水田や畑、川魚、高原野菜やコーヒー豆、山地の焼畑陸稲やジビエなど食材は豊富。ラオス料理は山と川の幸ふんだんの質朴でどこか懐かしいヘルシー料理だ。

ルアンパバーンの伝統料理の屋台。地ビールのビアラオや、たくさんの総菜が並んでいる

もっと知りたい！ 食の雑学

小さな農園が生むタマサートな食卓
平地のラーオ族、中・高地の少数民族、計50の民族が共存するラオス。険しい山々と痩せた土地に暮らす少数民族集落では「自然とともに生きる（タマサート）」料理が日常。皆で作って皆で食べる自家製無農薬野菜がおいしい。

都市部で人気のストリートフード
にぎわう都会（観光地や首都など）では屋台も繁盛。カオ・チー・パーテ（バゲットサンド）、お粥、ソーセージ、ラオス風寸まきや焼き鳥、ドーナツ、フレッシュジュースなど多数。ファストフードも安くておいしい。

芳醇なコーヒーフェアトレードで世界へ
苦さ控えめ、ほのかな酸味と甘味、クリアな風味で人気上昇中のラオスコーヒー・アラビカ種。産地は南部ボーラウェン高原でおもに輸出用。現地ではベトナムタイプのカネフォラ種（ロブスタ）に練乳をたっぷり入れて飲む。

米と水がおいしいラオスは酒もうまい
アジアのなかでは酒の消費量が多いラオス。おもに飲まれているのは国産の「ビアラオ」。ご飯には、焼酎や泡盛のルーツ説もある度数50％前後の蒸留酒「ラオ・ラーオ」を炭酸か水割りで。国際大会で金賞受賞のラム酒もある。

経済開発の進行で森林や河川の恵みが激減。農業の機械化・省力化も進む。主食のもち米が過体重や糖尿病のリスクを高めているとも。

編集部が選ぶ 必食グルメ TOP 5

山川の恵みたっぷりのラオス料理。主食のもち米「カオ・ニアオ」と一緒に素朴なおかずを味わおう。激辛メニューも多い。

東南アジア ◎ ラオス

ラープ
Lap

ラオスの国民食。生または加熱したひき肉（鶏、牛、豚など）や魚と、ハーブ、トウガラシ、パデーク（魚醤）、ライム、炒り米などをあえた肉サラダ。伝統的な祝祭料理（→P.100）。

ケーン・ノーマイ
Kaeng No Mai

森の恵み、タケノコ（ノーマイ）スープ。キノコ類や肉類を加え、パデーク（魚醤）とヤーナーン（薬草）エキスで味付ける。農村でも都会でも食べる国民食。タイ東北部のイーサーン地方でも人気。

ピン・カイ
Ping Kai

ソウルフードの焼き鳥。パデーク（魚醤）、ニンニク、トウガラシ、砂糖などのたれに漬け込んで炭火で焼くシンプルなごちそうは、カオ・ニアオにもビールにも合う。

カオ・チー・パテ
Khao Chi Pate

旧宗主国フランスの置きみやげ・バゲットサンド。醤油味のハム、大量のパクチーとパパイヤ、キュウリを挟むのが基本だが、具はお好み次第。ポーク、チキン、ツナなどいろいろあるB級グルメの代表。

サイ・ウア
Sai Oua

トウガラシ、レモングラス、ニンニク、ターメリックなどが効いたソーセージ。豚肉、もち米が入って少し辛めで香ばしい。炭火でパリッと網焼きにするとさらにおいしい。

ジビエ料理はトート・ノック（小鳥のから揚げ）、トート・キャット（カエルのから揚げ）など。モグラやネズミ、昆虫食も貴重なタンパク源だ。

もっと知りたい！**ラオス料理**

サラダ・前菜

2大人気メニューはラープとタム・マークフン（青パパイヤサラダ）。たっぷりの野菜に肉、魚醤とライムの味付け、辛さと酸味が特徴。食事のスターターで主食のもち米やアルコールとの相性も抜群だ。

タム・マークフン
Tam Makhung

青パパイヤ（マークフン）を千切りにして調理料と合わせ、棒で「たたいて（タム）」味をなじませる辛いサラダ。パデークのうま味とコク、トウガラシの辛味が効いた国民食。

ネーム・カオ
Nam Khao

ネームは豚肉ともち米などを詰めた発酵ソーセージ。炒り米とネーム、豚皮、ハーブやタマネギなどのミックスサラダ。ライムの酸味とパデークのうま味が調和してさわやか。

カイ・ペーン
Khai Phen

ルアンパバーン名物の川海苔（淡水藻）をサッと揚げたスナック。ニンニク、野菜、たっぷりのゴマで味付けられ、韓国海苔風。そのままでも、チェオ（甘辛のラオス風味噌）を付けても美味。おやつやおつまみサラダに。

スープ

代表はタケノコスープ、ケーン・ノーマイ（→P.99）。年中取れる山や川の恵みを生かしたスープをピリ辛スパイシーに仕立てる。主食と主菜を引き立てる名脇役で、ラオスの人は毎食食べている。

オ・ラーム
Olam

肉とハーブをトロトロに煮込んだルアンパバーンの名物料理。別名ルアン風シチュー。ハーブティーで肉を煮込んだかのようなレモングラスやミントの香りが強いクセありメニュー。

ケーン・チュート・タオフー
Keng Chut Taohu

豆腐と野菜の澄んだスープ。ラオス料理のなかではクセも辛味もなく、あっさり塩味。豆腐は日本より硬い木綿豆腐風で、豆の味が濃い。日本の昔の田舎豆腐に似ている。「トーフー」でも通じる。

ケーン・ソム・パー
Keng Som Pa

「白身魚のさっぱりスープ。メコン川で獲れた魚の切り身が入っている。酸っぱいが臭みもなく口当たりさわやか。ココナッツ味やパイナップル入りもあり。家庭料理の定番でトマトのうま味とハーブが効いている。

Column
人が集う場にラープあり、ラープあるところに幸せあり

ラオスのラープはとっても辛い！

ラオスの招福料理ラープ。ひき肉と香味野菜、炒り米、トウガラシ、柑橘果汁、ハーブ、調味料が絶妙にブレンドされたひき肉＆野菜のサラダで主菜料理。伝統的な祝祭料理の枠を超えてひとつの料理体系であり、ライフスタイルそのものとも。ラープの語尾に続くのが主材でカイ（鶏）、ペット（合鴨）、カイ・グアン（七面鳥）、グア（牛）、パー（魚）、ムー（豚）、ゴップ（カエル）、タオ（川藻）、グン（エビ）、ディップ（生）、スック（加熱）などバラエティ豊か。語源は仏教から。「幸福」を分かち合うラープはラオスから世界へ、健康を分かち合う料理として広がっている。

おもな調味料：パデーク（魚醤）
香味野菜：タマネギ、ニンニク、トウガラシ
果汁：ライム
おもなハーブ：スペアミント、レモンバジル

肉・魚料理

高級肉は水牛と牛。続いて豚とヤギ。一般的に食べられているのが鶏とアヒルだが、肉は振る舞い料理に近い。困ったときはネズミやヘビ、トカゲも食べる。魚は川魚や養殖魚が豊富でおいしい。

シン・ヘーン
Sin Heng

ラオス式ビーフジャーキー。パデークやニンニクなどでマリネした牛肉を干して素揚げしたもので薄くて甘い風味が人気。市場や屋台、レストランの一品料理の定番。

トート・マン・パー
Thot Man Pa

トートは揚げる、マンは練る、パーは魚。日本のさつま揚げに似た魚のすり身の揚げ物。日本は海の魚を使うが、ラオスは淡水魚。スパイシーでビールによく合う。

ピン・パー
Ping Pa

メコンの恵みたっぷりの焼き魚。川魚とはいえ日本のアユやイワナのような小型魚ではなくタイやホッケのように大きく、身も引き締まった魚を尾頭付きで豪快に焼く。小骨が少なく食べやすい。

米料理

米の消費量は世界有数。1日にひとりでコンビニおにぎり10個ぶんくらい食べるそうだ。主食はもち米。ラープやサイ・ウア（→各P.99）などにも米を入れるし、米麺もポピュラー。お菓子やお酒にも米が使われる。

カオ・ニアオ
Khao Nyao

主食のもち米ご飯はインディカ種長粒米を使用。蒸して竹製の専用器「ガティップ・カオ」に盛り付ける。手でひとつかみ取って丸めて、真ん中に指でくぼみをつけておかずをのせて食べる。

カオ・ピヤック（カオ）
Khao Piyak(Khao)

ルアンパバーン朝市名物のお粥。大鍋に鶏だしのスープを入れ、米をトロトロに煮込む。肉や卵、モヤシ、柑橘果汁などを好みでトッピングして食べる。おなかに優しく体が温まる。

カオ・トム
Khao Tom

もち米をバナナの葉で包んで蒸した（ゆでた）料理。甘いココナッツ炒めが入ったおはぎ風や豚まん風、生地にバナナを練り込んだプディング風など種類豊富。お供え物やおやつ、軽食に。

Column
手間なし、おいしいカオ・ニアオを作ってみよう

ラオスではもち米専用の竹の蒸し器を使って蒸し上げている

もち米専用の竹籠「ガティップ・カオ」に入れて保存

[炊飯器バージョン] 材料はもち米と水だけ。

1. もち米1合を水でサッと2回ほど洗い（とがず素早く）、たっぷりの水で4時間ほど浸水させる。
2. 水を含んだもち米は崩れやすいので、ていねいに炊飯器に移す。平らにならしたもち米に水180mlを入れ、スイッチオン。
3. 炊けたらすぐに天地返しをして、15分程度蒸らしたら完成。

タム・マークフンやラープは激辛料理。レストランや食堂で注文したら、あらかじめ辛味を付けるかどうか聞いてくれる。

もっと知りたい！ラオス料理

 ## 麺料理

タイやベトナム同様にたくさんの麺料理がある。パスタやラーメンもあるが、主流は米麺を使ったスープ麺。家庭でよく食べるのはカオ・プン。そうめん風の米麺に野菜とスープをかけて食べる。

ミー・ナム
Mi Nam

ラオス風ラーメン。クセがなくあっさりした小麦麺の料理。ベースは鶏ガラスープでやや薄味だが調味料で調整し、肉やワンタン、ネギなどのトッピングを選んで自分好みに。屋台や中国系の麺屋で。

カオ・ピヤック(セン)
Khao Piyak(Sen)

うどんのような太麺を熱いスープで食べる朝食の定番メニュー。麺は、米粉にタピオカ粉を混ぜてありモチモチでおいしい。スープは豚か鶏が多く、肉団子や揚げニンニクなどのトッピングもあり。

フー
Feu

ベトナムのフォーが本家だが、今やラオスでもポピュラーな麺料理。薄味スープに米粉の平麺、たくさんの野菜が添えられ、調味料で好みの味に調えて食べる。フォー同様、麺にコシがなくツルツル。

カオ・プン
Khao Pun

米粉の太麺に、ココナッツミルク、豚肉、すり身魚などが入ったスープをかけて、青菜やモヤシなどを満載して食べるメニュー。結婚式などの定番だが、家庭でもよく食べられている。

ミー・コープ
Mi Kop

ラオス風あんかけかた焼きそば。揚げ麺の上に肉野菜あんがたっぷりだが、日本のようなとろみはない。ガーリック味でおいしい。添付のライムを搾りかけて食べる。

ミー・カティ
Mi Ka Tee

ココナッツカレーヌードル。米麺と付け合わせの野菜や薬味をよく混ぜ合わせて、ココナッツミルクと卵を加えたさらさらのカレースープをかけながら食べる麺料理。タイ東北部（イーサーン）でもポピュラー。

カオ・ソーイ
Khao Soi

ソウルフードのピリ辛肉味噌麺。あっさりスープときしめん状の太い平麺の上に肉味噌と香草がのっている。タイにもあるが、ルアンパバーンのものは甘じょっぱい。

Column

キッチンで世界旅行「ニキズキッチン」マニ先生のラオス料理教室

ラオスで生まれ、フランスで育ったマニ先生が、祖母や母から受け継いだ伝統的なラオス家庭料理を伝授。青パパイヤのサラダや蒸しもち米（カオ・ニアオ）など代表的な料理を作って食べる体験ができる。食材も調理器具も用意してくれるので、手ぶらでOK。

横浜市中区山手町の自宅で開催している

ラオス料理教室
Niki's Kitchen

40ヵ国以上の先生が在籍しており、受けたいレッスンを選んで参加できる（すべて単発で参加OK）。1レッスンは3～4時間、費用は平均6000～8000円。ホームページから会員登録（無料）、メルマガ登録をして教室案内から予約する。
URL www.nikikitchen.com

 ラオスでは「家族揃って庭先ご飯」や職場でも「みんなで屋外」スタイルが多い。食事はフォークとスプーンで。食器は持ち上げないようにする。

スイーツ

屋台やカフェが日常風景のラオスでは手軽なスイーツも人気。甘いおやつから南国フルーツ、ドリンク、中国のゴマ団子風スイーツまで、何気なく地元の人に混ざって食べ歩くのも旅の楽しみ。

カオ・サンカーヤー
Khao Sangkhaya

カオ(米)、サンカーヤー(プリンのようなもの)。カオ・ニャオにココナッツミルク入りの甘い蒸しプリンやふわっとした甘い卵焼きをのせて食べるおやつ。

ローティ
Loti

屋台でおなじみのクレープ風スナック。無発酵パンの一種で、熱した鉄板で薄く焼く。プレーン、卵入り、練乳かけ、チョコソースかけ、バナナ入りなど種類豊富。夜は行列ができる屋台もある。

カオ・チー
Khao Chi

ラオスの「五平餅」。蒸したもち米を楕円形に握って、塩を付けて七輪などであぶり、途中で卵液を付けて、さらにこんがり焼き上げる家庭料理。砂糖醤油を付ける家も。

オーロー
Olo

市場や露店によくある揚げたゴマ団子。中国のゴマ団子に似ているが、中は空洞でドライな白あんが少し入っている。揚げたてはカリッ、モチッとしていてとてもおいしい。

ヨー・カーオ
Yo Khao

ラオスの生春巻。もっちりした皮にひき肉、野菜、香草、米粉麺が包まれていておいしい。揚げ春巻はヨー・チューン。どちらも人気のスナック。ベトナムの定番料理だが、ラオスでも定番化。

ナム・ワーン
Nam Wan

代表的なスイーツで、タピオカ、フルーツ、アズキ、寒天などにココナッツミルクとシロップをかけて食べる「ラオス風みつ豆」。何を入れるかチョイスが楽しい。おやつや食後のデザートに。屋台の人気メニュー。

ネーム
Nem

ご飯を丸く握って炭火でこんがり焼いたり、揚げたりした料理。炭火焼き屋台で、肉や魚と一緒に網の上で焼かれている。皿に取ってスプーンで崩しながら食べる。シンプルでおいしい。

Column
世界遺産都市、ルアンパバーン
朝の風物詩 托鉢

ラオス仏教の聖地ルアンパバーンには、名刹ワット・シェントーンなど数多くの寺院があり、数多くの若き修行僧が集まる。修行生活の糧は600年以上続くサイバーツ(托鉢)とタックバーツ(喜捨)で汲まれる。早朝5:30〜6:30、小さな古都には樺衣の托鉢僧の一行が多数行き交う。沿道に座して待つ人々はお布施(米や食料)を鉢に入れて「功徳を積む」。総菜は在家信者

ルアンパバーンの托鉢は東南アジア諸国のなかでも最大規模を誇る

が寺へ。ラオス最大の観光地はドーナツ化現象が進み、外国人旅行者の参加が増えた。黙々と足早に去る求道者たちを見送って、厳かな托鉢の余韻を胸に観光客は笑顔で朝市に向かう。

社会主義国になった1975年、政府は托鉢を禁止したが、市民の猛反発で1年後に再開した。

カンボジア
Kingdom of Cambodia

クメール語でおいしいは
ឆ្ងាញ់!
チュガンニュ

アンコール遺跡群観光の拠点となる町、シェムリアップの中心にあるオールド・マーケット。活気あふれる生鮮食品売り場ではカンボジアの食の源に触れられる

DATA
首都：プノンペン Phnom Penh
言語：クメール語
民族：カンボジア人（クメール人）90%。ほかにチャム人、ベトナム人など20以上の民族が計10%

主食
カンボジアの主食は米。スープやおかずを数人でシェアして白いお米をたくさん食べる。カンボジア人の過半数は稲作を中心とした農業に従事しているとされる。

　世界3大仏教寺院のアンコール・ワットが有名なカンボジアは、東南アジアで興った最初の国（当時2世紀頃の名は扶南）。悠久の歴史のなかで近隣諸国と影響し合い、かつてインドシナ半島を支配したフランスの影響も受け、独自の食文化が育まれてきた。カンボジアのおかずとして最も一般的なのが魚料理。国の中心に位置する巨大な湖、トンレサップ湖で獲れた魚介が食卓を彩り、プラホックやトゥック・トレイといった魚を使った調味料は家庭料理に欠かせない。アンコール遺跡のレリーフにも、トンレサップ湖に生息する魚や魚市場が登場している。タイ料理ほど辛くなく、ベトナム料理ほど香草を使用しないため日本人にも親しみやすく、ホッと和ませてくれるだろう。

ズラリとおかずが並ぶ市場の食堂。好きなおかずを指さし注文して、ご飯の上に盛り付けてもらう

もっと知りたい! 食の雑学

カンボジア料理の決め手はふたつの調味料
　トゥック・トレイとプラホック。前者は半透明な魚醬。塩分が多く、澄まし汁や煮物の隠し味に使ったり、砂糖やチリを入れて付けだれにすることも。後者は小魚の塩漬けの発酵ペースト。日本の味噌のような役割を果たす。

世界一おいしいといわれるカンボジアのコショウ
　中世から1960年代まで、カンボジアのコショウは世界一の風味とたたえられていた。その後の内戦で生産量が激減したものの1990年頃から復活。カンポットという町で有機栽培されたカンポット・ペッパーが特に有名。

生活と深く結びつく恵みの湖、トンレサップ湖
　乾季の面積が約3000km²であるのに対し、8〜10月頃の雨季には約1万km²にまで広がるため「伸縮する湖」と呼ばれるトンレサップ湖。この面積の伸縮により大量のプランクトンが発生し、淡水魚の漁獲高は世界でもトップクラス。

クメールとカンボジア使い方の違いは?
　「クメール」も「カンボジア」もカンボジアの呼称として同じように使用される。一般的には民族・文化に関連する分野を表現する際に「クメール」、政治的、国際的な問題などを表現する際に「カンボジア」が用いられることが多い。

トンレサップ湖には約3万人の水上生活者が暮らしているとされ、暮らしを見学するボートツアーも人気。

編集部が選ぶ 必食グルメ TOP5

ヤシ砂糖やトゥック・トレイ（魚醤）を多用するのが特徴で、甘味や酸味の効いた料理が多い。ハーブは控え目。

東南アジア ◎ カンボジア

1. アモック
Amok

雷魚のココナッツミルク蒸し。プリンのように固まったものとスープ状のものがあり、どちらもまろやかでクリーミーな味わい。白身魚が定番で、チキンや海鮮、豆腐などもある。

2. ロック・ラック
Lok Lak

甘辛いたれで下味を付けた牛肉をグリルしたもの。塩コショウにライムを搾った調味料を付けて食べるのがカンボジア流。ローカル食堂から高級レストランまでどこでも食べられる。

3. チャー・ムック・マレイッ・クチャイ
Chha Muek Mrech Kchey

イカの生コショウ炒め。世界一おいしいといわれるカンボジアのコショウの風味を思いっきり味わえる一品。コショウをプチッとかむと口いっぱいに豊かな風味と刺激が広がる。

4. クイティウ
Kuitiv

豚骨やスルメでだしを取った甘味のあるスープに米麺を入れた朝食の定番メニュー。日本のにゅうめんのような趣でほっとする味。豚ひき肉入り、牛肉入り、牛肉団子入りなど具が選べる。

5. チュナン・ダイ
Chhnang Dae

クメール語でチュナンは鍋、ダイは土を意味する名のとおり、土鍋で煮込んだ鍋料理をチュナン・ダイと呼んでいたが、昨今は鍋料理全般を呼ぶ傾向に。肉を生卵にからめてから鍋に投入する。

🐘 チュナン・ダイの具材は肉、野菜、キノコ、湯葉など。頼めば店員が作ってくれる。

もっと知りたい！ カンボジア料理

スープ

カンボジアはスープの種類が豊富。必ず注文してみんなでシェアして食べるのが地元スタイル。プラホックや発酵ライムなどカンボジアならではの味付けのスープに加えて、近年はタイのトムヤムスープなども人気が高い。

ソムロー・マチュー・サイ・チュルーク
Samlor Machu Sach Chrouk

プラホックをベースに、レモングラス、ショウガ、ウコン、パイナップル、トマト、豚肉、トウガンなどの具材が入ったサワースープ。酸っぱい味わいは年中暑いカンボジアにぴったり。

ソムロー・コーコー
Samlor Korko

カンボジアのお味噌汁的存在の家庭料理。数種類の生ハーブをすりつぶして作る「クルーン」というスパイスやプラホックで味付けし、肉、野菜、果物など具がたっぷり入る。

ソムロー・ナァム・グァウ
Samlor Ngam Ngov

塩漬けにした発酵ライムをだしに加え、酸味と苦味が効いたさっぱりとしたスープ。現地では定番だがけっこうクセのあるツウ向きの味。

サラダ・前菜

バナナの花や青いマンゴーなど、日本ではなかなか食卓に並ばない食材を使ったサラダは、前菜にもビールのおつまみにもなる。具材をトゥック・トレイ、砂糖、トウガラシなどであえたシンプルな味わいのものが定番だ。

ニョアム・スワァイ
Neorm Svay

青いマンゴーと干し魚、ピーナッツなどをトゥック・トレイ、塩、砂糖、トウガラシなどと一緒にあえた定番サラダ。マンゴーの酸味と干し魚の塩気が食欲をそそる。

ニョアム・トロヨォン・チェイク
Neorm Trayong Chek

バナナの花の軟らかい部分を千切りにしたものとゆで鶏のサラダは独特の食感。トゥック・トレイ、トウガラシ、ライムジュース、ヤシ砂糖などを使用したドレッシングでさっとあえる。

プリア・サイッ・コー
Pleah Sach Ko

ヤシ砂糖、レモングラス、ニンニク、ライムジュースで半生の牛肉をマリネしたあと、エシャロット、モヤシ、ミント、バジルを加えて、プラホックのドレッシングであえたさっぱりサラダ。

Column
カンボジアの伝統的なスナック 昆虫食にトライしてみる!?

カンボジアでは昆虫がおやつやおつまみとして親しまれており、市場や露店などで山積みにされた昆虫の素揚げをよく目にする。1975年から3年8ヵ月に及ぶポル・ポト支配下で深刻化した食糧難において貴重なタンパク源となったのが昆虫で、それ以来、昆虫食の文化が根付いたとされている。タンパク質が豊富でヘルシー（?）ということもあり、若い女性にも意外と

シェムリアップ中心部には夜な夜な昆虫の屋台が登場する

人気があるようだ。ポピュラーなのはチャンレットリン（コオロギ）やコンテオトリン（タガメ）。見た目はグロテスクだが、サクサクした食感で意外とイケる。

 カンボジアでは幼虫、タランチュラやヘビ、サソリ、アリなども食されている。

野菜・卵料理

野菜や卵料理にもプラホックやトゥック・トレイなど魚ベースの調味料を使うのがカンボジア流。甘じょっぱい味わいに食欲アップ間違いなし。生野菜はあまり食されず、ゆでたりスパイスで炒めたり手を加えて食べることが多い。

チャー・トロアップ
Chha Trob

ナスとひき肉の炒め物。プラホック、ガーリックなどで味付けされており、どこで食べてもおいしい。カンボジアの家庭ではゆでたナスを使うが、中国系の食堂では揚げナスを使用するところもある。

トゥレイ・プロォマー・チィエン・ポン・ティア
Trey Proma Chhaen Porng Tea

プロォマーと呼ばれる塩漬けの干し魚が入った卵焼きは家庭料理の定番メニュー。地元では生野菜と一緒に食べることが多い。しょっぱい塩味がご飯に合う。

プラホック・クティッ
Prahok Ktis

プラホックをベースに豚ひき肉と小ナスをココナッツミルクで合わせながら炒めたものを、ゆで野菜に付けて食べる。プラホックと豚ひき肉だけを炒めたプラホック・リンもある。

米・麺料理

カンボジアでは朝からがっつり米や麺を食べるのが基本。下記で紹介する3つのメニューは代表的な朝食メニューで、朝しか提供していないという食堂もけっこう多い。早起きして地元の人たちに交じって朝食を食べるのもまた楽しい。

バーイ・サイッ・チュルーク
Bai Sach Chrouk

ニンニク醤油で味付けした豚肉を炭火で焼いて、ご飯の上にのせたスタミナメニュー。食堂ならこれにピクルスと野菜スープが付くことが多い。鶏肉をのせたもの（バーイ・サイッ・モアン）もある。

ボッボー
Borbor

しっかり味が付いたお粥は、煮込み過ぎずお米の食感が残っている。鶏肉入り、魚介入り、ホルモン入りなど数種類ある。揚げパンをお粥に付けて食べるのもおすすめ。

ノォム・バン・チョッ
Nom Banh Chok

細い米麺にハーブとココナッツミルクベースのスープをかけて食べる。スープにはプラホックやトゥック・トレイ、ヤシ砂糖などカンボジアの伝統的な調味料を使用している。

本場の味を日本で体験！

バイヨン **Bayon**

プノンペンの有名レストランで経験を積んだカンボジア人シェフが腕を振るう本格的なカンボジア料理が味わえる店。レモングラスやレモンの葉を効かせたノォム・バン・チョッや海苔のスープなどがおすすめ。アンコールビールとともに味わいたい。

住 東京都新宿区袋町26　TEL 03-5261-3534
交 JR飯田橋駅西口から徒歩5分
URL cambodian-restaurant-bayon.com

ノォム・バン・チョッ（上）とフィッシュ・アモック（下）

カボチャプリンは作るのに手間がかかるため最近は市場で見かけることも少なくなってしまった。

もっと知りたい！カンボジア料理

肉料理

カンボジアで肉料理を食べるなら鶏肉や豚肉がおすすめ。特に広い敷地で放し飼いされた地鶏は驚くほどのプリプリ食感！ ぜひ専門店で味わいたい。牛肉はかつて硬い水牛のみだったが、近年軟らかい肉牛も登場。

ソムロー・カリー　Samlar Kari

カンボジア風カレーはココナッツミルクたっぷりでサラッとしている。肉、ニンジン、ジャガイモ、カボチャなどの具材がゴロゴロ入っている。豚肉入りがポピュラー。ご飯やパンと一緒に。

コォー・サイッ・チュルーク　Kor Sach Chrouk

ヤシ砂糖、スターアニス、ニンニク、カンポット・ペッパーなどで煮込んだ豚の角煮。ヤシ砂糖の優しい甘さがご飯に合う。日本の角煮に似た味だが隠し味にプラホックを使用している。

モアン・アン　Mouan Ang

地鶏一羽を丸焼きにした豪快な一品は専門店や屋台で売られている。プラホックやライム塩に付けて食べる。専門店には蒸し焼き鶏（モアン・ドッ）もあり、どちらも歯応えがありプリプリ。

魚介料理

国の中央にあるトンレサップ湖は世界で最も淡水魚の種類が多い湖のひとつとしても有名で、その種類は300種類以上といわれる。そんなトンレサップ湖の恵みが詰まったカンボジアの魚料理はバリエーション豊富。

トゥック・クルン　Teuk Kreung

ニンニク、タマネギ、トウガラシなどを炒め、魚のほぐし身と混ぜ合わせ、ライムやトゥック・トレイで味を調えたディップソース。ゆで野菜に付けて食べる。

トゥレイ・ロッ・ボンポォン・トゥック・トレイ・スワァイ　Trei Lok Bompong Tuk Trey Svay

トンレサップ湖で獲れた雷魚をまるごとフライにした贅沢メニュー。青いマンゴーとスパイス入りのトゥック・トレイに付けて食べる。1匹で2〜3人分。

クダァム・チャー・ムレイッ　Kdam Chaa Mrech

香りのよいカンボジア産の黒コショウで炒めたカニ料理。チリペーストやレモングラスペーストも使用し、エキゾチックな味わい。カニの身の甘味とともにコショウの風味も楽しめる。

Column

アンコール遺跡から読み解く カンボジアの食にまつわるストーリー

アンコール遺跡は基本的に神に捧げる寺としての役割が強く、優美なレリーフ（彫刻）は神話や神様にまつわるものが多い。しかしジャヤヴァルマン7世によって12世紀末〜13世紀末に建てられたバイヨン寺院には、庶民の暮らしを写したレリーフが刻まれており、そこから当時の食生活を読み解くことができる。活気あふれる市場での商いの様子や、投げ網を打って魚を取る様子など、現在と変わらない姿が生きいきと描かれている。

市場で魚を売る様子は現在のカンボジアの生活と重なる描写

カンボジアのフードみやげの定番はカンポット・ペッパーやヤシ砂糖。

スナック

カンボジアの路上はB級グルメの宝庫。朝食にスナック、おやつやおつまみまで何でも路上に揃っている。シェムリアップやプノンペンで毎晩開かれるナイトマーケットでは地元のファミリーが食事をしている姿をよく見かける。

ノンパン・パテー
Num Pang Pate

東南アジアでも広く親しまれるバゲットのサンドイッチ。具はハム、豚肉のパテ、青いマンゴーの塩漬け、ピクルス、ネギなど。カンボジアのバゲットはベトナムのものよりしっとりしている。

ロー・チャー
Lort Cha

うどんのような太さの米麺とモヤシやネギなどを炒めたカンボジア風焼きうどん。味付けはオイスターソース、トゥック・トレイ、醤油、砂糖など。目玉焼きをトッピングするのが定番。

ポート・アン
Poat Ang

炭火で香ばしく焼いたトウモロコシはバイクや自転車の屋台で販売している。カンボジアのトウモロコシは日本のものよりモチッとしている。ゆでたトウモロコシもポピュラー。

スイーツ・ドリンク

ココナッツミルクやヤシ砂糖を使った餅菓子やお汁粉系といった素朴なスイーツが中心。甘味屋は少なく、屋台のほか市場などに数軒ある程度。見た目もかわいいカボチャプリンはいち押しスイーツ。

ソンクチャー・ロッパウ
Sankhya Lapov

カボチャプリン。種をくり抜いたカボチャの中にアヒルの卵で作ったココナッツミルク風味のプリンが入ったカンボジアデザートの定番。

ノム・プラエ・アイ
Nom Plae Ai

固形のヤシ砂糖を白玉団子で包んだ素朴なお菓子。軟らかい白玉とヤシ砂糖のジャリッとした食感のコントラストが楽しい。ドライココナッツをかけて食べることも。

クロラーン
Kralan

竹筒にもち米、ヤシ砂糖、ココナッツミルクを入れて炊き上げた甘いおこわ。竹の風味とココナッツミルクの甘味が合わさって美味。東南アジアで広く親しまれているが発祥はカンボジアという説もある。

Recipe 　本場の味を自宅で再現！
◎ ソンクチャー・ロッパウ（カボチャプリン）

カンボジアではアヒルの卵を使う

[材料] 4人分
- カボチャ（小）……………1個
- ココナッツミルク……100ml
- 砂糖…………………………50g
- 塩……………………小さじ2分の1
- 小麦粉…………………大さじ1
- 卵……………………………2個

[作り方]
1. ラップをかけたカボチャをレンジで3分間加熱する。
2. 上部をカットして、種をスプーンでくり抜く。
3. ココナッツミルク、砂糖、塩、小麦粉、卵を混ぜ合わせる。
4. 3を2のカボチャの中に流し込み、下半分をアルミホイルで包む。
5. 150℃のオーブンで1時間湯煎焼きし、粗熱が取れたら冷蔵庫へ。
6. 固まったらカットして完成。

妻が作ったノム・プラエ・アイを食べ過ぎた夫が、餅をのどに詰まらせて亡くなってしまったというエピソードから「夫を殺すデザート」という別名があるそう。

タイ

Kingdom of Thailand

タイ語でおいしいは
อร่อย!
アロイ

あらゆる食材が売買される水上マーケットは、タイの食文化が垣間見られる人気の観光スポットだ

DATA
首都：バンコク Bangkok
言語：タイ語
民族：タイ族約80％、中華系約10％、ほかにモーン系、クメール系、マレー系、ラオス系、インド系、山岳部には少数民族が暮らしている。

主食

日本の米より細長くパラパラしているタイ米が広く食されている。タイ東北部では「カーオ・ニアオ」と呼ばれるもち米もポピュラー。

　トムヤム・クンにガパオライスなど、日本でも専門店があるほどの人気メニューを有するタイ料理は、エスニック料理の代表格。パクチー、レモングラス、ライム、タマリンド、ナンプラー（魚醬）、トウガラシといった多様なスパイスやハーブを使用し、ひとつの料理のなかに「辛い」「酸っぱい」「甘い」「しょっぱい」という四大要素を調和させるのが特徴だ。また、タイ語でイーサーンと呼ばれる東北地方の激辛料理や、北部山岳地方の野趣に富んだ料理、中国料理の影響を受けた料理、イスラムの影響を受けた南部料理など地方料理も魅力的。豊かな食材と、南国ならではのハーブやスパイスが生み出す複雑な味の調和を楽しめば、タイ料理にハマること間違いなし。

南国タイならではの、甘くてみずみずしいフルーツやスイーツも外せない

食の雑学　もっと知りたい！

覚えておきたい タイでの食事マナー
　タイでは食器に口を付けて食べるのはマナー違反。ご飯やスープは必ずスプーンやレンゲですくって口に運ぶようにしたい。また、料理にかぶりつくのもNG。大きな料理はひと口大に切ってから食べよう。

タイ料理の味の決め手はナンプラー
　小魚の塩漬けを熟成させて作るタイの魚醬がナンプラー。ほぼすべてのタイ料理に使用されているといっても過言ではないこの調味料がタイ料理らしさをつくる大事な要素。レストランや食堂の各テーブルにも備え付けられている。

北部、東北部、中部、南部、4つのエリアの郷土色豊かな地方料理
　バンコクを中心とする中部はココナッツミルクやハーブを多用する王道のタイ料理。北部の山岳地方は野草や獣肉を使うものもある。東北部はイーサーン料理（→P.116）を参照。南部は強烈に辛い料理が多いのが特徴。

マッサマンカレーは世界一おいしい料理！？
　ケーン・マッサマン（→P.114）はアメリカのニュースサイトが開催したグルメアンケートで「世界で最もおいしい料理」に選ばれ一躍有名に。16世紀頃アユタヤを訪れたペルシア使者の影響を受けた料理という説がある。

日本のように音を立てて麺をすするのもタイではマナー違反になるので注意が必要。

編集部が選ぶ
必食グルメ

ハーブやスパイスたっぷりで、エキゾチックな味わいのタイ料理。入門編として食べておきたいのはこちら。

TOP 5

東南アジア ◎ タイ

1. トムヤム・クン
Tom Yum Goong

香辛料とハーブを効かせた酸っぱ辛いスープ。酸味の正体はレモングラスやガランガル、コブミカンの葉などの南国のハーブ。ナンプラーやカピ（エビの発酵ペースト）を使うことで魚介のうま味もたっぷり。

2. パッ・ガパオ
Phad Gaprao

ガパオというシソ科のハーブ（ホーリーバジル）と鶏肉や豚肉などを炒めたもの。ナンプラー、オイスターソース、トウガラシでピリ辛に仕上げてご飯にのせ、目玉焼きをトッピングすることが多い。

3. カイ・ヤーン
Kai Yang

ハーブや香辛料、ナンプラーなどで漬け込んだ半身の鶏肉を炭火であぶり焼きにするタイ版焼き鳥。現地ではもち米と一緒に食べられる。タイ東北部のイーサーン地方の伝統料理。

4. プー・パッ・ポン・カリー
Pu Phad Phong Kari

肉厚のマッドクラブを殻ごとカレー粉やチリペースト、ココナッツミルクで炒め、溶き卵でとじた豪快な料理。殻を取って欲しいときは「ヌア・プー・パッ・ポン・カリー」とオーダーすればOK。

5. タイスキ
Thai Suki

タイ風すき焼きのことで、現地では「スキー」と呼ばれる。鶏ガラスープに具材は肉、野菜、魚、すり身団子、豆腐など多種多様。具をひととおり入れたら生卵を落とすのがタイ風。締めは雑炊にするのが定番。

トムヤム・クンには、ココナッツミルクを入れたナム・コン、クリアなすまし汁風のナム・サイがある。

もっと知りたい！タイ料理

前菜

タイの前菜といえばヤムが基本。ヤムはタイ語で「混ぜる、あえる」という意味で、具材をナンプラーやマナーオ（タイのライム）、トウガラシなどであえるサラダという意味でも使われる。スパイシーな料理が多め。

ヤム・ヌア
Yum Nua

薄くスライスしてさっと焼いた牛肉を、タマネギやパクチーと一緒にナンプラーやマナーオ、トウガラシ、ニンニクなどであえた激辛サラダ。イーサーン料理。豚肉を使ったヤム・ムーもある。

ヤム・ウンセン
Yum Woon Sen

ボイルしたウンセン（春雨）、イカやエビ、豚ひき肉、タマネギ、セロリなどの具材をナンプラーやマナーオ、トウガラシ、砂糖などであえたサラダ。辛味と酸味と甘味のバランスがやみつきに。

ヤム・ソムオー
Yum Som O

ほぐしたソムオー（タイのザボン）のほのかな甘味、マナーオの酸味、トウガラシの辛味、ナンプラーの塩味が調和したフレッシュなサラダ。干しエビやピーナッツなどの歯応えも楽しい。

ソム・タム
Som Tum

タイのほかベトナムやカンボジア、ラオスなど東南アジアで広く食される青いパパイヤを使ったスパイシーなサラダ。パパイヤのほかトマトやサヤインゲン、ピーナッツ、乾燥小エビなどを入れる。

ミエン・カム
Miang Kham

タイ北部でおやつのように食べられるスナック。バイチャプルーという葉に、刻んだ干しエビ、ピーナッツ、エシャロット、トウガラシなどをのせ、甘酸っぱいソースをかけて包んで食べる。

カーオ・ヤム
Khao Yum

タイ南部のライスサラダ。千切りにしたレモングラスやインゲン、コブミカンの葉、モヤシ、ザボンなどをご飯と混ぜて食べる。南部の発酵調味料、ナムブードゥーが添えられる。

ラープ・ムー
Laab Mu

豚ひき肉をナンプラーやスパイスで炒め、ハーブなどであえたスパイシーなサラダ。ラオス料理のラープ（→P.99）から影響を受けた、イーサーン地方の料理。

Column

タイ東北部のふるさとの味
イーサーン料理ってどんな料理？

イーサーンとはタイ語で「東北」を表し、一般的にタイ東北部のことを指す。海がないイーサーン地方では、海鮮やココナッツを使ったメニューが少なく、辛味と酸味が強い料理が多いのが特徴。また、ラオスと国境を接しているため、ラープ（→P.99）やカーオ・ニアオ（もち米）といった共通のメニューがある。バンコクなど都市部で働く東北出身者のために料理されてい

バンコクにはイーサーン料理を出すレストランや屋台が無数にある

たソム・タムやカイ・ヤーンなどのイーサーン料理が広く受け入れられ、現在ではタイを代表するメニューになっている。

112　　メニュー名の素材、調理法、味付けなどの並び順が変わっても、料理自体は同じ。

野菜・卵料理

野菜・卵料理は、中国料理の流れをくんだメニューが多く、特に空心菜の炒め物や貝入りオムレツは東南アジアで広く食べられている。ただし中華系といってもタイ料理なのでトウガラシたっぷりで辛味が強い料理が多い。

パックブン・ファイデーン
Pakboon Faideen

直訳すると「赤い炎で炒めた空心菜」。空心菜の炒め物はアジア全般で食べられるが、タイのものはオイスターソースや豆豉（トウチ）のほかナンプラーやたっぷりのトウガラシを入れて辛くするのが特徴。

パッ・パック・ルワムミッ
Phad Pak Ruam Mit

こっくりとしたタイの甘口醤油「シーユーダム」やナンプラーで味付けしたエスニック風五目炒め。中華系のタイ料理店でオーダーすることができる。

ホイ・トート
Hoi Tod

米粉や小麦粉、卵の生地にモヤシや小ぶりのムール貝、またはカキを入れてカリッと焼き上げたタイ風お好み焼き。チリソースに付けて食べる。ほぼ同じ材料で作るオースワン（→P.117）はしっとり食感。

スナック

タイでは外食文化が根付いており、街角のいたるところに屋台が出ている。ちょっとしたおやつにも夕食にもなる屋台は地元の人々の台所的存在。特にバンコクはレベルが高く、ミシュランのビブグルマンに選ばれた路上グルメも。

ポピア・トート
Popia Tod

路上で販売されている揚げ春巻。豚肉やキクラゲなど、中国の揚げ春巻と具材はほぼ同じだが、ハサミでカットしてスイートチリソースをかけて食べるのが地元流。

トート・マン・プラー
Tod Mun Pla

魚のすり身を円盤状に形成して揚げた、タイ風さつま揚げ。ナンプラーやトウガラシ、コブミカンの葉、レモングラスなどのエスニック食材が香るさわやかな味わい。

ムー・ピン
Mu Ping

豚肉の串焼きは屋台の定番。バーベキューのように串刺しにした豚肉を甘いたれに付けて焼き上げるおかず風スナック。もち米カーオ・ニアオと一緒に食べる。

Column
タイ料理のメニュー解読法

タイ料理のメニュー名は素材、調理法、味付けや合わせる食材を並べたもの。よく使われる単語さえわかれば、簡単に解読できる。

調理法 …… パッ（炒める）
＋
味付け …… ペッ（辛い）
＋
食材 … プラードゥック（ナマズ）
＝
パッ・ペッ・プラードゥック
（ナマズのピリ辛炒め）

[食材]
- 鶏肉 …… （カイ／ガイ）
- 豚肉 …… （ムー）
- 牛肉 …… （ヌア）
- 魚 …… （プラー）
- エビ …… （クン）
- カニ …… （プー）
- 米 …… （カーオ）
- 野菜 …… （パック）
- 卵 …… （カイ）

[調理法]
- 炒める …… （パッ）
- 煮る …… （トム）
- 揚げる …… （トート）
- 蒸す …… （ヌン）
- あえる …… （ヤム）
- 焼く …… （パオ）
- 遠火で焼く …… （ヤーン）
- 生で …… （ディップ）
- タイ風スープ …（ケーン／ゲーン）

 バンコクには屋台の集合地が多数あり、そこへ行けば1日中屋台フードが楽しめる。

もっと知りたい！ タイ料理

スープ・カレー

インドと同様、タイには本来「カレー」というメニューはなく、ハーブやココナッツミルク、ナンプラーなどを使って具材を煮込んだ汁物「ケーン（ゲーン）」のなかで、香辛料を効かせたスパイシーなものを「カレー」と呼称している。

パネーン
Phanaeng

アヒルやチキンなどの具材にスパイスやハーブを加えてココナッツミルクで煮詰め、こってり仕上げた料理。トウガラシ、レモングラス、クミン、コリアンダーシード、ヤシ砂糖、ナンプラーなどが入り複雑な味わい。

ケーン・キアオ・ワーン
Kaeng Khiao Wan

「緑の甘いスープ」という名称の、いわゆるグリーンカレー。青トウガラシの辛味、コブミカンの葉、バジルといったハーブのさわやかな香り、ココナッツミルクのまろやかさが楽しめる人気メニュー。

ポテーク
Po Taek

エビ、貝、カニ、魚などのシーフードのスープ。トムヤム・クンと同様のハーブと、さらにバジルの葉などを加えて香り高く仕上げる。ココナッツミルクを使用していないのであっさり。

ケーン・マッサマン
Kaeng Matsaman

カルダモン、シナモン、クローブなどのスパイスに加え、ココナッツミルクやピーナッツも入るエキゾチックな味わい。マッサマンとは「イスラム教徒の」という意味のペルシア語に由来するとされる。

チューチー・クン
Chu Chi Goong

ココナッツミルクに有頭エビ、レッドカレーペースト、ナンプラー、ヤシ砂糖、コブミカンの葉、トウガラシを加えて煮込んだ料理。エビのうま味が詰まったスープでご飯もお酒も進む。

トム・カー・カイ
Tom Kha Kai

ナンプラー、ガランガル、コブミカンの葉、レモングラス、パクチーなど、ハーブをたっぷり効かせたココナッツミルクベースのまろやかな白色のスープ。具材は鶏肉がメイン。

トム・セープ
Tom Saap

イーサーン地方の言葉でトム（煮る）＋セープ（おいしい）という名前のスープ。トウガラシ粉やタマリンドで辛さと酸味を効かせた刺激的な味わい。具材は豚肉の内臓がポピュラー。

Column

アユタヤー王朝時代から受け継がれる伝統の味
華麗なるタイ宮廷料理の世界

タイ宮廷料理とは、アユタヤー王朝（1350〜1767年）発祥、ラーマ5世が在位していた1868〜1910年の間に発展を遂げたとされる、タイの王室で王族に振る舞われていた料理のこと。特に決まったメニューはないものの、高級食材を使用し、細かく定められた調理法で洗練した味わいに仕上げられる。ナイフ1本で野菜や果物にカービングを施す豪華絢爛な盛り付けも特徴のひとつで、その飾り切りの技法は、タイの伝統文化のひとつとなっている。宮廷料理を提供する高級レストランでは、ぜひ料理とともにその伝統の技を楽しんでみたい。

カービングを施したスイカやダイコン、ニンジンは、まるで芸術作品

 日本にあるタイ文化センターなどでもカービング体験ができる。

東南アジア ◎ タイ

ケーン・ソム Kaeng Som

タマリンドの酸味が効いたタイ南部のカレー。ココナッツミルクを使わず、ヤシ砂糖で甘味を加えているのですっきりとした味わい。白身魚やエビなどが具の定番。

ケーン・カリー Kaeng Kari

いわゆるイエローカレー。クミン、ターメリック、コリアンダー、シナモンといったスパイス類とカレーパウダーを使った、なじみやすい味わい。鶏肉やジャガイモが入っている。

ケーン・ペッ Kaeng Phet

ペッというのはタイ語で辛いという意味で、ケーン・ペッはレッドカレーの総称。ココナッツミルクベースにレッドカレーペーストやトウガラシを加えて辛さを出す。生コショウを入れることも。

トム・スーパー・ティンカイ Tom Super Tin Kai

トロトロになるまで煮込んだ鶏の足（もみじ）がそのまま入っておりインパクト大。鶏ガラベースにハーブ、トウガラシ、ナンプラーなどを加えたうま辛い味わいで、おつまみとしても人気。

ケーン・パー Kaeng Pa

「森のカレー」という意味をもつケーン。タイ北部の森林地方の料理で、ココナッツミルクを使用しないのが特徴。丸ナスや生コショウ、コブミカンの葉など森の恵みがたっぷり詰まっている。

ケーン・ノーマイ Kaeng No Mai

ラオスから伝わったとされるタケノコを使ったケーン。キノコやオクラ、カボチャなども入り具だくさん。ヤーナーンという植物の葉をすりつぶした汁を入れるため、クセのある味わい。

ケーン・リアン Kaeng Lieng

カボチャ、トマト、タマネギ、ナス、キノコなどの具材がゴロゴロ入った健康的なケーン。マイルドな見た目だが、コショウを大量に使用するためスパイシー。

ケーン・チュー・サライ Kaeng Chuet Sarai

タイ料理には珍しい、海苔（サライ）がたっぷり入った辛くないケーン。ベースは鶏ガラ、ナンプラー、醤油などで、具材は海苔のほか肉団子や野菜、春雨、豆腐、キクラゲなど。

Recipe

本場の味を自宅で再現！
◎ パ・ガパオ（ガパオライス）

パプリカをピーマンで代用しても◎

[材料] 2人分
- ご飯 ……………………………… 適量
- 鶏ひき肉 ………………………… 150g
- 卵 ………………………………… 2個
- パプリカ ………………………… 2分の1個
- タマネギ
- 砂糖 ……………………………… 小さじ1
- 醤油 ……………………………… 小さじ2分の1
- オイスターソース ……………… 大さじ1
- すりおろしニンニク …………… 小さじ2分の1

[作り方]
1. パプリカとタマネギを角切りにする。
2. 油をひき熱したフライパンで卵を目玉焼きにして、取り出して置いておく。
3. 油をひき熱したフライパンに1を入れ、火が通ったら鶏ひき肉を入れて炒める。
4. 3のフライパンに砂糖、醤油、オイスターソース、すりおろしニンニクを入れて汁気がなくなるまで炒める。
5. ご飯の上に3、2の順に盛り付けたら完成。

タイでは、産前産後にケーン・リアンを食べると母乳の出がよくなるといわれているそうだ。

もっと知りたい！タイ料理

肉料理

鶏肉のイメージが強いタイ料理だが、豚肉や牛肉もよく食べられている。鶏肉＝カイ（ガイ）、豚肉＝ムー、牛肉＝ヌアの3語を覚えておけばメニューの解読が楽に。塩漬けやピーナッツだれなど、辛くない味付けのメニューも多い。

カイ・トート
Kai Tod

ニンニク、コリアンダー、コショウ、ナンプラー、醤油などで下味を付けた鶏のから揚げ。そのままはもちろん、ハーブをのせたりチリソースに付けたりして食べてもおいしい。

ムー・クロープ
Mu Krop

塩ゆでした豚バラブロックを皮がカリカリになるまで素揚げした料理。ご飯にのせて甘辛いたれをかけて食べたり、ビールのおつまみにしたりする。

カイ・ホー・バイトゥーイ
Kai Hoo Bai Toei

調味料やスパイスでマリネした鶏肉を、バイトゥーイの葉（パンダンリーフ）に包んで揚げた料理。甘味のあるバイトゥーイの風味豊かな一品。

ムー・サテ
Mu Satay

東南アジアでポピュラーな串焼きのタイバージョン。屋台でよく見かけるのは豚の串焼きで、濃厚なピーナッツソースをたっぷりかけて食べる。パンで挟んで食べることも。

カイ・オプ・オーン
Kai Ob Ong

オーンは壺の意味で、その名のとおり専用の大きな壺の中に、下味を付け鶏肉をぶら下げて蒸し焼きにしたもの。こんがりジューシーでもち米カーオ・ニアオと相性バッチリ。

スア・ロン・ハイ
Suea Rong Hai

スパイスで味付けされた牛肉のグリルをスライスした、イーサーン地方の名物料理。添えられるたれがトウガラシたっぷりで非常に辛いことから「トラ（スア）が泣くほど辛い」という名前が付いたそうだ。

ムー・パッキン
Mu Phat Khing

パッキンはタイやラオスで食べられている中華料理をルーツとするショウガ炒め。味の決め手は薄切りにされたショウガ。ナンプラーなどでシンプルに味付けされている。

本場の味を日本で体験！

バンコック　コスモ食堂

神保町にあるカジュアルなタイ食堂。タイ王室のポスターが貼られたレトロポップな店内にはタイミュージックが流れ、気分を盛り上げる。カイ・ヤーンやラープなど、シェフの地元であるイーサーン料理をはじめ、タイ料理全般を提供。辛さの調節にも対応してくれる。

🏠 東京都千代田区西神田2-1-13　☎ 03-6261-1977
🚇 地下鉄神保町駅A4出口から徒歩6分
🔗 bkk-cosmo.com

鶏肉とナスのグリーンカレーや青パパイヤのサラダが人気

イーサーン料理の辛味の源は、乾燥トウガラシパウダーやチリパウダー。

海鮮料理

バンコクを中心とするタイ中部や、アンダマン海とタイ湾に挟まれたタイ南部では、新鮮なシーフード料理が手頃な値段で食べられる。スパイスをたっぷり使ったメニューから醤油蒸しまで味付けや調理法のバラエティも豊富。

トート・マン・クン
Tod Mun Goong

エビ、エシャロット、ニンニク、コブミカンの葉などをすりつぶして平らに伸ばし、油で揚げたエビ団子。スイートチリソースを付けて食べる。魚のすり身を使えば日本のさつま揚げ風に。

クン・パオ
Goong Pao

エビの炭火焼きは手づかみで豪快にいただこう。ナンプラーにトウガラシやマナーオ、ニンニクなどを加えた辛い海鮮だれに付けて食べるのが地元流。レストランや屋台で食べられる。

ホーモック・プラー
Hor Mok Pla

魚のすり身をレッドカレーペーストやココナッツミルク、ハーブで味付けし、バナナの葉などで作った容器に入れて蒸し上げた、タイ南部の料理。カンボジアのアモック(→P.105)に似ている。

クン・チェー・ナンプラー
Goong Chae Nam Pla

タイ風エビの刺身。ニガウリや生ニンニクなどの付け合わせが添えられることが多く、カルパッチョやマリネ感覚で食べられる。クン・パオと同様に辛いたれに付けて食べる。

オースワン
Oo Swan

水で溶いたでんぷん粉にカキと卵を混ぜた生地を鉄板に落として焼き上げる、タイ風お好み焼き。モヤシの上にのせて、チリソースを付けて食べる。ホイ・トート(→P.113)よりもしっとり食感。

クン・オプ・ウンセン
Goong Ob Woonsen

緑豆春雨とエビを鍋で蒸した料理。豊かなショウガの風味、オイスターソースや醤油ベースのたれがしみ込んだ春雨はご飯のおともにもなる。エビではなくカニを入れたものもある。

パッ・ペッ・プラードゥック
Phad Phet Pla Duk

プラードゥックとは食用ナマズのことで、タイではよく食されている。トウガラシやバジル、グリーンペッパーなどを使用して炒めた(パッ)辛い(ペッ)料理。

Column サラッと飲めて止まらない！日本で入手できるご当地ビール飲み比べ

タイのビールは南国タイの気候や料理によく合う、サラッとしていて軽いあと味が特徴。日本の夏に味わいたいおすすめビールはこちら。

シンハー SINGHA

1933年に誕生したタイ初のビール。さわやかな飲み口ながらホップの風味が豊か。

チャーン Chang

ゾウのマークが目印のピルスナータイプのビール。すっきり飲みやすいがコクのあるあと味。

レオ LEO

ライトなラガービールでタイの若者に人気。発泡酒なのでライトなのど越し。タイではリーオと呼ばれる。

プーケット PHUKET

ビーチリゾートとして有名なプーケット島のビール。フルーティで飲みやすくビールの苦手な人にもおすすめ。

 日本でも有名なタイのご当地ビールSINGHA。日本ではシンハーと呼ばれるがタイではシン。

もっと知りたい！タイ料理

米料理

炒飯や、鶏のだしで炊いたご飯など、パラパラとしたタイ米の持ち味を上手に生かした米料理はバラエティ豊富で、朝食から夜食まで楽しめる。一般的なレストランよりも、専門の食堂や屋台で食べられることが多い。

カーオ・クルッ・カピ
Khao Khluk Kapi

エビの発酵ペースト、カピで炒めたご飯に、薄焼き卵、エシャロット、トウガラシ、中華ソーセージ、煮豚などの具材を添えた料理。米と具材をよく混ぜて食べる。

カーオ・マン・カイ
Khao Man Kai

中国の海南島から広まったとされ、東南アジアで広く食されているゆで鶏のせご飯「海南鶏飯」のタイバージョン。しっとり滑らかな食感の鶏肉と鶏のだしで炊いたご飯が相性抜群。

カーオ・ムー・デーン
Khao Mu Daeng

スパイスでマリネした豚肩肉（ムー・デーン）のチャーシュウをご飯の上に盛り付け、とろみのあるソースをかけたもの。アヒルのゆで卵が添えられることが多い。漢方のスパイス香る中国系の料理。

カーオ・オプ・サッパロッ
Khao Ob Sapparot

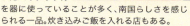

パイナップル（サッパロッ）入りの炒飯。果肉をくり抜いたパイナップルを器に使っていることが多く、南国らしさを感じられる一品。炊き込みご飯を入れる店もある。

カーオ・ナー・ペッ
Khao Na Ped

中国料理ではポピュラーな食材であるアヒルのローストをのせたご飯。カーオ・ムー・デーンよりも甘いたれを付けて食べる。ローストダック（ペッ・ヤーン）の専門店もある。

カーオ・パッ
Khao Phad

米をナンプラー、塩、コショウで炒めたタイ風炒飯。メイン食材のエビや鶏肉、ソーセージなどのほか、卵、ネギ、トウガラシ、ニンニクが入る。お好みでライムを搾りかけて食べる。

カーオ・カー・ムー
Khao Kha Mu

中国料理の風味付けに欠かせない八角などのスパイスで、トロトロになるまで煮込んだ豚肉や豚足をのせたご飯。たれは甘辛。潮州料理の影響を受けている。

Column
麺料理は卓上調味料で自分好みにカスタム

タイの食堂のテーブルには必ず粉末トウガラシ、トウガラシ酢、砂糖、ナンプラーのセットが常備されている。この調味料でタイ料理の4大要素「辛い」「酸っぱい」「甘い」「しょっぱい」を加えて、自分好みの味わいに仕上げるのが醍醐味。そのため麺料理は薄味で提供される。

ナンプラー（しょっぱい）／砂糖（甘い）／トウガラシ酢（酸っぱい）／粉末トウガラシ（辛い）

 鶏のだしで炊いたご飯に揚げ鶏をのせたものはカーオ・マン・カイ・トートという。

麺料理

タイの麺は大きくクイッティアオ（米麺）とバミー（小麦麺）に分けられる。そしてクイッティアオはセンミー（ビーフン）やセンレック（平たい中太麺）、センヤイ（きしめんのような幅広麺）などに分かれていてバリエーションも豊富。

クイッティアオ・ルア
Kuaitiao Ruea

細い米麺に肉団子と豚レバーをのせ、牛や豚の血を混ぜたスープをかけた麺料理。小さな器で提供され、満足するまでおかわりする。ボート・ヌードルとも呼ばれる（→欄外）。

カオ・ソーイ
Khao Soi

ココナッツミルクを加えたスパイシーなカレースープにカリカリに揚げた卵麺を入れ、軟らかく煮込んだ鶏肉、パクチー、タマネギ、トウガラシと干しエビのペーストなどをトッピング。

バミー・ヘーン
Bami Haeng

バミーは小麦でできた黄色い中華麺で、バミー・ヘーンはバミーを使ったあえ麺、バミー・ナームはスープ麺を意味する。麺の上にはチャーシュウや魚団子がのる。

パッ・タイ
Phad Thai

タイの国民食であるパッ・タイは、米麺とモヤシやエビ、鶏肉などを中華鍋で炒め、ナンプラーやヤシ砂糖、タマリンドなどで味付けする。生のモヤシやローストピーナッツが添えられる。

カノムチーン・ナムヤー
Khanom Chin Nam Ya

カノムチーンとは発酵した米で作った細い米麺で、これにフィッシュカレーをかけたものがカノムチーン・ナムヤー。日本のそうめんのような食感で食べやすい。

パッ・タイ・ホー・カイ
Phad Thai Hor Kai

パッ・タイを薄焼き卵で包んだ料理。パッ・タイの酸味と卵のまろやかさが絶妙なハーモニーを生み出し美味。

ゴイ・シー・ミー
Gai See Mee

パリパリに揚げた中華麺に鶏肉や野菜入りのあんをかけた、タイ風あんかけ焼きそば。オイスターソースやタイ醤油ベースのあんが日本人好み。

本場の味を日本で体験！

アカアマコーヒー AKHA AMA COFFEE

タイの北部の少数民族、アカの村で栽培されたオーガニックコーヒーを提供する、チェンマイの人気カフェの日本1号店。本店と同じ豆を同じ方法で焙煎して豆の個性を引き出した、究極のスペシャルティコーヒーが味わえる。キャロットケーキは隠れた人気メニュー。

住 東京都新宿区赤城元町1-25　TEL 03-6280-8755
交 地下鉄神楽坂駅1a出口から徒歩3分
URL akhaama.jp

ドリップバッグやコーヒー豆も販売している

クイッティアオ・ルアは「ボート・ヌードル」の名前で有名。タイの水上マーケットのボートで販売されていたことが名前の由来。

Column
タイの スイーツ&果物リスト

砂糖たっぷりの甘いスイーツとフレッシュな南国フルーツはとっておきのご褒美！ フォトジェニックなレトロかわいいスイーツと、1年中楽しめる多彩な果物をご紹介。

カーオ・ニアオ・マムアン
Khao Neow Ma Muang

甘く炊いたもち米にマンゴーを添え、ココナッツミルクをかけて食べる。

ブア・ローイ
Bua Loy

甘いココナッツミルクにカラフルな米粉のお団子を浮かべたもの。

カオ・トム・マット
Khao Tom Mud

黒豆を加えたもち米をバナナの葉で包み、蒸し上げた風味豊かなお菓子。

カノム・ブアン
Khanom Bueang

米粉や緑豆粉の生地にメレンゲや細切りのココナッツを挟んだタイ風クレープ。

カオ・ラーム
Khao Lam

もち米、アズキ、ココナッツミルク、砂糖を竹筒に入れて炊いたもの。

カノム・サイ・サイ
Khanom Sai Sai

ヤシ砂糖入りのココナッツ餅をバナナの葉で包んで蒸し上げた屋台スイーツ。

アイティーム・ガティ
Itim Kathi

ココナッツミルクのアイスクリーム。コーンやもち米をトッピングすることも。

カノム・ターン
Khanom Tan

バナナの葉の器入りのヤシ砂糖のカステラ。素朴な甘さが地元で人気。

カノム・モーケーン
Khanom Mo Kaeng

タロイモ、ココナッツミルク、卵、ヤシ砂糖などで作るタイ風焼きプリン。

カノム・チャン
Khanom Chan

結婚式などハレの日のお菓子。原料はタピオカ粉、米粉、ココナッツミルクなど。

ロートチョン・ナムカティ
Lot Chong Nam Ka Thi

パンダンリーフで色付けした麺状の米粉ゼリーにココナッツミルクをかけたもの。マレーシアのチェンドル（→P.141）。

ルワムミット
Ruam Mit

タピオカやフルーツにココナッツミルクと氷をかけて食べるひんやりデザート。

クローン・クレーン・ナム・カティ
Klong Klang Nam Ka Thi

米粉とタピオカ粉でできたカラフルなゼリーにココナッツミルクをかけたもの。

タイの伝統菓子はレストランや屋台で食べられる。

夏季(3〜5月頃)においしいフルーツ

トゥリアン
（ドリアン）
「果物の王様」と呼ばれる臭いの強いフルーツ。こってりとした甘さにハマる。

マムアン
（マンゴー）
甘くてみずみずしい南国フルーツの定番。バンコクにはマンゴースイーツ専門店も多数。

マプラーオ
（ココナッツ）
硬い殻の中の果汁を飲んだり、内側の白い果肉を削って食べたりする。

ンゴ（ランブータン）
毛が生えた皮の中にある白くて半透明の実はジューシーで甘い。

マプラーン
ビワによく似た形状で、香りはアンズのよう。ジューシーで酸味がある。

リンチ（ライチ）
タイのライチは日本で見るものより少し大粒。水気が多く甘い。

カヌン
（ジャックフルーツ）
「世界最大の果実」といわれる大きな実の中には、黄色くて甘い果肉が詰まっている。

雨季(6〜10月頃)においしいフルーツ

マンクッ
（マンゴスチン）
「果物の女王」と称される上品な甘味とさわやかな香りが特徴。

ケーオ・マンコーン
（ドラゴンフルーツ）
派手な見た目だが、中身はあっさりしたキウイといった感じで食べやすい。

ノーイナー
（シャカトウ）
釈迦の頭のような姿からシャカトウと呼ばれる。非常に甘く、ねっとりとした食感。

マラコー（パパイヤ）
完熟したものはデザートに、未熟な青いパパイヤはサラダにして食べる。

ラムヤイ（リュウガン）
ひと周り小さいライチのような果物。中国では薬膳料理にも使用される。

ソムオー（ザボン）
皮が分厚くかなり大きな柑橘類。果肉はサラダにしてもおいしい。

サラ（サラカヤシ）
ヘビの皮に例えられる皮をむくと、白くて酸味のある果肉が。

サワロット
（パッションフルーツ）
果実の中に入っている果肉と種をスプーンですくって食べる。

乾季(11〜3月頃)においしいフルーツ

ファラン（グァバ）
栄養価が高いグァバはジュースにするのが人気。さっぱりしている。

チョムプー（ジャワフトモモ）
みずみずしいリンゴのような味わい。シャキッとした歯応えが楽しい。冷やして食べると美味。

テンモー（スイカ）
日本のスイカより小ぶり。そのまま食べたりジュースにしたり。

フルーツはスーパーマーケットで購入可。その場でカットしてくれるフルーツ屋台もある。

ミャンマー

Republic of the Union of Myanmar

ミャンマー語でおいしいは
サーロカウンデー！

総菜がズラリと並ぶランチタイムの路上屋台。野菜のおかずなら1人前約100円〜、肉類は約300円〜。最も高いエビの煮込みで800円ほど

DATA
首都：ネーピードー Nay Pyi Taw
言語：ミャンマー語、少数民族言語
民族：ビルマ族約70%、シャン族9%など135民族

主食
ミャンマーは、かつて米の一大輸出国だったほどの米大国。陸稲がメインだが、一部地域ではうるち米やもち米も食べる。

　ミャンマー料理の魅力をひとことで言うと「るつぼ」だ。中国とインドというまったく異なる食文化をもつ大国ふたつに挟まれ、そこに旧宗主国イギリスの影も垣間見える。そして、ミャンマーは135もの民族が住む多民族国家であるだけでなく、源流が異なる6つの民族系統が揃っており、民族間文化の振り幅が大きい。しかも主流であるビルマ族が人口に占める割合は約70%と絶対的多数とはいえず、少数派のシャン族やモン族が覇権をふるった時代もあって、少数民族文化の影響も色濃く残る。ミャンマー料理では、この大国と少数民族の食文化が入り混じる絢爛豪華なカオスぶりを味わってほしい。現地に行ける方は、少数民族料理店にも足を運んでみよう。

レストランではヒン(煮込み料理)を注文すると、スープやふりかけ、ゆで野菜が無料で付く

もっと知りたい！ 食の雑学

食事の基本は ご飯＋おかず
　おかずには煮込み料理「ヒン」と火を通さないあえ物料理「アトゥッ」がある。英語メニューではCurryとSaladと書くが、イギリスが先に植民地化したインドでの分類を転用したためで、日本人のイメージとは異なる。

ヒンの調理法は 油含め煮
　大量の油にスパイスと具材を入れ、水分がなくなるまで煮込むのが油含め煮だ。熱帯で料理を腐らせない工夫だが、油の海に具材が浮かぶ仕上がりとなる。食用油は、田舎だと教師の給料の一部にするほどの必需品だ。

肉を食べない人も 一定数いる
　「人間のために農耕などで働いてくれているのに食べてはかわいそう」と、牛肉を食べない人が多い。殺生をいとって動物全般を食べない人や、仏教的に重要とされる期間は肉絶ちのほか、夕食を抜く人も少なくない。

外食文化が 盛んでない理由
　アジアのなかでは、外食産業の規模が極端に小さいミャンマー。殺生を避け欲望を捨てることを是とする上座部仏教の浸透で、命をいただく食において味わい見た目を追及するのをよしとしない思想が根底にあるとの説がある。

かしこまった場でも、スープは各テーブルに1椀ずつで、全員が同じスプーンを使って回し飲むことが多い。

編集部が選ぶ 必食グルメ TOP5

煮込み料理がメインのミャンマー料理だが、あえ物や麺にも日本人好みの味がたくさんあるのでいろいろ試してみて。

1 パズンヒン
Pazun Hin

数あるヒンのなかでもいち押しは、汽水にすむ巨大なオニテナガエビのヒン。エビ特有の甘味と濃厚なエビの香りが特徴で、ソースを最後の一滴まで味わいたくなる逸品だ。

2 モヒンガー
Mote Hin Gar

ヤンゴンを中心とするミャンマー南部のソウルフード。川魚やバナナの茎などを煮込んだスープを米麺にかけて食べる。地方や家庭により味に幅があるので、いろいろ食べ比べよう。

3 アメータヤッティナッヒン
Ame Thayet Thee Hnat Hin

マンゴーチャツネを使った牛肉のヒン。レアメニューだが外国人人気が高いため、観光客向けの店にはよくある。フルーティでトロッとした食感が絶品。豚肉バージョンもある。

4 カヤンチンティトウッ
Khayan Chin Thee Thoke

最も一般的なアトウッで、日本人好みの味。薄く切ったトマトとタマネギを、豆粉やトウガラシ、ピーナッツ油などであえる。緑のトマトを使ったものは「ヒスイのアトウッ」と呼ぶ。

5 トーフヌエ
Tofu Nway

見た目も味もとてもユニークな、シャン州発祥の麺料理。トーフ（→P.124）に固まる前の豆のペーストを米麺にかけて食べる。早朝のみしか販売していない店が多い。

ミャンマーではふりかけ文化も発展。多種多様なふりかけがズラリと並ぶスーパーの総菜売り場は圧巻だ。

もっと知りたい！ミャンマー料理

ヒン（カレー）

どんな具材も煮込めばヒンだ。料理名は「具材名＋ヒン」。使用スパイスはチリ、パプリカ、マサラ、ターメリック、魚醬など。肉を食べない人やベジタリアンも一定数いるため、野菜、豆のカレーも種類が多い。

チェッターヒン / Kyat Thar Hin

家庭で最も食べるヒン。清貧をモットーとするアウンサンスーチー氏が国賓に振る舞い、「さすがに行き過ぎ」と彼女を敬愛する国民を困惑させたことが。

ワッターヒン / What Thar Hin

チェッターヒンよりも少し高級イメージがあり、結婚式で出ることも。組み合わせる食材や調味料でバリエーションも多い。写真は黒豆ペーストで味付け。

カラーヒン / Kalar Hin

さまざまな種類の豆が入っており、味や香り、食感が日本人のイメージするスープカレーに近い。インド発祥らしく、インド系住民が売っていることが多い。

アトウッ（サラダ）

さまざまな食材を細かく刻んで混ぜた、あえ料理全般を指す。英語だとSaladだが、野菜以外でもあえればアトウッになる。多様なスパイスのほか、豆粉や魚醬なども使い、仕上げにゴマや砕いたピーナッツを振りかける。

パズンチントウッ / Pa Zun Chin Thoke

製法が日本のなれずしそっくりなエビの発酵食品パズンチンをサイコロ状に刻み、タマネギや油などとあえたアトウッ。魚の発酵食品を使うアトウッもある。

ミィンクワジェットウッ / Myin Kwa Ywet Thoke

トマトサラダに次いでよく食べるサラダ。日本では青汁の原料となるツボクサを生のまま使う。苦味が強いが、ビタミンが取れそうなさわやかな味わいだ。

トーフトウッ / Tofu Thoke

短冊状に切ったトーフ（→下記）を調味料とあえ、砕きピーナッツとパクチーをのせたアトウッ。シャン州のアトウッだが、屋台フードとしても全土に普及している。

---

mini Column
ミャンマーにも豆腐はある でもトーフは豆腐にあらず

豆腐はアジア各国にあり、名前もよく似ている。しかしミャンマーでは「ペービャー」と呼ばれ、「トーフ」といえば、ヒヨコ豆の粉をペースト状に練って固めた別の食材を指す。おそらくヒヨコ豆アレンジの豆腐が先に伝わり、遅れて来た大豆製には別名を付けざるをえなかったのだろう。

市場で切り売りされるトーフ

mini Column
お茶は食べ物!? 茶葉の漬物・ラペッソー

ミャンマーは茶葉を漬物にして油であえ、揚げ豆や干しエビなどと混ぜて「ラペットウッ（ラペッソーのアトウッ）」として食べる。どこの家庭でも常備しているお茶請けで、来客に振る舞うほか、おかず代わりにご飯にかけて食べることも。歴史は古く、中世のバガン王宮で食べられていた記録がある。

ラペットウッ専用の漆器もある

ミャンマー人は鍋が好きで鍋料理店も多いが、ほんの十数年前までは、鍋料理をほとんど食べていなかった。

麺料理

もともと種類は少なかったが、近年になってさまざまな麺料理が中国から伝わり増えた。基本的にスプーンで食べるため短く切った麺を使うが、中国由来の麺は長いままで箸で食べる。暑い気候ゆえか、汁なし麺が多い。

オンノカオスエ
Ohn No Khauk Swe

ココナッツミルクに豆粉でとろみを付けたスープを小麦麺にかけ、スライスタマネギや豆粉のせんべいなどをのせる。足が速く、早朝にしか扱わない店が多い。

シャンカオスエ
Shan Khauk Swe

鶏ガラスープの米麺で、中国・雲南地方の米線が起源。注文の際はトッピングが鶏肉か豚肉か、汁の有無を選ぶ。本場シャン州ではもち米を使う麺も多い。

ナンジートウッ
Nan Gyi Thouke

シャンカオスエ（→上記）と同起源の米麺。中部のマンダレーで汁なしの太麺に変化し、ヤンゴンに伝わる頃にはたっぷりの豆粉であえる今の形になった。

 ## 米料理

ミャンマー人はとにかく米をよく食べる。麺料理にご飯を入れ、ボリュームアップして食べる労働者もよく見かける。おこわもスナック感覚でよく食べられており、北部には日本のなれずしに似た発酵食品もある。

チェッシータミン
Kyat See Hta Min

ミャンマー版海南鶏飯（→P.143）。チキンスープで炊き上げたご飯にローストチキンがのる。法事や葬式、祝いごとでの振る舞い飯としてよく利用される。

ダンバウ
Dan Pauk

インドのビリヤーニー（→P.165）が起源。植民地時代に伝わり、今ではハレの日の定番料理となっている。専門店のほとんどがインド系住民の経営だ。

ペータミンジョー
Pae Hta Min Kyaw

ひと晩水に浸けて発芽したエンドウ豆を入れた焼き飯。モヒンガー（→P.123）と並ぶ朝食の定番。目玉焼きをのせたり、"追いエンドウ豆"で食べる人も。

 Column

男性が主役の料理の祭典
もち米料理、タマネー祭り

　タマネーはピーナッツやココナッツなどが入った祭事料理で、祭りには必ず屋台が並び、祝事の振る舞い飯やお供えにする。大鍋に素材を入れ、長いヘラでひたすら練り上げる力技の調理法をとり、たいていは男性が調理を担う。
　ミャンマーでは2月の満月の朝、収穫を祝い仏前にタマネーを供える習慣があり、前日にはタマネー作りを競う祭りが各地で開催される。5人ひと組の男性チームが多数

タマネー作りは日本の餅つきに似ている

集い、タマネー作りの速さと味を競う。調理のかたわらでは仲間たちが音楽と踊りではやしたて、会場は興奮のるつぼと化す。全員の息の合ったリズムが必須で、仲間の和を最も重視するミャンマーのお国柄が出ている祭りだ。

 一般的なミャンマー料理店では食後に、直径2cmほどのヤシ砂糖の塊が出る。消化を助ける働きがあるという。

もっと知りたい！ミャンマー料理

スナック

昔ミャンマーでは1日2食が一般的だったため、食間に食べるスナックのバリエーションが発達した。灼熱の国のストリートフードのため、腐りにくい揚げ物が多い。スナック類を食事代わりにする人は今も多い。

ペーピャーアサートウッ
Pe Pyar A Sar Thoke

三角の薄めの厚揚げに切り目を入れ、キャベツや青パパイヤなどの千切りを詰める。トウガラシも入るのでけっこう辛い。

モッリンマヤー
Mont Lin Ma Yar

米粉の生地にウズラの卵やトマトが入っている。タコ焼き器に似た鉄板で作るがひっくり返さないので、仕上がりは半球状になる。

ワッタードゥトゥー
Wet Thar Dote Htoe

豚モツを刺した竹串を醤油ベースのスープ鍋の周りに並べ、客は各自で鍋に浸しながら食べる。ヤンゴンの中華街が発祥とされる。

スイーツ

伝統菓子の専門店はあまりなく、もっぱら担ぎ売りや、市場や路上の屋台から切り売りで買う。衛生状態が気になる人はスーパーマーケットで買おう。間食としてだけでなく、朝食や昼食代わりに食べる人もいる。

シュエインエー
Shwe Yin Aye

もち米やタピオカ、ゼリーなどに冷たいココナッツミルクをかけて食べる。トッピングに食パンが付くのはイギリスの影響だろう。

サヌウィンマキン
Sanwin Makin

セモリナ粉にバターやココナッツミルク、ケシの実などを入れた、インド起源の焼き菓子。バナナやタロイモを使うバージョンもある。

オンノオターグー
Ohn No Thagu

タピオカを固めた土台に、ココナッツクリームがのっている。近年、洋菓子風にアレンジされたタイプのものが人気を博している。

ドリンク

家庭で最も飲むのは緑茶。大衆的な喫茶店では、1品でも頼むと緑茶は飲み放題で付く。酒については、敬虔な仏教徒が多く昔は飲まない人がほとんどだったが、近年ビールを飲む人が増えた。地方ではヤシ酒が一般的。

イェーヌェージャン
Ye Nwe Gyang

いちばんよく飲むのは緑茶。大衆食堂でも無料で提供される。製法の差から日本の緑茶と香りが異なり、麦茶のような風味が少しある。

ラペイエ
Laphet Ye

インドと併合された植民地時代に入ってきたチャイが今も喫茶店の主流。注文時に甘さの程度を細かく指定できる。

タンイエ（ヤシ酒）
Htan Ye

ヤシ科の植物シュロの一種から作るので、正確にはシュロ酒。夕方、幹に付けた傷から樹液がしたたり、朝には自然発酵する。

6〜8月にかけてはマンゴーの旬。「セインタロン」という種類は甘さが絶品。この時期に来られたらぜひ食べてみて。

Column

個性あふれる食文化がてんこ盛り
ミャンマー少数民族料理図鑑

ミャンマーの少数民族は、ルーツも居住環境もバラエティに富む。だから料理もみんな特徴的。各民族の料理専門店は最大都市ヤンゴンでもひととおり揃うので、先に"舌に合う民族"を見つけてから、その民族が住むエリアを旅行するなんていうのも楽しいかも。

カチン族名物「ザルご飯」。大きなザルにご飯とおかずを盛り付け大人数で食べる

ハーブ使いが絶妙
カチン料理

バジルに似た香りのハーブが特徴的。ビルマ料理に比べトウガラシは多用気味だが、塩分や脂分は少なめで野菜料理が多いので、ヘルシー志向が高まるヤンゴンでは人気上昇中だ。

葉や竹を使って蒸し焼きにする料理も多い

代表料理はお粥
チン料理

山深い地方のため、野趣あふれる素朴な料理が多い。特に有名なのが、ニンニクやショウガ、パクチーなどを刻んだ薬味を入れて食べるトウモロコシ入りのお粥、サブチー。

サブチーはシンプルな料理だが、ヤンゴンでは肉などの豪華トッピングを添える店もある

中華料理に近いぶん、日本人には食べやすい

日本人になじむ味
シャン料理

中国の雲南料理の影響が強い。逆に、ミャンマーで食べる中華料理は、外国人にはシャン料理と区別がつきにくい。シャン料理店はヤンゴンにはとても多く、探すのに困らない。

乾燥トーフ（→P.124）の生産風景。シャン州にて。せんべい状に揚げて前菜として出す

海岸線が長く、ヒンもアトウッもシーフードを多用する。ミャンマーの民族で最も辛い料理を食べるため、ヤカイン州外にある店では辛さの調節をお願いできることがほとんどだ。

激辛シーフード
ヤカイン料理

ヤカインの麺料理は魚だし。写真はハモ入り

絶品エビのアトウッ。これだけはヤカイン州で食べたほうが新鮮でおいしい

酸味でさっぱり
モン料理

パッと見はビルマ料理に似ているが、カリンの実やスターフルーツの酸味でさわやかに仕上げる。ご飯に水をかけ、お茶漬けのようにして食べる料理も有名。

在留邦人に好評なイカのご飯詰めは、まさに「ミニいかめし」

まだまだある民族料理
食の楽しみは尽きない

ほかにもスパイシーなソーセージが名物のカヤー料理、乾燥トウガラシを多用するカレン料理、ほとんど雲南料理といって差し支えないコーカン料理、湖の魚と水耕栽培したトマトを使うインダー料理なども楽しめる。

魚とトマトが名産のインダーの代表料理、揚げ魚のトマトソース添え（写真中央）

現在、ミャンマーの若者は食事時にスプーンとフォークを使うが、彼らの祖父母の世代では手で食べる人が多い。

Column

食文化のダイナミズムを楽しむ各国食べ比べ

オンノオカオスエはどこから来たのか

加工乳(牛乳)を使ったオンノオカオスエ。近年、健康志向が高まるヤンゴンでは、低脂肪の食品が好まれる

トッピングが豚肉か鶏肉かを選べる麺が多いミャンマーにあって、オンノオカオスエは鶏肉一択。イスラム教徒発祥と考えれば納得できる

　ご当地料理の食べ歩きは、海外旅行最大の楽しみだ。時には思わぬ発見もある。私にとってオンノオカオスエ（→P.125）は、まさにそんな喜びを与えてくれた料理だ。

　ミャンマーのオンノオカオスエに似た麺料理には、タイやラオスのカオ・ソーイ（→P.102、P.119）、パキスタンのカウサ、インドのカウスイなどがある。カウサやカウスイは、普及しだした1960年代にビルマ系インド人が大量にインド東部に流入したことからみて、彼らがミャンマーから持ち込んだと推測できる。料理名もビルマ語の「麺／カオスエ」に似ている。

　カオ・ソーイについては、ミャンマー東部のシャン州で生まれラオス北部へ持ち込まれ、そこからタイ北

ヤンゴンには寿司屋台が多い。しかし冷蔵設備はなく、ネタの主流はツナフレークやコーン、カニカマなどだ。

部に伝わったというのが定説だ。ただ、ミャンマーをよく知る身としては、ミャンマー起源説に疑問があった。というのも、オンノオカオスエは祝事などで振る舞うハレの料理のひとつで、そうした場ではダンバウ（→P.125）やチェッシータミン（→P.125）のような異国由来の料理が定番だからだ。しかも、ミャンマーでココナッツミルクを料理に使うことはあまりない。

しかし、1950年代のシャン州を知る人の話を聞いたとき、ひとつの答えに行き当たった。当時、シャン州でもまだ珍しかったオンノオカオスエの店ではヤギの乳を使い、売っていたのは「パンデー」だったのだという。パンデーは19世紀に清朝の弾圧からミャンマーへ逃れてきた中国系イスラム教徒で、中国雲南省からミャンマー、タイ、ラオス3ヵ国の国境エリアにかけてのラバ交易で名をはせていた。彼らの活躍時期と交易エリアは、オンノオカオスエが普及した時期とエリアにぴったり重なる。しかもヤギの乳は、イスラム教徒がよく使う食材なのだ。ここからは想像でしかないが、当初パンデーたちがヤギの乳で作っていたシャン州のオンノオカオスエが彼らの手によってラオスやタイに伝わるなかで、タイ料理で一般的なココナッツミルクを使うようになり、その後ミャンマーに逆輸入されたのではないか。それなら、ミャンマーでの扱いが「外国料理」なのもうなずける。

旅先で出会った料理が他国の料理と似ているとき、背景を調べてみると思わぬ発見をすることがある。点と点が線につながる瞬間だ。線はやがて面になり、さらに時間が積み重なると、目の前の食文化が立体となって立ち現れてくる。数年かけてのんびり楽しむ各国食べ歩きは、まさにこの3次元の旅なのだ。(板坂真季)

タイ北部・チェンマイにあるイスラムの店のカオ・ソーイ。手前は鶏肉入りで、奥は魚のつみれ入り

タイのカオ・ソーイ。ミャンマーのオンノオカオスエにそっくりだが、ターメリックなどのスパイスは多め

インドネシア
Republic of Indonesia

インドネシア語でおいしいは
Enak!
エナッ

DATA
首都：ジャカルタ Jakarta
言語：インドネシア語
民族：おもにマレー系（ジャワ、スンダ人、バタック人など）、中国系、アラブ系、インド系ほか

主食
米。細長いインディカ米のほか、ジャポニカ米とインディカ米の中間のようなジャパニカ米が食されている。

さまざまなスパイスを用い、辛いだけでなく甘味もコクもある複雑な味わいを醸し出すインドネシア料理

　1万7000を超える島々に約300の民族が暮らすインドネシアでは、島や民族ごとに異なる多様な食文化が存在する。そんななかでも、国の代表的料理として知られているのがナシ・ゴレン（焼き飯）やミー・ゴレン（焼きそば）。香辛料を使った料理が多く、味の決め手となるのが辛味調味料のサンバルだ。甘い醤油のケチャップマニスとともに、飲食店のテーブルに常備されている。ピーナッツソースやココナッツミルクも調味の定番。料理は揚げ物の種類が多いことも特徴。ローカル向けの大衆食堂は「ワルン」、移動式屋台は「カキリマ」と呼ばれ、ご飯物や麺類、串焼きのサテやバッソ（肉団子のスープや麺）、揚げ物などがリーズナブルな値段で食べられる。

店頭に料理がズラリと並ぶパダン料理は、インドネシアの伝統スタイル

もっと知りたい！ 食の雑学

有名な郷土料理の数々
　スマトラ島のパダン料理は辛い味付けが特徴で、香辛料で煮込んだ料理が多い。ジャワ島には甘めの味付けのジャワ料理とあっさりとした味付けのスンダ料理がある。バリ島の料理は塩とトウガラシの味が強く、魚や豚肉をよく使う。

インドネシア発祥の発酵食品「テンペ」
　現地に昔からあるゆでた大豆をテンペ菌で発酵させた食品。納豆のような臭気やクセはなく食べやすい。油で揚げたり、炒めたり、煮込み料理にしたりする。欧米ではベジタリアンのための肉の代用品としても用いられている。

mini Column

ビュッフェのように料理が並ぶ「パダン料理」

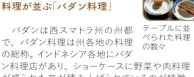

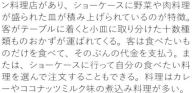

テーブルに並べられた料理の数々

　パダンは西スマトラ州の州都で、パダン料理は州各地の料理の総称。インドネシア各地にパダン料理店があり、ショーケースに野菜や肉料理が盛られた皿が積み上げられているのが特徴。客がテーブルに着くと小皿に取り分けた十数種類ものおかずが運ばれてくる。客は食べたいものだけを食べて、そのぶんの代金を支払う。または、ショーケースに行って自分の食べたい料理を選んで注文することもできる。料理はカレーやココナッツミルク味の煮込み料理が多い。

レストランでは数十種類の料理を皿に盛ってテーブルに並べた「ライスターフェル」というオランダ式ビュッフェもある。

編集部が選ぶ 必食グルメ TOP 5

豊富な香辛料を巧みに用いるインドネシア料理。多民族ゆえ地域ごとに異なる伝統料理の味巡りが楽しい。

東南アジア ◎ インドネシア

1 ナシ・チャンプル
Nasi Campur

ご飯に数種類のおかずを添えたワンプレートご飯。おかずは野菜、肉、魚とさまざまで、あらかじめ決まったセットタイプと、ズラリと並ぶ料理から好きなものを選ぶタイプがある。

2 ルンダン・サピ
Rendang Sapi

牛肉の塊肉をココナッツミルクと、トウガラシやガランガル、レモングラス、ターメリック、ショウガなど多数の香辛料とともに、じっくり長時間煮込んだもの。パダン料理を代表するメニュー。

3 サテ・アヤム
Sate Ayam

鶏肉の串焼き。ケチャップマニスと香辛料で作ったたれに漬け込んだ鶏肉を炭火で焼いたもの。甘いピーナッツソースや辛いサンバルを好みで付けて食べる。サテはヤギや牛の肉も用いる。

4 ガドガド
Gado-Gado

インゲンやキャベツ、ニンジン、ジャガイモなどの温野菜に、ピーナッツソースをかけたサラダ。厚揚げやテンペ、ゆで卵も入っていて具だくさん。エビせんべいのクルプックが添えられる。

5 ソト・アヤム
Soto Ayam

スープ料理の代表、鶏肉のスープ。レモングラスやコブミカンの葉、ターメリック、ニンニクなど多種類の香辛料とハーブを用い、具はキャベツや春雨、セロリ、ジャガイモ、エシャロットなど。

よく使われる香辛料のひとつ、ガランガルはショウガ科の植物の地下茎で、爽快な香りとピリッとした刺激のある味をもつ。

もっと知りたい！インドネシア料理

肉・魚・野菜・豆腐料理

人口の約87％を占めるイスラム教徒は、豚肉は一切NG。ヒンドゥー教徒の多いバリ島や都市部の中国料理店などは豚肉料理もある。肉や魚介、野菜、干物、豆腐を用いた煮込みや揚げ物が多く、ご飯との相性が抜群。

アヤム・ゴレン
Ayam Goreng

鶏のから揚げ。ターメリック、エシャロット、ニンニク、レモングラスなどの香辛料やハーブで漬け込んだ鶏肉を油でパリッと揚げるのが一般的。香辛料や揚げ方は地方によって異なる。

カリ・アヤム
Kari Ayam

香辛料の深い味わいとココナッツミルクの甘味が調和した比較的マイルドなカレー。香辛料はターメリック、エシャロット、コブミカンの葉、レモングラス、トウガラシ、ガランガルなどを使用。

トンセン
Tongseng

肉をカレースープで煮込んだジャワ島由来の料理。ココナッツミルクのクリーミーな甘さにピリッと辛味が合わさる。カンビン（ヤギ肉）を使ったものがポピュラーで、ラムや牛肉も使用。

ソプ・ブントゥッ
Sop Buntu

オックステール（牛の尻尾）を用いたスープ。オックステールはコラーゲンたっぷりで滋養強壮効果のある食材。香辛料や香味野菜のうま味を加え、こってり濃厚な味わいのスープに仕上げる。

グドゥッ
Gudeg

ジョグジャカルタと中部ジャワ州の伝統料理。若いジャックフルーツをココナッツミルクとヤシ砂糖、香辛料で煮込んだもので、鶏肉、ゆで卵、牛皮の煮込みなどと一緒にご飯に添えて食べる。

バビ・グリン
Babi Guling

バリ島を代表する伝統料理、子豚の丸焼き。ヒンドゥー教の神様へのお供え物であり、祭事や結婚式のごちそう。皮はパリッと、肉はジューシー。ワルン（食堂）ではご飯にのせて出される。

ラワール・サユール
Lawar Sayur
バリ島の伝統料理のひとつ。カチャンパンジャン（十六ささげ）やモヤシなどの野菜を細かく刻み、香辛料やココナッツフレークとあえたもの。細かく刻んだ豚や鶏肉を用いたものもある。

Column

インドネシア料理、マレー料理に必須 味の決め手となる「サンバルSumbal」

サンバルは手作りされることが多い

サンバルはインドネシアやマレーシア、シンガポールで使われる辛味調味料。トウガラシ、ニンニク、エシャロットに、塩、コショウ、エビ味噌、トマトなどを加えて石臼ですりつぶしペースト状にして油で炒めたもの。加熱しない生のタイプもある。甘めのものから激辛まで味はさまざま、地域や家庭によって材料や作り方も異なる。調理に使われるほか、そのままご飯やおかずの付け合わせとしても食される。

地域によって定義に若干の違いがあり、インドネシアではトウガラシが入っていればすべてサンバルと呼ばれ、バリエーション豊富。マレーシアではマレー系の料理に使われているものに限定。シンガポールはマレーシアと同様だが、種類が少ない。

ご飯料理やスープなどにはバワン・ゴレン（エシャロットを揚げたもの）がトッピングされていることが多い。香ばしい風味が食欲をそそる。

イカン・バカール
Ikan Bakar

魚の炭火焼き。魚に香辛料やケチャップマニスのたれなどをすり込んでから焼き、サンバル（辛味調味料）を付けて食べるのが一般的。甘酢や醤油ベースの辛味ソースを付ける地域もある。

ペペス・イカン
Pepes Ikan

魚をサンバルやハーブとともにバナナの葉で包んで焼いたり、蒸したりした料理。バナナの葉の香りがアクセント。ジャワ島の西部（スンダ地方）の郷土料理だが、バリ島でも食べられる。

チャー・カンクン
Cah Kangkung

空心菜炒め。チャー（またはチャCa）は中国語の「炒」が由来とされる、中国風の炒め物。トウガラシとニンニクと一緒に炒めるのが基本。空心菜は歯応えがよく味もしみ込みやすい。

チャプチャイ
Cap Cai

中国風の野菜炒め、または野菜のスープ煮込み。よく使われる具材は、キャベツ、ハクサイ、チンゲン菜、ニンジン、キクラゲ、鶏肉、エビなど。中国の福建料理が由来の料理。

フーユンハイ
Fu Yun Hai

中国料理の芙蓉蟹（フーヨーハイ、かに玉）のインドネシア版。卵にニンジンやネギ、エビまたは鶏ひき肉を加え、油で揚げ焼きに。甘辛く調整したサンバルをかけて食べる。

ルンピア
Lumpia

タケノコやニンジンなどの野菜に肉類、ハーブなどを合わせたインドネシア版春巻。サンバル、ケチャップマニス配合のピーナッツソース（サンバルカチャン）を付けて食べる。

タフ・ゴレン
Tahu Goreng

素揚げや衣を付けて揚げた豆腐を、ケチャップマニスをベースにエシャロットとトウガラシをブレンドしたサンバルソースやピーナッツソースで味わう。豆腐にモヤシやニンジンを詰めたものもある。

ペンペッ（ンペンペ）
Pempek（Mpek-Mpek）

南スマトラ州のパレンバンの名物。魚のすり身とタピオカ粉で作るもっちりとした練り物。蒸すかゆでるかした後、食べる直前に揚げて甘酸っぱくて辛いソースに付けて食べる。

Column

人気のストリートフード シオマイ＆バタゴール

屋台で販売されているおやつ感覚の軽食をご紹介。まず、魚のすり身団子の蒸し物「シオマイSiomay」。中国のシュウマイに由来するといわれるもので、ひと口サイズのゆでたキャベツやジャガイモ、厚揚げなどと一緒に販売され、甘口醤油やサンバル、ピーナッツソースをかけて食べる。各地にあるが、西ジャワ州のバンドンの名物。もう1品、バンドン発祥といわれる

シオマイ（左）とバタゴール（右）

人気フードが「バタゴールBatagor」。「バッソ・タフ・ゴレン（魚のすり身団子と豆腐の揚げ物）」を略したもので、こちらも甘辛いピーナッツソースにライムを搾ってパクリ。

スンダ人が多く住むジャワ島西部の料理はスンダ料理と呼ばれ、比較的さっぱりとした味付け。野菜を使った料理が多くヘルシー。

もっと知りたい！インドネシア料理

米・麺料理

ナシ・プティ（白いご飯）か、ターメリックとココナッツミルクで炊いたナシ・クニンがご飯の基本形。麺料理は中国の影響が見て取れ、卵を練り込んだ小麦粉麺のミーや米粉製のクエティアウ、ビーフンなどを使用。

ナシ・アヤム
Nasi Ayam

鶏肉のせご飯。揚げた鶏肉とご飯のセットが一般的だが、鶏肉はサンバルやココナッツソースで味付けしたものなど、さまざまなタイプがある。ゆで卵や野菜も一緒に。

ナシ・トゥンペン
Nasi Tumpeng

祭事や祝い事の料理。ターメリックとココナッツミルクで炊いたご飯（ナシ・クニン）を神聖な山に見立て円錐形に盛り付け、蒸し野菜にココナッツと香辛料をあえたウラップなど複数の料理を添える。

ブブール・アヤム
Bubur Ayam

ブブールはお粥のことで、種類はさまざまあるが、最もポピュラーなのが鶏肉のお粥。鶏のスープで軟らかく炊いたご飯に、鶏肉やピーナッツなどをのせたもの。朝食の定番。

ミー・ゴレン
Mie Goreng

インドネシア風の焼きそば。小麦粉で作った麺の「ミー」を野菜や肉と炒め、ケチャップマニスやサンバルで調味し、甘味がありながらスパイシーな味に。中国系やインド系などで味は異なる。

ミー・アヤム
Mie Ayam

インドネシアの定番麺料理。小麦の麺に甘辛く煮た鶏肉と青菜の具、調理油や醤油、ニンニクなどのたれをのせたあえ麺（スープは別添え）。鶏だしのスープ麺タイプもある。

ミー・バッソ
Mie Bakso

バッソは肉団子のことで、ミー・バッソは肉団子入りスープ麺。麺は小麦粉の麺、米麺やビーフンなどから選べる。肉団子のほかに豆腐や揚げワンタン、青菜をのせたものも。

イーフーミー
I Fu Mie

カリカリに揚げた卵麺に、とろみをつけた肉や野菜などの具材をのせた麺料理。中国の華南地方からの移民が伝えた料理といわれ、伊府麺（または伊麺）が変化したもの。

Recipe
本場の味を自宅で再現！

◎ **ナシ・ゴレン（インドネシア風炒飯）**

エビの発酵ペーストを加えると現地風に

[材料] 2～3人分
- ご飯 ……………… 茶碗2杯分
- 鶏ひき肉（牛・豚肉でも可）…… 150g
- タマネギ ……………… 2分の1個
- ピーマン ……………………… 1個
- ニンニク ……………………… 1片
- 赤トウガラシ ………………… 1本
- サラダ油 …………………… 大さじ2
- 卵 …………………………… 2個
- チリソース ………………… 大さじ1
- ケチャップ ………………… 大さじ2
- ナンプラー ………………… 小さじ2
- 塩コショウ ………………… 各少々

[作り方]
1. フライパンにサラダ油をひき、ニンニク、赤トウガラシ、タマネギ、ひき肉、ピーマンの順に加えて炒める（野菜類はみじん切り）。
2. 火が通ったら、温かいご飯を加え炒める。
3. チリソース、ケチャップ、ナンプラー、塩コショウを混ぜ合わせて、2に加え炒め合わせる。
4. 別のフライパンで半熟の目玉焼きを作り、ご飯の上にのせて完成。

米料理には、米をバナナの葉に包んで蒸した餅のような「ロントン」や、ヤシの葉でくるんで蒸したちまき「クトゥパット」なども。後者はラマダン（断食月）明けに食べるお祝いご飯でもある。

スイーツ

甘い物が好まれるインドネシアでは、スイーツも多種多様。フルーツやココナッツなど南国の恵みもたっぷり。かき氷系から、もち米やタピオカ粉を用いた餅菓子や焼き菓子まで、インドネシアならではのものに出合える。

エス・ブア Es Buah

エスは氷、ブアはフルーツという意味で、砕いた氷にフルーツ、ゼリーをのせ練乳シロップをかけたもの。ヤシ糖の蜜、ココナッツミルクを使ったものはエス・チェンドル。

クレポン Klepon

パンダンリーフで色付けしたもち米粉の団子。フレーク状のココナッツをまぶしてあり、団子の中にはヤシ糖の蜜が入っている。マレーシアやシンガポールでは「オンデ・オンデ」として知られている。

ビカ・アンボン Bika Ambon

北スマトラ州メダンの伝統菓子。タピオカ粉、卵、砂糖、ココナッツミルク、イーストを混ぜて焼いたもので、生地に気泡があるのが特徴。通常はパンダンリーフで香り付けされている。

オンデ・オンデ Onde Onde

中国由来のゴマ団子がインドネシアではオンデ・オンデの名称で定着。もち米粉を練った餅皮の中に、緑豆のあんを入れてゴマをまぶして揚げてある。おもに屋台で販売されている。

ブブール・インジン Bubur Injin

黒米をヤシ糖で煮込んだお汁粉のような定番デザートのひとつ。ココナッツミルクをかけて食べる。屋台販売のほか、レストランでも食べられる。

ロティ・バカール Roti Bakar

ロティは「パン」、バカールは「焼く」。食パンの間にジャムや練乳などを挟んで鉄板で焼いた、屋台販売のスイーツ。具材はチョコやチーズなどもあり、組み合わせが楽しめる。

マルタバ・マニス Martabak Manis

厚みのあるパンケーキ状の生地に大量のマーガリンを塗り、チョコレートやチーズ、練乳など好みのものをトッピング。半分に折り合わせて完成。料理(軽食)のマルタバ・トゥローもある。

Column
古くから暮らしのなかに息づく「ジャムゥJamu」

ジャムゥは古くから民間伝承されてきた植物生薬、さらにその伝統療法を意味する。健康増進や自然治癒力が高まるとされ、美容目的にも使われる。ウコンやショウガ科の植物、タマリンド、シナモンといった草木や花、木の実や果実、植物の根などを調合して、飲んだり体に付けたりして使用。液体や錠剤、粉末など形状はさまざまだ。身近な販売方法は、ジャムゥのドリンクを売り歩く行商スタイルや屋台販売。最近ではジャムゥドリンクのカフェや、おみやげ用のパック入りのものも登場している。

苦味や酸味、辛味など独特の味わい

ジャムゥを販売する行商人

インドネシアのマルタバは大きく分けて2種類。スイーツはマルタバ・マニス(→上記)。料理系のマルタバ・トゥロー Martabak Telurはクレープ状の生地でタマネギやひき肉、卵を包み焼きにした軽食。

マレーシア

Malaysia

マレー語でおいしいは
Sedap！
スダップ

多種多様な野菜やスパイス・ハーブ類が並ぶ市場

DATA

首都：クアラルンプール
Kuala Lumpur
言語：マレー語、英語、中国語、タミール語
民族：マレー系約70％、中国系約23％、インド系約7％ほか

主食

米。作物の米はブラス、ご飯はナシと呼ばれる。麺類やロティ（小麦粉の生地を焼いたものの総称）もポピュラー。

クアラルンプールの繁華街にある屋台形式の食堂

　マレー系、中国系、インド系の人々からなる多民族国家ゆえ、料理も多彩を極めている。もともとこの地に暮らしていたマレー系民族の料理は、熱帯気候がもたらす種類豊富なスパイスやハーブ、ココナッツミルクをよく使い、トウガラシを効かせた味が好まれる。マレー系の多くはイスラム教徒のため、豚肉をはじめハラールでない食材やお酒はタブー。また、19世紀頃、中国から移住してきた人々は出身地の福建、広東、海南省などの料理を浸透させ、さらにマレーと融合したニョニャ料理を生み出した。そしてカレーに代表されるスパイス料理の起源は、インドだ。それぞれの食文化や食材、調理法が影響し合いながらも独自に進化し、地域色も色濃く、バリエーションが楽しめる。

もっと知りたい！ 食の雑学

マレーシア料理に欠かせないスパイス＆ハーブ

　スパイスは乾燥トウガラシをはじめとするチリ類、カルダモンやクミン、八角、クローブ、ショウガの一種のガランガルなど。独特の甘い香りのパンダンリーフ、ライムリーフやカレーリーフなどのハーブも香り付けに使われる。

味の決め手となる調味料＆食材

　トウガラシ、ニンニク、タマネギなどを油で炒めて作る「サンバル」という調味料はマスト。小エビやアミの発酵調味料「ブラチャン」と合わせて使うことも。甘酸っぱいコクを出すタマリンドペーストやココナッツミルクもよく使う。

インド系ムスリム料理の食堂・料理を意味する「ナシカンダー」

　ママッ（Mamak）と呼ばれる南インド系のイスラム教徒たちによって提供される料理で、ご飯とともに鶏肉や魚料理などのおかずを盛りカレーソースをかけたもの。発祥地はペナンとされ、マレーシア各地に広まっている。

マレーシア、シンガポール、インドネシアで異なる「同名料理」

　近隣国で共通の料理もあるが、食文化の違いやさまざまな事情から同名なのに地域によって異なる料理もある。代表的なのがラクサやチキンライス。バクテーやホッケン・ミーはマレーシアとシンガポールでは、味や色の違いが顕著。

インド系イスラム教徒のママッが営む食堂「ママッ・ストール」では、ロティ・チャナイ（→P.140）やテ・タレ（ミルクティー）をはじめ、ナシカンダーやナシ・ゴレン、ミー・ゴレンを提供。

編集部が選ぶ 必食グルメ TOP5

辛いものばかりではなく、酸味やココナッツミルクのまろやかさも際立つ多種多様な料理を楽しもう。

東南アジア ◎マレーシア

1. ナシ・レマ / Nasi Lemak

マレーシアの国民食ともいえる代表料理。ココナッツミルクを加えて炊いたご飯に、サンバル（辛味調味料）を付けて食べる。イカンビリス（干し小魚）やピーナッツなどが添えられる。

2. ナシ・ゴレン / Nasi Goreng

マレーシアやインドネシアの炒飯。具や調味料はさまざまなバリエーションがあるが、サンバルやブラチャンなどで辛くスパイシーな味に仕上げるのが特徴。目玉焼きをのせることが多い。

3. サテー / Satey

屋台の定番料理、串焼き。香辛料で下味を付けた肉を串に刺して炭火で焼き、甘辛いピーナッツソースに付けて食べる。羊肉や牛肉なども使うが、ポピュラーなのは鶏肉。

4. バクテー / Bak Kut Teh

豚のスペアリブや内臓肉を、漢方の生薬とともに中国醤油で煮込んだスープ料理。港町クランで福建省の出身者が考案したとされている。濃い色は熟地黄という生薬を煮出しているため。

5. ラクサ / Laksa

ラクサはマレーシアを代表する麺料理で、地域によって味が変わる（→P.139）。麺はおもに米の麺。ココナッツミルクの効いたクリーミー系と、魚のだしに酸っぱいスープの酸味系がある。

マレーシアの黒色のバクテーに対し、シンガポールのものは白コショウ風味の透明に近いスープの広東省潮州式。

もっと知りたい！ マレーシア料理

マレー料理

インドネシアのスマトラ地方の料理と類似。中国やインドなど多くの食文化から影響を受けながら、独自の料理が生まれた。トウガラシの辛味やタマリンドの酸味を効かせ、ハーブで香り付けしたご飯に合う料理が主流。

ナシ・チャンプル
Nasi Campur

ナシは「ご飯」、チャンプルは「混ぜる」という意味で、ご飯に好みのおかずを数種類のせてサンバルを付けて食べるワンプレートご飯。おかずは、から揚げやカレー、煮込み料理など。

ナシ・クラブ
Nasi Kerabu

マレーシア東海岸のクランタン州の郷土料理。バタフライピーの花を用いて青色に着色したご飯に、キャベツの千切りやモヤシ、ハーブ、鶏肉や魚のから揚げ、エビせんべいなどを添える。

チキン・レンダン（ルンダン）
Chicken Rendang

レンダンはインドネシアの郷土料理で、ココナッツミルクと香辛料でじっくり煮込んだ肉料理。チキン・レンダンは鶏肉のうま味たっぷり。仕上げにココナッツファインを入れる。

アヤム・ゴレン
Ayam Goreng

アヤムは「鶏肉」、ゴレンは「揚げる」の意味で、鶏のから揚げのこと。エシャロット、ニンニク、ショウガ、ターメリック、レモングラスなど多種類の香辛料やハーブでマリネして揚げてある。

イカン・バカール
Ikan Bakar

魚料理のなかでも人気の焼き魚。エイやマナガツオ、ティラピア、ナマズなどに辛味調味料のサンバルやターメリックなどを塗って鉄板で蒸し焼きにしたり、炭火で塩焼きにしたりする。

アッサム・ペダス・イカン
Asam Pedas Ikan

酸味と辛味の効いたカレースープで煮込んだ魚料理。使う魚の種類はさまざまだが、エイが人気。オクラやトマトなどの野菜も入っている。強烈な辛味のなかにうま味もある。

サンバル・ソトン
Sambal Sotong

イカのサンバル（辛味調味料）炒め。イカは、ピリ辛でうま味もあるサンバルとの相性がよく、ご飯にもビールにも合う料理。エビを使ったサンバル・ウダンも人気。

Column

美食の町で有名な ペナンとイポーの名物料理

チャー・クイティオ（左）
イポーチキンとモヤシ料理（右）

ともに華人（中国系）が多く住む、ペナンとイポーは、食の魅力がいっぱい。ペナン島は屋台料理のパラダイス。ペナン・ラクサの別名をもつアッサム・ラクサ（→P.139）をはじめ、ペナン発祥のチャー・クイティオ（米の平打ち麺の醤油炒め）はぜひ味わいたい。ホッケン・ミー（蝦麺または福建蝦麺）と呼ばれる濃厚エビ風味のスープ麺も美味。ちなみにクアラルンプールでホッケン・ミーといえば焼き麺スタイル（→P.140）だ。

山々から湧き出る硬水、上質の食材が豊富なイポーは、ゆで鶏に醤油だれを合わせた地鶏料理が名物。シャキシャキのモヤシとともに食べるのがイポー流だ。苦味が少なくコク深い「イポーホワイトコーヒー」も有名。

マレー系の人々に人気のドリンクがバンドゥンBandun。バラの香りのローズシロップを水で割り、練乳を加えた甘いドリンクだ。

サユール・ロデ
Sayur Lodeh

ココナッツミルクたっぷりの野菜の煮込み料理。キャベツ、インゲン、ナス、タケノコ、厚揚げなど具だくさん。ターメリックやタマリンドを加えて、マイルドながら奥行きのある味わいに。

カンコン・ブラチャン
Kangkung Belachan

カンコン（空心菜）をサンバル・ブラチャンで炒めたポピュラーな料理。サンバル（辛味調味料）にアミエビの発酵ペーストを混ぜた調味料で香ばしく炒めてある。

ミー・ゴレン
Mee Goreng

マレー風の焼きそば。マレー系、中国系、インド系で異なり、具がたっぷりのものもあるが、マレー系のミー・ゴレンは、具はシンプル。サンバルがベースの辛味調味料が効いている。

ミー・ロブス
Mee Rebus

小麦粉に卵を加えた太めの麺料理。サツマイモのマッシュをベースにピーナッツやタマネギでコクを出し、大豆発酵調味料を加えた甘くて辛味も効いたどろっとしたスープが特徴。

ミー・バンドン
Mee Bandung

ジョホール州ムアル発祥の麺料理。もとは干しエビ、タマネギ、スパイス、トウガラシを合わせた濃厚なスープに、小麦の麺と卵を組み合わせた料理。後にエビや鶏肉、野菜などの具材が加わった。

ロティ・ジャラ
Roti Jala

ジャラは「網」の意で、漁網のような形状の南国クレープ。小麦粉に卵、ターメリック、ココナッツミルクを配合した生地を網の目状に焼いて折りたたんだものをカレーに付けて食べる。

Column

地域によってこんなに違う「ご当地ラクサ」

マレーシアの全域にある麺料理「ラクサ」。語源は古代ペルシア語の「麺」の意味をもつ「ラクシャ」説、サンスクリット語で「多くの」を意味する「ラク」が由来とする説がある。

中国系の移民と現地の女性の婚姻によって生まれたプラナカン（ニョニャ）料理から発達したとされるが、地域によってさまざまな種類があり起源は不明。その土地ならではの食文化や食材、嗜好によって独自に進化したと思われる。基本形はだしを魚やエビなどの魚介から取り、麺は米の麺が使われる。有名なご当地ラクサは以下の4つ。

ペナンの名物
アッサム・ラクサ Asam Laksa

タマリンドの酸味を効かせた酢っぱくて辛いスープに、青魚のほぐし身やタマネギ、ショウガ科の花のつぼみの千切りやミントなどをトッピング。

マラッカ発祥の
ニョニャ・ラクサ Nyonya Laksa

ハーブを効かせたカレーベースにココナッツミルクをたっぷり入れたまろやかなスープ。具はエビ、赤貝、魚の練り物など。

クアラルンプールの
カレー・ラクサ Curry Laksa

ココナッツミルク入りの濃厚なカレースープに、麺は米麺か小麦の卵麺。具は油揚げ、魚の練り物、鶏肉など。

ボルネオ島サラワク州の
サラワク・ラクサ Sarawak Laksa

多種類のスパイスやハーブ、ココナッツミルクのコク深いスープに、特産の黒コショウや山椒の香りがアクセント。麺は極細の米麺。エビや鶏肉など具だくさん。

マレーシアの代表的な朝食は、ナシ・レマ（→P.137）やロティ・チャナイ（→P.140）。カヤトーストや中国粥もポピュラー。

もっと知りたい！ **マレーシア料理**

中国系料理

バクテーやホッケンミー、パンミーなど中国料理から派生したマレーシア発祥の料理をはじめ、地元の食材や他文化の料理から影響を受けた中国系料理が種類豊富。豚肉を使わないハラール対応の中国料理店もある。

海南チキンライス（海南鶏飯）
Hainanese Chicken Rice

中国の海南島出身者が移住したアジア各地に広めた料理。まるごとゆでた鶏をぶつ切りにし、鶏のだしで炊いたご飯を合わせ、ショウガやチリのソースで食べる。地方によってアレンジが異なる。

ホッケン・ミー（福建麺）
Hokkien Mee

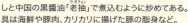

クアラルンプールのホッケン・ミーは黒い見た目。うどんに似た小麦麺を、豚骨や鶏で取っただしと中国の黒醬油「老抽（ラオチョン）」で煮込むように炒めてある。具は海鮮や豚肉、カリカリに揚げた豚の脂身など。

パンミー（板麺）
Pan Mee

中国の客家風の手打ち麺。板状に伸ばした生地を平打ち麺、細麺、ちぎり麺などの形状にカットし、魚介だしのあっさりしたスープに合わせる。具は煮干し、シイタケ、キクラゲ、豚そぼろなど。

インド系料理

南インド出身者が多いことから

南インド料理やそれをもとにアレンジを加えた料理があり、本国のインド料理とは少し違うマレー風インド料理が主流。おもに「ママッ・ストール」（→P.136欄外）と呼ばれる庶民派食堂や屋台などで食べられる。

バナナリーフ・カリー
Banana Leaf Curry

バナナの葉の上にカレーや総菜、チャツネ、パパド（パリパリのせんべい）などを盛り付けたカレー定食のようなもの。魚や肉のから揚げといったメインのおかずは追加注文する。

ロティ・チャナイ
Roti Canai

薄く伸ばした小麦粉の生地を折りたたんで焼いたパイのような軽食。カレーを付けて食べる。ケチャップ味のオイルサーディンやバナナ入りのものもある。シンガポールではロティ・プラタと呼称。

ムルタバ
Murtabak

ロティ・チャナイの生地に、カレー味の肉とタマネギを包んで焼いたもので、カレーとともに食べる。肉はビーフやマトン、チキンなどから選べる。ボリューム満点。

Column

お気に入りはどれ？
多種多彩なマレーシアのチキンライス

海南チキンライスはアジア各国で食されているが、マレーシア国内でもさまざまなバリエーションがある。特色ある名物チキンライスをご紹介。

※このほかにカンポンチキンと呼ばれる地鶏を用い、モヤシと合わせるイポーチキン（→P.138Column）や、マレー系の人々に好まれるスパイスで香りを付けてローストするナシ・アヤムがある。

チキンライスボール
Chicken Rice Ball

マラッカのチキンライスは、ゆで鶏は通常のものと同様だが、鶏だしのスープで炊いたご飯をおにぎりのように丸めて提供。

クレイポットチキンライス
Claypot Chicken Rice

土鍋で炊き上げ、中国醬油だれや薬味を混ぜ合わせて食べる炊き込みご飯バージョン。香ばしいおこげも味わえる。

 バクテーやパンミーは汁なしのドライタイプもある。バクテーはたれをからめ煮に、パンミーは甘辛だれであえてある。

ニョニャ料理

中国人男性とマレー人など現地の女性が結婚して生まれた人々がプラナカン（女性をニョニャと呼ぶ）。彼らが作る中国、マレー、インド、ヨーロッパなどの影響を受けた融合料理であり、家庭料理である。

カリーカピタン
Curry Kapitan

イギリス植民地時代、ヨーロッパ人の船長（カピタン）に提供していたのが名前の由来とされるチキンカレー。レモングラスやコブミカンなどのハーブを用いココナッツミルクたっぷり。ペナンの名物。

ウダン・ナナス
Udan Nanas

エビとパイナップルのココナッツミルク煮込み。エビのだしにパイナップルの甘酸っぱさ、クリーミーなココナッツミルクが溶け合い、トウガラシやターメリックがアクセントに。マラッカで人気。

オタオタ
Otak-Otak

魚のすり身にココナッツミルクやスパイスを加え、バナナの葉やニッパヤシの葉に包んで蒸す、または焼いたもの。ペナンのニョニャのものは蒸して作られムース状なのが特色。

スイーツ

スイーツもマレー系、中国系、インド系などがあり多彩な顔ぶれ。ココナッツミルクやグラメラカというヤシ砂糖をよく使い、南国フルーツも彩りを添える。アイス・カチャンなどのひんやりスイーツが好まれる。

アイス・カチャン
Ais Kacang

マレーシア版かき氷。もとはアズキをトッピングしたシンプルなものだったが、ココナッツミルクや練乳、シロップなどをかけ、スイートコーンや、仙草ゼリー、フルーツなどを加えたものに進化。

チェンドル
Chendol

チェンドルはパンダンリーフで色付けした米粉製の緑色のゼリー。一般的には削った氷の上にこのゼリーとアズキをのせ、ココナッツミルクとグラメラカ（ヤシ砂糖）をかけたものをチェンドルとする。

ピサン・ゴレン
Pisang Goreng

ピサンはバナナを意味し、バナナに衣を付けて高温の油で揚げたもの。衣はカリッと、中はホクホクで揚げたてがおいしい。おやつに人気のスナックで、おもに屋台で販売。

---

mini Column

マレーシアのパンケーキ「アパム・バリッ」

アパム・バリッ（Apam Balik）は、屋台や屋台形式の店が集まるホーカーセンターなどで販売されているローカル菓子。ほんのり甘い生地を焼いて、砕いたピーナッツや砂糖、クリームコーンなどの具を入れて半分に折って半月形に成形してでき上がり。生地を薄くパリッと焼いたクリスピーなタイプと、生地厚めでふかふかのタイプがある。

クリスピータイプ／厚めでふかふかタイプ

mini Column

食品の色付けに使われるバタフライピー

熱帯アジア原産の植物で、和名はチョウマメ。青紫色の花は煮出した汁でお菓子などの色付けに使われる。ナシ・レマ（→P.137）やナシ・クラブ（→P.138）のご飯や、クエと呼ばれる餅菓子の鮮やかなブルーはこの花が由来。柑橘類の果汁を加えると色が変わるハーブティーとしても楽しまれている。

バタフライピーの花

ニョニャ料理はイギリスの海峡植民地であったマラッカ、ペナン、シンガポールで育まれ、それぞれの地で名物として発展を遂げた。

シンガポール

Republic of Singapore

英語でおいしいは
Delicious！／Tasty！
デリシャス／テイスティ

シンガポール人の暮らしに密着したホーカーセンターは、規模の大きい所は100軒以上の店が入居している

DATA
首都：シンガポール（都市国家）
言語：マレー語、英語、中国語、タミール語
民族：中国系74％、マレー系14％、インド系9％ほか

主食
白米と麺。お米はインディカ米が主流で、料理によってはジャスミン米やバスマティ米のような香りの強い米も使う。

多民族国家、シンガポールの食文化はバラエティに富み、さまざまなルーツの食が入り交じっている。もともとはマレーの食文化が根付いていたところに、移民によって中国や南インドの食文化が加わり、それぞれのルーツの料理が定着するとともに、中国系とマレー系の婚姻によって融合を遂げた「プラナカン（ニョニャ）料理」といった特徴的な料理も誕生した。

中国系、特に福建、広東、潮州の料理が多く、この地で南国の食材やスパイスと出合い変化した中国系料理が名物に。麺料理をはじめ、豊富なローカル料理は、おもにホーカーセンター（屋台集合施設）に揃っており、人々の暮らしになくてはならない存在となっている。

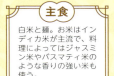

老舗コピティアムの店先。砂糖、コンデンスミルク入りのコーヒー「コピ」は人々が愛してやまない飲み物

もっと知りたい！食の雑学

食のパラダイス「ホーカーセンター」とは

ホーカーは路上屋台のことで、1960年頃から衛生上の問題で1ヵ所に集められたものがホーカーセンター。政府系機関の管轄で、多くが公営住宅内に市場と一緒に設置されており、多民族の料理を網羅しているのが特徴。

ノスタルジックな喫茶店コピティアム

「コピ」はコーヒー、「ティアム」は福建語で店のことで、「コピティアム」はコーヒーショップ。ルーツは海南島出身者が始めたコーヒーや伝統的な朝食を出す店。ミルクや砂糖の配合で呼び名が変わるコピやカヤトーストがメインのメニュー。

シンガポール生まれの名物料理

チリクラブ、フィッシュヘッドカレーはシンガポール生まれの料理。またラクサやバクテーなど、シンガポールとマレーシアや近隣諸国では食材や味、見た目が異なり、シンガポール独特の味わいになっている料理もある。

よく使われる食材、調味料、スパイス

ココナッツミルクやエシャロット、ショウガ、ライム、パンダンリーフ、ターメリック、チリなど。大豆やエビの発酵調味料、濃くて甘味のある醤油のダークソイソース、辛味の効いた味噌状の「サンバル」などが代表調味料。

ショッピングセンターや商業施設内にあるホーカーセンターはフードコート。また個人経営の数軒の屋台集合地はコピティアムと呼ばれている。

編集部が選ぶ 必食グルメ TOP5

シンガポールの歴史と風土が生み出した料理の数々は、観光においても大きな魅力に。

1 チリクラブ
Chili Crab

1950年代に屋台を営んでいた夫妻が考案。チリとハーブをブレンドしたソースでカニを炒めた料理。溶き卵を合わせることも。ピリ辛で甘酸っぱい濃厚ソースがカニのうま味と見事にマッチ。

2 チキンライス（海南鶏飯）
Chicken Rice

植民地時代に中国の海南島出身者が考案した料理。鶏のだしにショウガやニンニクを加えたスープで炊いたご飯に、ゆでた鶏肉を添える。ダークソイソース、チリソース、ジンジャーソースの3種のソースで味わうのがシンガポール流。

3 ラクサ
Laksa

東南アジア各地にさまざまなバリエーションをもつ麺料理。シンガポールのラクサは干しエビのだしにハーブ入りのチリペーストを合わせココナッツミルクとともに作る、辛いがマイルドなスープが特徴。米粉でできた太麺を使用。

4 バクテー（肉骨茶）
Bak Kut Teh

スペアリブなど骨付きの豚肉をニンニクや白コショウ、漢方ハーブで煮込んだスープ。白米と一緒に食す。かつて潮州系の港湾労働者が精をつけるために食べたのが始まりといわれる。

5 カヤトースト
Kaya Toast

卵とココナッツミルク、砂糖などを煮詰めて作ったカヤジャムとバターを挟んだトーストサンド。温泉卵とコピ（砂糖とコンデンスミルク入りのコーヒー）を合わせるのが定番の朝食セット。

東南アジア ◎ シンガポール

シンガポールで主流のラクサはプラナカン（→P.152）のレシピ。とろっとしたスープと短い麺を使っていて、レンゲで食べるのが基本。

143

もっと知りたい！シンガポール料理

中国系料理

中国系料理の種類は多彩を極めている。福建、広東、潮州、海南島や客家の料理に由来するものが多く、代表的なローカル料理にも名を連ねる。麺料理はスープ麺よりも、たれをからめて食べる「ドライ」スタイルが人気。

フライド・ホッケン・ミー
Fried Hokkien Mee

太めの卵麺の福建麺とビーフンを合わせ、エビなどで取っただしを吸わせるように炒めた塩味の焼きそば。具はエビやイカ、モヤシなど。辛味調味料のサンバル・ブラチャンをあえながら食べる。

ワンタン・ミー
Wanton Mee

シンガポール式ワンタン麺は、スープなしのドライが主流。甘めの醤油だれにチリペーストを加え、細麺をあえて食べる。ワンタンとチャーシュウ、青菜がトッピングされている。

プロウン・ミー
Prawn Mee

エビと骨付き豚肉でだしを取った贅沢なスープに黄色い卵麺の福建麺を合わせた麺料理。風味のよいエビだしがしみわたるスープが決め手。スープ麺とあえ麺がある。

フィッシュボール・ミー
Fish Ball Mee

潮州名物の魚のすり身団子が入った麺料理。魚の団子はプリプリの食感。やはりスープ麺とドライタイプがあり、ほんのり甘くてピリ辛のチリソースであえるドライが主流。

バッチョー・ミー
Bak Chor Mee

麺を豚骨スープでゆで、黒酢とチリの効いた醤油だれであえて食べる。トッピングは豚ひき肉や肉団子、レバー、干しシイタケなど。細麺や太めの平たい麺を使う。

ロー・ミー
Lor Mee

タピオカ粉でとろみを付けたとろとろの黒いスープに平麺を合わせた福建スタイルの麺料理。スープは八角などのスパイスが効いていて、黒酢とおろしニンニクを添えて食べる。

バンミエン
Ban Mian

伝統的な客家の麺料理が起源。小麦粉の麺を煮干しのだしが効いたあっさりスープで食べる、うどんに似た麺料理。豚肉や揚げた小魚、青菜、シイタケなどが具材としてトッピングされる。

Column

東南アジアを巡る「チキンライス」紀行

チキンライスは中国の海南島のまる鶏をゆでた文昌鶏という料理が原型とされるが、東南アジア各国に似た料理がある。伝播のルートや関連などは不明だが、どの国でも大人気なので食べ比べてみるのも楽しい。シンガポールの隣のマレーシアやインドネシアでは、ゆでた後にスパイスとともにローストした鶏を使う「ナシ・アヤム」がポピュラー。タイのチキンライスは

タイのカーオ・マン・カイも海南島のゆで鶏がルーツとされる

「カーオ・マン・カイ」。大豆を発酵させた味噌をベースにしたたれをかけて食べるのが特徴。ベトナムでは「コム・ガー」と呼ばれ、米を鶏だしとターメリックで炊いたり、魚醤をたれに加えたり、香草たっぷりで食べる。

 シンガポールで食される麺はおもにふたつ。小麦粉と卵を使った麺（フライド・ホッケン・ミーやプロウン・ミー、ミー・ゴレンなどに使用）と米の麺（ビーフン）。

チャー・クエティヤオ
Cha Kway Teow

米粉でできた平たい麺のクエティヤオを、濃くて甘めのダークソイソース、チリ、ニンニクで炒めた料理。具材は小さな赤貝、中国ソーセージ、モヤシ、魚のすり身の練り物、卵など。

サテー・ビーフン
Satay Bee Hoon

甘めでスパイシーなピーナッツベースのサテーソースを、さっとゆがいたビーフンにかけたもの。具材はイカやエビ、豚肉、空心菜、モヤシなど。個性の強い料理で好き嫌いが分かれる。

ローストミートライス
Roast Meat Rice

中国広東式のローストミートを切り分けて、ご飯にのせた料理。肉はチャーシュウや豚バラ肉、ダックなど。ローストミートをのせた麺もあり、ローストだけの注文も可能。

エコノミーライス
Economy Rice

肉や魚介、野菜など十数種類の中国総菜から、食べたいものを数品選ぶと、ご飯とともに盛って提供されるワンプレートライス。料金はおかずの種類と数で計算される。

シザーカット・カリーライス
Scissors Cut Curry Rice

チョイスした肉や野菜のおかずの上にカレーと醬油味のソースをかける海南式カレーライス。おかずはポークチョップが定番。「シザーカット」は具材をはさみでカットすることが由来。

ハッカ・レイチャ
Hakka Lei Cha

「客家擂茶」という料理で、インゲンや青菜などの野菜や豆腐をさいの目に切って炒めたものと、干し小魚、ピーナッツなどをご飯の上にのせ、ハーブ入りの緑茶をかけながら食べる。

ヨンタオフー
Yong Tao Fu

ヨンタオフーとは本来、客家の名物でひき肉詰め豆腐の煮物。店頭に並ぶ魚のすり身団子やすり身を詰めた豆腐、練り物、湯葉、野菜などを選んでゆがいてもらう。通常、麺と一緒に提供。

キャロットケーキ
Carrot Cake

キャロットケーキは大根餅のこと。これを細かく切り、卵や漬物のみじん切りとともにまとめて焼き上げた軽食。甘いダークソイソース味の黒タイプと塩味の白タイプがある。

Column
レストランの原型「煮炒」屋台は家庭料理なら何でもおまかせ!

ホーカーセンターに入っている店は、チキンライスやフライド・ホッケン・ミーなど専門料理の店だけでなく、「煮炒(福建語でツィーチャー)」と呼ばれる店もある。レストランのようにいろいろな料理メニューを出す店で、繁盛店は食堂として独立営業する店も。酢豚やから揚げ、野菜炒めや炒飯などの家庭料理がおもなメニューだが、チリクラブや魚の姿蒸しなどレストラン顔負けの料理も可能。家族連れやグループでにぎやかにテーブルを囲む様子は、シンガポールの食生活を如実に物語っている。

ホーカーセンター内の「煮炒」の店

リーズナブルに楽しめる

店でテイクアウトの場合や飲食して残ったものを持ち帰りたいときは「ダーバオ(打包)」のひと言で通じる。

もっと知りたい！シンガポール料理

マレー系料理

東南アジアのマレー人の伝統的な料理。特徴はスパイス、ハーブをふんだんに使うこと。調味のベースとなる辛味調味料のサンバルが、うま味のある辛さを生み出す。マレー人の多くがイスラム教徒のため、豚肉、非ハラール肉は用いない。

ナシ・レマ Nasi Lemak

ココナッツミルクを加えて炊いたご飯料理で、人気の朝食メニュー。揚げた小魚、キュウリ、ピーナッツ、辛味調味料のサンバルが付く。揚げ鶏や卵など好みのおかずを追加できる。

マレーライス Malay Rice

ライスにカレーや野菜など2〜3種類のおかずが選べるマレー版ぶっかけご飯。牛肉のココナッツミルク煮やチキンのココナッツミルクカレー、揚げナスのチリあえなどが人気料理。

ビーフ・レンダン（ルンダン）Beef Rendan

牛肉を各種スパイス、たっぷりのココナッツミルク、タマリンド、ハーブなどで煮込んだ料理。肉はホロホロになるまで煮込まれていて、うま辛いグレービーがご飯に合う。

ミー・シャム Mee Siam

タイがルーツとされる、辛くて甘く酸味のあるスープをかけたビーフン料理。エビのだしスープに大豆発酵調味料、タマリンドで味付けし、ゆで卵、油揚げ、モヤシ、ニラなどを添える。

ミー・ゴレン Mee Goreng

ルーツはインド系イスラム教徒が作り出したスパイシーな焼きそばで、シンガポールのほかインドネシアやマレーシアで広く食される。小麦粉でできた中華麺を使用し、辛いが甘味もある。

サテー Satay

串に刺した肉の炭火焼き。インドネシアから伝わった料理で、スパイスや大豆発酵調味料でマリネした鶏肉やマトンなどをじっくり焼き、甘辛いピーナッツソースにからめて食べる。

サンバル・ソトン Sambal Sotong

イカのサンバル炒め。トウガラシ、エシャロット、トマト、ニンニク、スパイス類をすりつぶし、アミエビの発酵調味料を加えた辛味調味料、サンバルの深い味わいとイカの相性は抜群。

Column

マレー版フレンチトースト!?
不思議とハマる「ロティ・ジョンRoti John」

ソフトなバゲット風のパンにオムレツを挟んだサンドイッチ。1970年頃にシンガポールに住むマレー人が作ったのが最初だそう。おもにムスリム系のホーカーで販売されるご当地ファストフードだ。ただオムレツを挟むだけではないのがポイント。鶏肉やマトンのひき肉とタマネギ入りの溶き卵をフライパンに流し込み、切り込みを入れたパンの切断面を卵液にかぶせて押し付けパンごと焼くことでパリッと、そしてパンの表面に油がしみ込みジャンクなおいしさに。チリソース、マヨネーズをかけて食べる。具にサーディン（イワシ缶）を使うことも。「ロティ」はパン、「ジョン」はイギリス人の不特定の男性の呼称で、命名理由は諸説あり

 サンバルとは、トウガラシ、ニンニク、エシャロットなどをすりつぶしペースト状にして油で炒めた調味料。黒砂糖を入れて甘辛にすることも。

東南アジア ◎ シンガポール

インド系料理

インド系移民は南インドのタミール人が多く、南インドの料理が代表格。カレーはさらっとしていて辛く、酸味があるのが特徴。ココナッツミルクや魚介をよく使い、ライスと食べるのが主流だ。とろりと濃厚カレーの北インド料理の店も多い。

フィッシュヘッドカレー / Fish Head Curry

1940年代、南インドのケーララ州出身者が営むレストランで、カレーに中国人が好む魚の頭を組み合わせたのが始まり。白身魚の頭と煮込んだ酸味の効いたカレーにオクラやナスなどが入る。

ミールス / Meals

バナナの葉(またはプレート)の上にライスと野菜を中心とした料理をのせた定食メニュー。豆と野菜を煮込んだカレーのサンバル、豆カレーのダール、辛酸っぱいスープのラッサムが定番料理。

ビリヤニ / Briyani

香りがよく細長い米、バスマティライスを使う料理。クミン、コリアンダー、ターメリック、クローブなどのスパイスで味付けしたマトンやチキンなどの具材を米の中に入れて炊き上げる。

バターチキンカリー / Butter Chicken Curry

北インド料理の人気のカレー。スパイス調味したヨーグルトソースに漬け込んだ鶏肉をタンドール(窯)で焼き、バターや生クリーム入りのマイルドなカレーに合わせる。

ロティ・プラタ / Roti Prata

朝食や夜食にぴったりの南インド式パンケーキ。生地にギー(インドのバターオイル)をからめてひっぱって伸ばし、丸くまとめて焼き上げる。外はパリッと中はしっとり。カレーを付けて食す。

ムルタバ / Murtabak

ロティ・プラタの生地で、チキンやマトン、タマネギ、卵などの具を包んで焼いたもの。インド版お好み焼きと称される。小皿で付くカレーとともに食べる。

ドーサ / Dosa

南インドの伝統料理。豆と米を発酵させて作った生地をクレープのように焼いたもの。豆と野菜のカレー、サンバルやチャツネと一緒に食べる。軽い食感で酸味のある風味。

Recipe 本場の味を自宅で再現！
◎炊飯器でできるチキンライス

炊飯器で簡単調理できる。市販の海南チキンライスの素を使ってもよい

[材料] 2〜3人分
- 米 ………………………………… 2合
- 鶏もも肉 ……………………… 300g
- 塩 ………………………………… 小さじ1
- 酒 ………………………………… 大さじ1
- 鶏ガラスープの素 …………… 小さじ1
- おろしショウガ・おろしニンニク……… 各小さじ1
- キュウリ、トマトなど付け合わせの野菜
- 醤油(※たれ) …………………… 小さじ2

[作り方]
1. 鶏もも肉に塩、酒をもみ込む。
2. 研いだ米に少量の水、おろしショウガ・ニンニク、鶏ガラスープの素を入れて混ぜる。
3. 2合の目盛りまで水を入れ、鶏肉を皮を下にして米の上に置き、炊飯する。
4. 炊き上がったらご飯はよく混ぜ、鶏肉は食べやすい大きさに切る。
5. ご飯と一緒に鶏肉を盛り付け、付け合わせの野菜を添える。
6. 好みでジンジャーソースや醤油ベースのソースを付けだれとする。

フィッシュヘッドカレーは、中国系の人々の間でも人気になり土鍋で煮込むフィッシュヘッドカレーも編み出された。

もっと知りたい！シンガポール料理

海鮮料理

シンガポールのシーフードの基本は中国系だが、土地柄からマレー料理や融合料理であるプラナカン料理（→P.152）の調理法も加わり、味わいはさまざま。魚介の種類も豊富で、カニやエビを使った料理が多く、チリクラブは有名。

ペッパークラブ
Pepper Crab

マッドクラブという殻の硬いカニを、大量の黒コショウをつぶしたソースと一緒に炒めた料理。香ばしくピリッと辛い味はやみつきになるおいしさ。ホワイトペッパーを用いたものもある。

ソルテッドエッグクラブ
Salted Egg Crab

アヒルの塩漬け卵の黄身をつぶしてバターやカレーリーフ、チリを加えたソースをからめたカニ料理。卵の濃厚なコクと優しい塩気、甘味がギュッと凝縮したリッチな味わい。

スティームクラブ
Steam Crab

さっと蒸し上げただけのシンプルなカニ料理。たっぷり詰まった身と、カニ本来の自然な甘味が堪能できる調理法。ショウガ入りの醤油でさっぱりと味わう。

クラブビーフン
Crab Bee Hoon

カニをまるごとスープで煮てビーフンと合わせた料理。カニの風味とだしを存分にビーフンにしみ込ませた贅沢な一品。味はあっさりとしていて、カニの身はふっくら。

シリアルバタープロウン
Cereal Butter Prawn

たっぷりのシリアルとバターを炒め、カリッと揚げたエビを加え、からめるように炒め合わせて完成。バターで味付けしたシリアルは芳醇で甘じょっぱい味わい。サクサクした食感が楽しい。

バンブークラムのニンニク蒸し
Bamboo Clam Steamed with Minced Garlic

バンブークラムは、マテ貝の一種で竹のように細長い二枚貝。弾力のある食感で、アサリに似た風味の貝は、たっぷりのガーリックで蒸し上げるのが人気の調理法。ビールに合う。

スンホックのから揚げ
Deep Fried Soon Hock

スンホックは淡水と海水が交わる水域に生息する魚で、オコゼに似た繊細な味わいの白身が好まれている。カリカリに揚げて薄口醤油をかけて食べるのがポピュラー。

Column

使用されるおもなカニの種類と注文の際の留意点

有名なチリクラブを筆頭にカニ料理が名物で、使用されるカニは、高額な順にアラスカンキングクラブ（タラバガニ）、マッドクラブ、ダンジネスクラブ（アメリカイチョウガニ）など。店ではカニの種類と調理法を選んでオーダーする。ちなみにチリクラブはマッドクラブが最も合う。カニは100g単位の料金が表示されていることが多いので、人数に合うカニの大体の重量

身が甘くてジューシーなマッドクラブ。1kg強のカニなら2〜3人でシェアできる

大型で弾力のある食感のアラスカンキングクラブ

を聞いておこう。時価の場合も相場の価格を確認してから注文する。カニの種類によって料金は大きく変わることを知っておきたい。

ホーカーセンターの人気料理にオイスター・オムレツがある。小ぶりのカキを卵と片栗粉などとともに焼いたスナック感覚の一品。

スナック・スイーツ

スナックやスイーツも中国系、インド系、マレー系のものがあり、国際色豊か。常夏の気候ゆえ、ローカルスイーツはかき氷をトッピングするものが多い。「クエ」と呼ばれるマレー・プラナカン系の菓子や餅菓子は南国風味満点。

カリーパフ
Curry Puff

パイのような生地にスパイシーなカレーを包んで揚げてある。生地はサクサク、具はジャガイモが多め、チキンとゆで卵も入っていて、食べ応えあり。サーディン入りのものも人気。

シュイクエ
Shui Kueh

「水粿」と書く中国の潮州由来の伝統スナック。米粉とでんぷん粉を混ぜて水を加え、型に入れて蒸したもの。チャイポー（菜脯）という醤油風味の漬物をかけて食べる。

ポピア
Popiah

福建式の生春巻。小麦粉で作った薄いクレープ状の皮で、切り干し大根のような食感のバンクアンという野菜の煮物、エビ、モヤシ、チリ、ニンニクに甘めのソースを添えて巻いてある。

パオ
Pau

中華まん。小ぶりのタイプはチキン、ポーク、チャーシュウ、アズキあんなどがあり、大ぶりの大包（ダーパオ、写真）はひき肉あんのほか、鶏肉やゆで卵など具だくさん。

アイス・カチャン
Ice Kachang

マレーシア発祥の南国版かき氷。「カチャン」はマレー語で豆のこと。アズキやコーン、ゼリー、数種類のシロップ、コンデンスミルクがかかっていてカラフルな見た目。

チェンドル
Chendol

パンダンリーフで色付けされた米粉製のゼリーにアズキを添え、ブラウンシュガー、ココナッツミルク、かき氷をかけて提供されるスイーツ。東南アジア全域で同様のスイーツが見られる。

ヤムペースト
Yam Paste

オリジナルは中国の潮州。ヤムイモをすりつぶし、濃厚なペースト状に成形。優しい甘さとねっとりとした食感の伝統甘味だ。ギンナンやサツマイモがトッピングされている。

Column
昔ながらの食べ歩きスイーツ、アイスクリームサンド

ポピュラーなアイスクリームサンド

繁華街や観光スポットに出没

冷凍ボックスを付けたバイクに赤い傘を広げてアイスクリームを販売する、シンガポールの名物屋台。アイスクリームの種類は定番物のほか、ヤムイモやココナッツ、ドリアンなど南国ならではのものも。このアイスをマーブルカラーの食パンに挟むサンドイッチタイプが断トツの人気。注文すると箱入りの大きなアイスを切り分けて、パンに挟んで完成！パサついたパンもアイスクリームが溶けてしみ込むとしっとり食感に。組み合わせの妙にロングセラーも納得のアイデアスイーツだ。

アイス・カチャンは、チョコレートソースやフルーツピューレ、フルーツの果肉などトッピングをさまざまに楽しめる。

Column

この料理といえばココ！
名店で味わうべき名物料理

シンガポールの名物料理といえば、真っ先にチキンライスやチリクラブが思い浮かぶが、シンガポールの歴史や文化に関わる料理はまだまだある。なかでも「この店のこの料理」と語られる、店と結びついた名物料理に注目。必食リストにもその名が挙がる名物料理は、シンガポールの食文化の代弁者でもある。

スープ・レストランの
サムスイジンジャーチキン（三水姜茸鶏）

シンガポールの移民に結びつくストーリーを秘めた料理。料理名に冠されている「サムスイ（三水）」とは中国広東省の町名だ。1930年頃、この町から多くの女性たちが移民してきた。サムスイウーマンと呼ばれる彼女たちは、おもに建設現場などで肉体労働に従事したという。少しでも多くの稼ぎを故郷へ送るため結婚をしないと決意し、その目印に独特の赤い帽子と黒い服を身に着け、チャイナタウンで仲間たちと一緒に質素な生活を送っていた。そんなストイックな暮らしのなかで年に1度、正月に食べるごちそう料理が「サムスイジンジャーチキン」だった。

まる鶏を蒸して、ショウガとゴマ油で調合したたれで食べる特別な一品。この料理を再現したのが、「スープ・レストラン」だ。滑らかでしっとりとした鶏肉に、ショウガとニンニク、香ばしいゴマ油が絶妙に混じり合うたれがからまると箸が止まらないおいしさに。さっぱりとしていて体にも優しい。

薬膳スープや家庭料理をメインに開いた「スープ・レストラン」の看板料理として人気は広がり、今ではシンガポール中に10店、近隣国にも展開している。

サムスイジンジャーチキン。蒸した鶏肉にジンジャーソースを付けてレタスで巻いて食べる

 スープ・レストラン
Soup Restaurant
URL www.souprestaurant.com.sg

スープ・レストラン製造のジンジャーソースはおみやげの人気商品

ゴールデン・スプーンの
コーヒー・リブ（咖啡排骨）

コーヒーと豚バラ肉の組み合わせはメニューを見ただけでは想像しがたいが、意外なマリアージュを生み出す。この料理の考案者は、シンガポールを代表する名シェフ、サム・レオン（Sam Leong）氏。またたく間に人気料理となり、現在ではレストランから食堂やホーカーまで多くの店の定番メニューとなっている。なかでも評判がよいのが「ゴールデン・スプーン」というローカルレストラン。

インスタントコーヒー、黒砂糖、オイスターソース、醤油、酒などで作ったソースを煮詰め、揚げた豚バラ肉をからめたのがコーヒー・リブ。カラメル状のソースをまとった肉はほろ苦さと甘い香りに包まれ不思議なおいしさだ。この店の看板料理、クラブビーフン（→P.148）も試したい。

骨付きのバラ肉はボリューム満点

 **ゴールデン・スプーン**
De Golden Spoon
URL degoldenspoon.com

地元客でにぎわう

「スープ・レストラン」は、本来の看板料理であるじっくり煮込んだ薬膳スープも得意とする。

東南アジア ◎ シンガポール

ヒルマン・レストランの
ペーパーチキン（紙包鶏）

ペーパーチキンは、たれに長時間漬け込んだ鶏肉を特殊な紙に包んで揚げた料理。中国華南地方にあった同様の料理をもとに改良を加えてメニューに上げたのが、1963年創業の「ヒルマン・レストラン」だ。醤油、ゴマ油、中国酒などで作る秘伝のたれが肉のうま味を引き立てるポイント。何より紙包みにして低温の油でじっくり加熱することにより、肉のうま味をぎゅっと凝縮させる調理法は見事だ。紙の袋を開けると肉汁があふれ、甘辛いたれの匂いに食欲が刺激される。ビールのお供にもいいが、たれを垂らしたご飯と食べるのがおすすめ。

「ヒルマン・レストラン」は広東の家庭料理がバラエティ豊富に揃っていて、日本人観光客にも人気。2014年には日本出店を果たした。

できたてアツアツを味わいたい

紙に包んだ鶏肉をじっくりと揚げる

ヒルマン・レストラン
Hillman Restaurant
URL www.hillmanrestaurant.com
ローカルにも観光客にも人気の店

カソーの
スライスフィッシュ・ヌードルスープ（魚片米粉湯）

広東スタイルの魚のスープビーフンは、1939年創業の老舗「カソー」の名物料理だ。初代が手押し車の屋台で魚のスープを売り歩いたのが、店のルーツだという。白濁したコクのあるスープは、ライギョの骨をじっくり何時間もかけて、乳白色のスープになるまで煮込んで作られる。多くの魚スープのホーカー（屋台）は、クリーミーさを出すためエバミルクを加えて調理時間を短縮しているが、この店では一切余分なものは加えず伝統の調理法にこだわる。深いうま味とまろやかな味わいのスープは、コラーゲンやオメガ3脂肪酸が豊富に含まれていて、美容によいのはもちろん、傷などの治癒効果もあるという。

もうひとつ、この店には発酵エビペーストでマリネした鶏のから揚げ、ハーチョンカイ（虾醤鶏）という看板料理があることもお忘れなく。

スライスフィッシュ・ヌードルスープ。具は魚の切り身のほか、魚の頭にも替えられる

カソー　Ka-Soh
URL ka-soh.com.sg

エビ味噌風味の鶏のから揚げ、ハーチョンカイ

 シンガポールでは鍋料理も人気で、魚の頭や骨でだしを取った白濁スープに魚や野菜などの具材を入れて食べるスチームボートが伝統鍋料理。

Column

食の芸術ともいえるフュージョン料理
プラナカン料理

中国モチーフの装飾と西洋の建築様式がミックスしたプラナカンの家並み

プラナカンとはマレー語で「この地で生まれた」という意味で、15世紀頃から数世紀にわたって中国南部から移住してきた中国人をはじめ海外から来た人が現地の女性と結婚し、生まれてきた子孫を指す。男性をババ、女性をニョニャといい、プラナカン料理は別名ニョニャ料理。中国と東南アジア、さらにヨーロッパの文化が融合したプラナカン料理は、この地で脈々と受け継がれ、現在も輝きを放っている。

プラナカン料理の特色

マレー料理と中国料理が融合、さらにタイやインド、ヨーロッパの影響も受け、手の込んだ調理工程で風味や味わいを極めたまさに芸術的な料理。中国料理の調味料に地元のスパイスやハーブなどを取り入れ、辛味調味料の「サンバル」も多用し、奥深い味の世界を作り出す。比較的煮込み料理が多い。マレー料理と同名の料理でも、プラナカンのものはひと味違う。

「クエ」と呼ばれる菓子類もプラナカンのテーブルに欠かせない。ココナッツミルクやヤシ砂糖をふんだんに使ったカラフルな菓子類もぜひ味わってみたい。

右が小エビやアミを塩漬けにして発酵させた調味料、プラチャン。これにトウガラシやニンニク、エシャロットをすりつぶして合わせ炒めたものがサンバル・プラチャン（左）

代表メニュー

バクワン・ケピティン
Bakwan Kepetin

豚ひき肉にカニ肉やエビを加えた贅沢な肉団子のスープ。スープはカニやタケノコのだしが効いたさっぱりと優しい味わい。

クエ・パイティー
Kueh Pie Tee

パイティーとはイギリス紳士のトップハットのこと。そんな帽子型のサクッとしたタルト風カップに、切り干し大根のような食感のバンクアンという野菜を甘く煮たものや小エビ、チリなどを詰めた定番の前菜。

アヤム・ブアクルア
Ayam Buah Keluak

プラナカン料理の代表作。インドネシアから伝わったブアクルアという木の実と鶏肉の煮込み料理。この木の実は先住民が毒矢に使っていたもので、何日もかけて毒抜きをしてから使われる。独特の苦味と味噌のようなコクのあるブアクルアはやみつきになる味。

バビ・ポンテー
Babi Pongteh

ジャガイモと豚肉の煮込み料理。大豆を発酵させた味噌のような調味料や醤油などで煮込まれていて、日本の肉じゃがに通じる味わいの料理。

ンゴー・ヒャン
Ngoh Hiang

もともとは福建料理だが、スパイス使いなどプラナカン風のアレンジが加えられている。豚肉、エビなどをミンチ状にして湯葉で巻き、香ばしく揚げた料理。

サンバル・ウダン
Sambal Udang

エビをサンバルで炒めた、プラナカン風エビチリ。ウダンはマレー語でエビのこと。サンバルのほか、多種類のハーブやエシャロットとともに炒めたエビは奥深くうま味のある辛さ。

プラナカン装飾が美しい住居やプラナカン料理店は、シンガポール東部のカトンエリアに多い。

チャプチャイ
Chap Chai

プラナカン風の五目野菜炒め。具材はキャベツ、キクラゲ、キノコ、春雨など。野菜やキノコから出ただしが春雨にしみ込んでいて、ご飯のおかずにぴったり。

イカン・アサム・ペダス
Ikan Asam Pedas

タマリンドを使った酸味のある、さらっとした魚のカレー。レモングラスやターメリックなどハーブの香りに満ちている。

テロン・ゴレン・チリ
Terong Goreng Cili

揚げナスに生のトウガラシを使ったチリソースと甘めの醬油をかけたシンプルな料理。ジューシーなナスとチリの相性はよく、色味もきれいで、食欲をそそられる。

東南アジア ◎ シンガポール

プラナカンのお菓子

オンデ・オンデ
Onde Onde

ヤシから作る黒砂糖のブラウンシュガー（グラメラカ）が入ったパンダン風味の団子餅。ココナッツフレークをまぶしてある。

クエ・コスイ
Kueh Kosui

ブラウンシュガーの濃厚な香りの餅にココナッツフレークをまぶしてある。ブラウンシュガーのコクのある甘さが存分に楽しめる。

クエ・ラピス **Kueh Lapis**

ジャワ島から伝わった、薄い生地を張り合わせて作る焼き菓子。シナモンやカルダモンなど複数のスパイスを生地に加えているのが特徴。

ラピス・サグ
Lapis Sagu

ういろうのような餅を何層も重ねたもので、プラナカンの代表的クエ。ほんのり甘いココナッツ味。

クエ・サラ
Kueh Salat

白い部分はココナッツミルクで炊いた薄い塩味のもち米、緑色の部分はココナッツミルクと卵、小麦粉を混ぜて蒸した滑らかなカスタードのような食感。

アンクー・クエ
Angku Kueh

長寿のシンボルの亀。その甲羅をかたどった餅は、赤ちゃん誕生の祝いに欠かせないお菓子。甘い餅の中は緑豆やピーナッツのあんが入っている。

プルツ・インティ
Pulut Inti

甘く蒸したもち米に、ブラウンシュガーで煮たココナッツフレークをのせたもの。

クエ・ダダ
Kueh Dadar

ブラウンシュガーで味付けしたココナッツフレークを、ココナッツ風味のクレープで包んだもの（写真のものはブラウンシュガー不使用のタイプ）。

クエ・タピオカ
Kueh Tapioca

タピオカ芋を練って蒸したものにココナッツフレークをまぶしたもの。

ビンカ・ウビ
Bingka Ubi

タピオカケーキ。タピオカに卵やココナッツミルクを加えて焼いたもので、食感はもっちり。

パイナップルタルト
Pineapple Tart

クッキーなどの生地にパイナップルジャムを合わせたお菓子。パイナップルの素材感を残した甘酸っぱいジャムが、バター風味の生地にマッチ。

華麗なる陶器「ニョニャウエア」

プラナカンの陶器は、ニョニャウエアと呼ばれ、ピンクやミントグリーン、イエローなどの鮮やかな色彩が特徴。多くは中国の景徳鎮でプラナカン専用の陶器として製造された。祝いの席で使われるもので、縁起がよい鳳凰や牡丹が描かれた華やかで美しい陶器だ。

モダンなデザインを取り入れたプラナカンカラーの陶器はおみやげにも人気を博している。

食品の保存用に使われるカムチェンと呼ばれる蓋付きのポット。写真はプラナカン博物館展示品

鳳凰が描かれた70〜90年前の絵皿

おみやげにも人気で、写真はカムチェンを模した小物入れ

プラナカンモチーフのティーセット

プラナカンの住まいを彩るのが、アールヌーヴォー調の花柄タイル。このタイル柄をモチーフにした雑貨も人気。

フィリピン

Republic of the Philippines

フィリピノ語でおいしいは
Masarap！
マサラップ

島国のフィリピンは新鮮な魚介を使った料理はもちろん、スタミナ満点の肉料理も豊富。味付けが濃く、ご飯が進む料理が多いのもフィリピン料理の特徴だ

DATA
- 首都：マニラ Manila
- 言語：フィリピノ語、英語
- 民族：マレー系が主体でほかに中国系、スペイン系、少数民族

主食
米。毎食欠かせないほど米の消費量が多い。日本とは異なり、長粒のインディカ米が主流。朝食にはパンもよく食べる。

大小7641もの島々からなる群島国家、フィリピン。かつては約350年も続いたスペインの植民地であり、米西戦争後は40年以上アメリカの支配下におかれた。さらに古くから中国との交流が盛んだったこともあり、現在のフィリピンの食文化には、豚の丸焼きのレチョンに代表されるスペイン由来の料理、中国由来の麺料理、アメリカによってもたらされたファストフードのようにスペイン、中国、アメリカの影響が残されている。しかしながら多民族国家であることや熱帯性の気候も手伝って、素材や調理方法などに独自のアレンジが加えられている。フィリピンの料理は塩辛い、酸っぱい、甘い料理が多く、魚などの発酵調味料もよく使われている。

平野部の少ないフィリピンでは山間部でも米作りが行われる。写真はルソン島の棚田

もっと知りたい！ 食の雑学

フィリピンの珍味、バロットって何？

バロットとは、ふ化しかけたアヒルの卵をゆでたもので、塩や酢で味付けして食べる。見た目はグロテスクだが、鶏肉と卵の中間のような味わいでクリーミーな黄身が美味。フィリピンでは夕方以降に食べることが多い。

バロットは市場や路上で売られている

ベトナムにもあり、ホッヴィッロン（チュンヴィッロン）と呼ばれている。

代表的なフィリピンの調味料

フィリピン料理に欠かせない定番の調味料は、トヨ（醬油）、スーカ（酢）、パティス（魚醬）、バゴオンという小さなエビや魚の発酵調味料。バナナから作るバナナケチャップもフィリピンならではの調味料だ。

ナイフは使わない？食事の作法

左手にフォーク、右手にスプーンを持って食べるのが一般的。伝統的にはカマヤンと呼ばれる手食だったこともあり、できたての熱い料理ではなく少し冷ましてから食べる。大皿料理を自分の皿に取り分けるスタイル。

フィリピンの酢は種類が豊富。ココナッツ酢、サトウキビを原料とした甘酢など。酸味付けにはカラマンシーやタマリンドも使われる。

東南アジア ◎ フィリピン

編集部が選ぶ 必食グルメ TOP5

ご飯をたくさん食べられるよう、どの料理もご飯が進む味付けばかり。野菜たっぷりなのもうれしい。

1 シニガン Sinigang

日本の味噌汁のような立ち位置の伝統的なスープ。トマトやオクラなどたっぷりの野菜のほか、エビ、豚肉や魚なども入り具だくさん。タマリンドで酸味付けしているのでさっぱり食べられる。

2 アドボ Adobo

豚肉や鶏肉、牛肉などをニンニク、酢、醤油に漬けて軟らかくなるまで煮込んだ家庭料理。この料理を見たスペイン人がアドバール（酢に漬けるの意味）と呼んだことが料理名の由来とか。

3 シシグ Sisig

炭火で焼いた豚耳や豚のほお肉などを細かく刻み、ニンニクやタマネギ、トウガラシと一緒に炒め、醤油やマヨネーズで味付けしたルソン島のパンパンガ地方の料理。最後に生卵をトッピング。

4 バッチョイ Batchoy

パナイ島のラパズ地区発の麺料理。鶏肉や牛肉のあっさりめのスープに中華麺を合わせ、タマネギなどと炒めたレバーやホルモン、豚肉、鶏肉のほか、豚皮を揚げたチチャロンをトッピング。

5 カレカレ Kare-Kare

牛テールをナスやインゲンなどの野菜と一緒にピーナッツソースで煮込んだ料理。地域や家庭によっては牛肉ではなく、豚肉や鶏肉、ヤギ肉を使うこともある。もともとはハレの日の料理。

フィリピン料理はラードを使用するものが多いが、これはスペイン植民地時代にもたらされたもの。

もっと知りたい！ フィリピン料理

スープ

ご飯と一緒に食べるため、具がたっぷり入って栄養も満点で、メインにもなりうるボリューミーな一品が多いフィリピンのスープ料理。スープはご飯にかけたり、ご飯を浸して具と一緒に食べたりする。

ブラロ
Bulalo

骨付き牛肉を肉がホロホロに軟らかくなるまでじっくり煮た料理でスープに牛骨のうま味やコラーゲンがしみ出し濃厚。トウモロコシや白菜なども入る。マニラ南部の町、タガイタイの名物料理。

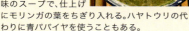

ティノーラ・マノック
Tinola Manok

ショウガが効いた鶏肉とハヤトウリのスープ。さっぱりとした薄味のスープで、仕上げにモリンガの葉をちぎり入れる。ハヤトウリの代わりに青パパイヤを使うこともある。

ソーパス
Sopas

クリーミーなチキンマカロニスープ。アメリカのチキンヌードルスープのフィリピン版でアメリカの統治時代に生まれた料理。野菜もたっぷり入り、朝食や体調の悪いときに食べられている。

前菜・野菜料理

フィリピンの前菜といえば春巻のルンピア。紹介のルンピア・シャンハイのほか生春巻などバリエーションがある。生野菜をあまり食べないフィリピンでは野菜はスープの具にするほか煮込んだり炒めたりすることが多い。

ルンピア・シャンハイ
Lumpia Shanghai

フィリピン風の揚げ春巻。中の具は豚ひき肉、野菜などで、酢醤油やバナナケチャップに付けて食べる。エビや豚肉を薄いクレープのような生地で巻いた生春巻はルンピア・サリワという。

ピナクベット
Pinakbet

カボチャ、ナス、オクラ、ニガウリ、トマト、インゲンなどの野菜をバゴオン・アラマン（エビの発酵ペースト）で炒め煮にした料理。ルソン島イロカノ地方の名物料理として知られる。

パコサラダ
Paco Salad

ワラビによく似たシダ科の植物、パコのサラダ。パコの葉の先端部分を、トマト、タマネギなどと一緒にニンニク、酢、柑橘類のカラマンシーなどで作るソースであえる。エビが入ることも。

Column
フィリピンの朝食の定番！ワンプレートご飯「シログ」

シナンガグ（＝ガーリックライス）とイトログ（＝卵）からなる略語であるシログは、ガーリックライスと目玉焼きに肉料理をのせたワンプレートご飯。肉料理は、酢と醤油でマリネした牛肉を炒めたビーフタパ、マリネした豚バラグリルのトシノ、コーンビーフ、豚肉ソーセージのロンガニーサなどが代表メニュー。ご飯には酢をかけて食べるのが一般的。

肉料理によって「○○シログ」というように名前が変わる。左はビーフタパのシログ、タプシログ。右はロンガニーサというフィリピン風チョリソーがのったロンシログ。肉料理だけでなく魚がのるシログもある

 朝食にはパンもよく食べられており、フィリピン風ロールパンのパンデサルがポピュラー。パンデサルはスペイン語で塩パンの意味だが、フィリピンのパンデサルはほんのり甘い。フィリピンの人々はこのパンデサルと甘いコーヒーで朝食を取るそう。

肉料理

フィリピン料理は肉のバリエーションが非常に豊富で、フィリピンの人々は肉をよく食べる。肉料理で使われるのは牛肉、豚肉、鶏肉、ヤギ肉など。特に豚肉は頭からつま先まで無駄なくさまざまな料理に使われる。

クリスピー・パタ
Crispy Pata

豚足を塩と一緒にゆでてから、醤油や酢、スパイスなどで味付けをし、黄金色になるまでじっくり揚げた料理。表面はカリカリ、中はふんわりジューシーでビールのつまみにぴったり。

レチョン・バボイ
Lechon Baboy

子豚の丸焼き。内臓を処理した子豚の腹にレモングラスなどの香草、タマネギなどを詰め、串刺しにして回転させながら長時間じっくりとロースト。祭りや結婚式に欠かせない料理でもある。

ビコール・エクスプレス
Bicol Express

豚肉をトウガラシと一緒にココナッツミルクで煮込み、バゴオンで味付け。フィリピン料理では珍しくスパイシーな料理だが、ココナッツミルクが辛さを緩和。ルソン島ビコール地方の料理。

ディヌグアン
Dinuguan

ブラッドシチューとも呼ばれる、豚のホルモンを豚の血で煮込んだシチュー。トウガラシ、ニンニク、酢、醤油または魚醤などで味付け。好き嫌いの分かれる料理だが、鉄分など栄養は満点。

チキン・イナサル
Chicken Inasal

ローストチキン。イナサルとは炭火でローストした料理のことで、豚肉バージョンもある。味付けは複数あるが醤油や砂糖を使った甘辛いたれが多い。ネグロス島の町、バコロドの名物料理。

カルデレータ
Caldereta

フィリピン風ビーフシチュー。スペインから伝わった料理のひとつで、牛肉をジャガイモやニンジンなどの野菜と一緒にトマトソースで煮込む。豚肉やヤギ肉バージョンもあるが牛肉が一般的。

トクワット・バボイ
Tokwa't Baboy

厚揚げと豚肉のあえ物。豚肉はバラ肉または豚耳が使われることが多く、醤油、酢、柑橘類のカラマンシーなどで酸味を効かせて味付け。酒のさかな(プルータンという)の人気メニュー。

Column
軍隊伝統の食事法
ブードルファイトって何？

フィリピンの陸軍士官学校で仲間意識を高め、素早く食事をすることを目的に始まったといわれる軍隊式の食事方法、ブードルファイト(Boodle Fight)。バナナリーフの上にご飯、豚肉、鶏肉、魚、野菜、麺類などの料理が豪快に盛り付けられ、大勢で囲んでいっせいに手で食べる(手食＝カマヤンというフィリピン伝統の食べ方)というもの。フィリピンではお祝いの席やピクニックなどで、大勢が集まる際にブードルファイトが好まれるのだとか。近年は、マニラなどを中心にブードルファイト専門店も登場し人気を集めている。

肉や魚介料理はBBQスタイルや揚げ物が多い。料理のほか果物などものる

 レチョンのソースは醤油と酢にトウガラシやカラマンシーを足して自分好みに調整する。

もっと知りたい！ フィリピン料理

魚介料理

海に囲まれているフィリピンは新鮮な魚介がたくさん。生で食べることは少なく、焼いたり蒸したりゆでたりと、火を通して食べるのが一般的。ミルクフィッシュやティラピアなどフィリピンならではの魚介も魅力だ。

ダイン・ナ・バングス
Daing Na Bangus

バングスとはミルクフィッシュと呼ばれるフィリピン全土で食べられている白身魚のこと。バングスを酢でマリネしカリッと揚げた料理で、シログ（→P.156）のメインのおかずとして人気。

キニラウ
Kinilaw

マリネした生の魚を、細かく刻んだキュウリやトマト、タマネギなどの野菜と一緒に混ぜ、柑橘類のカラマンシーを搾った料理。魚のほかエビが使われることも。キニラウとは生で食べるという意味。

イニハウ・ナ・ティラピア
Inihaw Na Tilapia

ティラピアの焼き魚。臭みがなく肉厚な白身がおいしい淡水魚のティラピアは、フィリピンではおなじみの魚。グリル以外にも、スープにしたり揚げたりと、さまざまな調理方法がある。

ガーリック・シュリンプ
Garlic Shrimp

エビをたっぷりのニンニクと醤油で炒めたもの。新鮮な魚介を使ったシーフード料理店が多いセブ島などでは非常にポピュラー。バターを入れたガーリック・バター・シュリンプも人気。

パクシウ・ナ・サプサプ
Paksiw Na Sapsap

パクシウとは、魚を酢で煮込んだ料理のことでタマネギやニンニクなどと一緒に煮る。サプサプは日本ではスズキ目のヒイラギのことで小さな魚。フィリピンでは干物としてよく食べられている。

カラマレス
Calamares

イカのフリット。フィリピンでは醤油や酢に付けて食べる。イカ料理はほかに、トマトやタマネギをイカに詰めて焼き、刻みトウガラシが入った醤油に付けて食べるグリル料理も人気。

ミックス・シーフードグリル
Mix Seafood Grill

カニやエビ、魚、イカ、ホタテなどの貝類と、さまざまな海の幸をグリルしてひと皿に盛り付けた料理。シーフード料理店などで提供していることが多く、海沿いの町では安く食べられる。

Column
フィリピンで人気No.1のファストフード店「ジョリビー Jollibee」

フィリピンで圧倒的な支持を集めている大人気ファストフード店

白いコック帽をかぶった赤いミツバチのキャラクターが目印の「ジョリビー」。フィリピン全土はもちろん東南アジア諸国や中国、アメリカ、アラブ諸国など世界にも進出しているフィリピン発のファストフード店だ。ハンバーガーやフライドチキンといった、いわゆるファストフードチェーンにあるメニューも並ぶが、スパゲティやハンバーグ、フィリピンの郷土料理、セットメニューではご飯も選べるなど、フィリピンならではのメニューが盛りだくさん。フィリピンを訪れたら一度は行ってみたいご当地グルメなのだ。

フィリピンの高級魚といえば、ラプラプと呼ばれるハタ科の魚。淡白で上品な味わいから「魚の王様」と呼ばれている。

麺料理

中国料理の影響を受けているフィリピンは麺料理も豊富。麺料理の総称をパンシットといい、ビーフンや米麺、小麦麺などさまざまな種類の麺、調理方法が用いられる。パンシットは柑橘類のカラマンシー添えが基本。

パンシット・カントン
Pancit Canton

焼きそば。卵麺のカントンを、キャベツ、ニンジン、タマネギ、豚肉などの具材と一緒に炒め、醤油、魚醤、オイスターソースなどで味付け。ビーフン版のパンシット・ビーフンもポピュラー。

パンシット・パラボク
Pancit Palabok

あんかけ麺。ひき肉とエビをニンニクなどと一緒に炒め、とろみを付けたあんをパラボクという黄色いコンスターチ麺または米麺のビーフンにかけ、ゆで卵、刻みネギをトッピング。

マミ
Mami

フィリピン風のスープラーメン。牛肉入りのビーフマミや鶏肉入りのチキンマミなどの種類があり、中華麺を使用。基本は醤油ベースの味付けで、具はキャベツ、ネギなど。屋台料理でもある。

スイーツ

ハロハロに代表されるフィリピンの甘味は、ココナッツミルクやバナナ、ウベ（紫紅芋）など、南国ならではの食材を使った甘くて素朴なものばかり。バナナの揚げ春巻や豆腐デザートなど、中国風デザートも多い。

ハロハロ
Halo Halo

ウベ（紫紅芋）アイス、レチェフラン、フルーツ、甘く煮た豆、ゼリー、クラッシュアイスなどが入ったデザート。ハロハロはタガログ語で「混ぜこぜ」の意味で、具を混ぜ合わせて食べる。

レチェフラン
Leche Flan

フィリピン風カスタードプリン。コンデンスミルクとエバミルクを使うため、口当たりなめらかでねっとり濃厚。甘くてリッチな味わいが特徴だ。カラメルソースをかけて食べる。

タホ
Taho

軟らかな食感の豆腐にサゴ（サゴヤシの幹から取るでんぷんから作るゼリーのようなもの）をのせ、黒蜜をかけた甘さ控えめのデザート。路上で売られていることが多く、朝食に食べる人もいる。

Column
フィリピンは1日5食？ メリエンダ文化

スペイン統治時代にもち込まれたメリエンダ文化。メリエンダとは間食のことで、フィリピンでは1日3度の食事に加えて、朝食と昼食の間と昼食と夕食の間の2回、間食を取る人が多い。間食といっても、スナックやスイーツのおやつ感覚の軽い食事を取る人もいれば、ファストフード店のハンバーガーや、1食分の食事をしっかり取る人などさまざま。街なかには、あちらこちらに屋台が立ち、メリエンダ用に麺類のパンシット、揚げバナナのバナナキュー、バナナの春巻のトゥロンなどが売られており、メリエンダタイムになると多くの人でにぎわう。

街なかの屋台の様子。メリエンダの食文化も背景にあってか、フィリピンでは食習慣による生活習慣病が問題になっている

ウベ（紫紅芋）を使う伝統菓子は多く、代表的なものはクリスマスに食べられる餅菓子のプト・ブンボンや、米粉蒸しパンのプトなど。

ブルネイ

Brunei Darussalam

マレー語でおいしいは
Sedap！
スダップ

ブルネイ最大の夜市「ガドンナイトマーケット」。およそ100店舗の店が集まり、多彩なブルネイグルメが堪能できる

DATA
首都：バンダル・スリ・ブガワン Bandar Seri Begawan
言語：マレー語、英語、中国語
民族：マレー系67.4%、中華系9.6%、そのほか23%

主食
米。日本の米とは異なり、グルテンが少ない長粒米が主流。麺もよく食べられており、卵麺、米麺など種類も多い。

緑豊かなブルネイは国土の70％以上を熱帯雨林が占める。世界最古の熱帯雨林ともいわれる

　世界第3位の島面積をもつボルネオ島の北側に位置する小国ブルネイ。ボルネオ島は南側がインドネシア領、北側がマレーシア領で、ブルネイは三方をマレーシアに囲まれ、北側は南シナ海に面している。ほかの東南アジアの都市と同じく、ブルネイも大航海時代からアジアとヨーロッパを結ぶ交易の中継地点として栄えた歴史をもつ。こうした地理的・歴史的背景からブルネイの食文化はマレーシアを基盤にインドネシアや中国、インドなどの影響を受けた料理が多い。さらにイスラム教を国教としているためハラールにのっとった食材や調理方法が主流だ。アルコールがないぶん、食への関心が高く、多種多様な料理やスイーツが存在する、知られざるグルメ大国でもある。

食の雑学 もっと知りたい！

金曜とラマダンは注意！ブルネイの食事
　イスラム教の国であるためラマダン（断食月）は日中は多くの店が休業となる。また、ブルネイは金曜と日曜が休み。集団礼拝のある金曜の12:00〜14:00頃はレストランはもちろん公共交通機関もストップする。

調理方法も多彩 シーフード料理
　南シナ海に面したブルネイは新鮮で豊富な魚介類も魅力。調理方法もシンプルなボイルやグリルのほか、辛味調味料サンバルを塗って焼いたものや黒コショウやチリソース、濃厚な味わいの塩卵ソースで炒めたものもある。

ブルネイの パン系料理、ロティ
　軽食としても親しまれるロティは種類が豊富。代表的なものはコッペパンに似たパンに卵やチーズ、チリソースを挟むロティ・ジョン、ココナッツミルクに卵黄と砂糖を加えて作るカヤジャムを挟むロティ・カウィンなど。

暑い国ならでは！ ブルネイのドリンク
　広く飲まれているのが練乳入りの紅茶テタレ。紅茶はこのほかミルクと紅茶が層になったテタレ・インディア、柑橘類入りのものなど。ローズシロップ＆練乳のバンドゥン、スイカジュース、サトウキビジュースなどもある。

ブルネイ料理は基本的には辛くない料理が多く、付けだれの辛味調味料サンバルやチリソースなどで好みの辛さに調節する。

160

編集部が選ぶ 必食グルメ TOP5

マレーシアに似た料理が多いがブルネイ独自の料理もある。ジューシーな鶏肉や新鮮な魚介類も好まれている。

1 アンブヤ
Ambuyat
くず餅のような食感のとろみのあるアンブヤは、魚の煮付けや専用の各種たれなどと一緒に食べるブルネイの伝統食。アンブヤとはサゴヤシの樹液から作るでんぷん質で、お湯で溶いて作る。

2 イカン・サライ
Ikan Salai
身はふっくら、皮はパリッと香ばしく炭火焼きにした魚。シンプルな調理方法だけに鮮度が物をいう。イカンとは魚のこと、サライとはいぶすことを意味し、炭火料理全般を指す。

3 ナシ・カトック
Nasi Katok
鶏肉料理とご飯(ナシ)のセット。携帯できる手軽な食事として人気が高まり「店のドアをノック(カトック)する人が増えた」という逸話からナシ・カトックと呼ばれるようになったという。

4 コロミー
Kolo Mee
コシのある細麺に醤油ベースのたれをからめた汁なし麺。トッピングは、店によって異なるがチャーシュウやそぼろ肉、ネギなどのほか、ベーコンや鶏のから揚げがのることもある。

5 ソト
Soto
ソトとはスープのことで、インドネシアやマレーシアでも一般的。ブルネイではこのソトに中華麺と米麺をミックスし、ゆで卵などの具材をのせたソト・ミー・カウイン・ブルネイが人気。

東南アジア ◎ ブルネイ

アンブヤは食糧難の時代に考案された保存食。ドリアンやエビの発酵調味料など、香りの強いたれ(チャチャ)に付けて食べる。

南アジア
South Asia

東南アジアより西側、中央アジアより南側、西アジアより東側に位置し、インド洋の島国も含めたエリアが南アジア。総面積はおよそ450万km²、人口は19億人を超えているが、その面積・人口の大半をインドが占めている。北側は4〜6月は45℃を超え、冬場は冷え込む。南側は年間を通して温暖な気候。料理は多種多様なスパイスの組み合わせが特徴。

アフガニスタン →P.196
中央アジアと南アジアの交差点に位置する内陸国。「文明の十字路」ともいわれ、古代から多様な文化が融合して発展してきた。乾燥した気候で国土の4分の3が山岳や高原。

アフガニスタン
（P.196）

パキスタン
（P.194）

パキスタン →P.194
古代インダス文明が生まれたインダス川周辺の平野部と、西部および北部の山岳地帯からなる。隣国インドとはカシミール地方の帰属をめぐって緊張状態が続くが、国境ワーガで毎夕行われる両国のフラッグセレモニー（国旗格納式）は観光名所でもある。

インド →P.164
南アジア一の国土をもち人口は世界一。今後日本、ドイツを抜いてGDP世界3位の経済大国になることが確実視される。地域によって気候も言語も異なり、グルメも多彩。

モルディブ →P.192
インド洋に浮かぶ1192もの小島からなるリゾートアイランド。島まるごとリゾートという1島1リゾートが基本で、その数は150以上にも及ぶ。

モルディブ
（P.192）

チャゴス
諸島

▶おもな農産物　米　小麦　雑穀　イモ類　トウモロコシ

ネパール →P.176

南はインド、北はチベット自治区に挟まれた内陸国。世界最高峰のエベレストを有するヒマラヤ登山の玄関口として、世界中から観光客や登山客が訪れる。

ブータン →P.180

「世界一幸せな国」として日本のメディアにも紹介された小さな国。ヒマラヤ山脈の南麓に位置し、山に囲まれた牧歌的な風景が、昔ばなしの世界のよう。

ネパール
（P.176）

ブータン
（P.180）

バングラデシュ →P.182

2度の独立を経て誕生した。周辺をインドに囲まれた形で、南はミャンマーと接する。国土を流れる3つの大河の恵みである魚と、豊穣な土壌で育つ米がベンガル人の元気の源。人口密度世界一の首都ダッカの渋滞は社会問題。

インド
（P.164）

バングラデシュ
（P.182）

ガラムマサラ
インドの代表的な
ミックススパイス

スリランカ
（P.186）

スリランカ →P.186

インドの南東側、インド洋に浮かぶ緑豊かな島国。北部は平地、中央には山脈があり、南部へ行くにつれ山岳地帯や高原地帯が増える。紅茶や香辛料の産地として有名。

マメ類　バナナ　トマト　ブドウ　香辛料　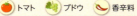ナッツ類　柑橘類　オリーブ

163

インド

Republic of India

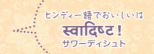
ヒンディー語でおいしいは
स्वादिष्ट！
サワーディシュト

バターチキンカレー、豪華なインド定食ターリー、タンドゥーリーチキンなど、日本人になじみが深いのは北インド料理

DATA
首都：ニューデリー New Delhi
言語：ヒンディー語。ほかに憲法で公認されている州の言語が21言語。英語もよく通じる
民族：インド・アーリヤ族、ドラビダ族、モンゴロイド族など

主食
北インドではナンやチャパティなど小麦を使ったパン（ロティ）、南・東インドでは米、西インドではその両方が主食となる。

　南アジア随一の面積に14億人以上が暮らすインドは、2023年に中国を抜いて世界最多の人口になった。成長著しいインドパワーの源グルメといえばやっぱりカレー！　しかしカレーとはそもそもスパイスを多用して調理した料理の総称であり、ひと口にカレーといってもバリエーションは無限大。インドをざっくり4つに分けると、首都のニューデリーを中心とする北インドは宮廷料理が起源のリッチなメニューが多く、南インドは魚介を使ったメニューが豊富。日本人にはなじみがないが、西インドのパールスィー（ゾロアスター教徒）料理や東インドのベンガル料理なども有名だ。気候や風土、宗教・習慣の違いによって育まれた多様な食文化を、エリアごとに紹介しよう。

ターメリック、カルダモン、クミンなど多種多様なスパイスがインド料理の要

もっと知りたい！ 食の雑学

インド料理に必須のガラムマサラとは
　コリアンダー、クミン、クローブ、コショウ、シナモンなど複数のスパイスをブレンドして作られたインドの万能スパイス。ターメリックは入っていない。カレーのスパイスや肉の下ごしらえに使われる。

カレーに使われる多様なスパイス
　インド原産ではコショウ、カルダモン、ターメリック、原産ではないが自生していたクミンやコリアンダーもよく使われる。ほかに東南アジア原産のクローブや、中南米産のトウガラシ、酸味付けにはタマリンドが使用される。

中華料理×スパイス＝インド中華
　イギリス領時代からコルカタに住んでいた中国系移民コミュニティの料理が都市部に広がり「インド中華」というジャンルを確立したといわれる。焼きそばや炒飯など親しみのある料理にスパイスを加えた新感覚中華だ。

食後はフェンネルでリフレッシュ
　レストランでの食事のあとにスパイスが出てきたりレジ付近にスパイスが置いてあったり。これはフェンネルという植物の種で、口臭予防や消化促進などの効果がある。手のひらに少し取ってそのまま口へ。

インドでは飲酒OK。しかしヒンドゥー教やイスラム教では飲酒が禁止されているため、飲酒には配慮が必要。

編集部が選ぶ 必食グルメ TOP5

インド料理といえばスパイス！素材の味を引き立てるスパイスの香りや刺激にやみつきに。

1. バターチキン
Butter Chicken

ヨーグルトやスパイスに漬けた鶏肉をタンドゥールと呼ばれる土窯で焼き、トマト、生クリーム、バターのマサラ（ソース）と合わせた、北インドを代表するクリーミーなカレー。

2. タンドゥーリーチキン
Tandoori Chicken

鶏肉をスパイスとヨーグルトに漬け込み、土窯（タンドゥール）で焼く肉料理。タンドゥールはムガル帝国の侵略とともにアフガニスタンから伝わったともいわれる。

3. パーラク・パニール
Palak Paneer

パニールというカッテージチーズに似た白チーズとピューレ状のホウレンソウを合わせたまろやかなカレー。北西部パンジャーブ地方の料理。サーグ・パニールともいう。

4. ビリヤーニー（ビリヤニ） Biryani

インド亜大陸のイスラム教徒の間で生まれた炊き込みご飯。シンガポール、マレーシア、ミャンマーなど東南アジアにもインド亜大陸起源のビリヤーニーがあるが、本場はイスラム教徒の多いパキスタン、インドなど。

5. ミーン・コランブ
Meen Kuzhambu

南インドのフィッシュカレー。タマリンドやトマトで酸味付けし、さっぱりとした汁気のあるスープが特徴。タミル語でミーンは魚、コランブはスープのこと。

一般的なビリヤーニーの調理法は、あらかじめ肉や野菜とスパイスで調理されたマサラ（ソース）に半分ほどゆでたバスマティ米をのせて炊き込む方法。

165

もっと知りたい！ インド料理

北インド料理

首都のニューデリーを中心とする北インド。ムガル帝国の宮廷料理の流れをくむムグライ料理や、乳製品を多用するパンジャーブ料理、祝宴料理が有名なカシミール料理など、リッチで濃厚なメニューや肉料理が豊富。

チキン・シャージャハーニ
Chicken Shahjahani

カシューナッツやヨーグルト、生クリームを使った白いチキンカレー。タージ・マハルを建設したムガル皇帝シャー・ジャハーンの名を冠したインド宮廷料理。チキン・ムグライともいう。

チキン・ティッカ
Chicken Tikka

骨なしの鶏肉のグリル料理。タンドゥーリーチキンと同様にスパイスとヨーグルトに漬け込んだ鶏肉を使い、木炭などで串焼きにすることが多い。

ニハーリー
Nahari

牛や羊の塊肉、骨付き肉を長時間煮込んだシチューで、北インドでは朝食の定番。インド亜大陸のイスラム教徒の料理で、パキスタンでもよく食べられる。

シーク・カバブ
Seekh Kabab

おもにイスラム圏で食べられている肉の串焼き料理。インドやパキスタンではミンチにした羊やヤギ肉、鶏肉を串に巻き付けたものが多い。生タマネギ、ミントチャツネが添えられる。

ローガン・ジョシュ
Rogan Josh

カシミール地方の郷土料理で、カシミールのコース料理、ワズワンのメイン料理。羊またはヤギ肉のスパイシーなカレーで、色鮮やかなカシミールチリを使う。ローガンとはグレービーソースに浮いた脂。

ハリーム
Hareem

肉と豆、麦を長時間煮込んだイスラム圏のシチュー。ラマダン（断食月）中の日没後の食事でも食べられる。アラブ諸国に起源をもつとされる。

ダール・タルカ
Daal Tadka

インドの国民的料理。レンズ豆をひき割りにした優しい味わいのムングダールのカレー（ダール）にスパイスで香り付けした油（タルカ）をかけたカレー。

豆の風味が豊か

Column
インドカレーを手で食べてみよう

インドには「手食」という食文化があり、右手を使って食事をするのが礼儀とされている。これは神聖なものとされる食べ物を、神聖なる手（右手）で食べるというヒンドゥー教の教えに基づいている。触覚を刺激することでさらにおいしく感じられるだろう。

1
ひと口大のお米を親指とその他の指で包み込む

2
お米を持ち上げ親指以外の4本の指先にのせる

3
指先にのせたお米を親指で押し出すようにして口に入れる

インドでも最近はスプーンやフォークを使って食べる人が多く、外国人旅行者も手を使って食べる必要はない。

南インド料理

米が主食の南インドでは、サラッとしたソースのカレーをご飯にかけて食べるのが主流。ベジタリアン料理が豊富だが、海岸線に囲まれているので魚介類のメニューももちろんおいしい。

サンバル Sambhar

トゥールダール（キマメのひき割り）をナス、オクラ、ドラムスティックなどの野菜と煮込んだ南インド定番のスープ。ミールス（→P.171）はもちろん、軽食にも欠かせない。

ラッサム Rasam

コショウを効かせた酸味のあるサラッとしたスープ。タマリンドで酸味付けするが、トマトを使用する場合はトマト・ラッサムと呼ばれる。ミールス（→P.171）の定番メニュー。

チェティナード・フィッシュマサラ Chettinad Fish Masala

スパイスでマリネした魚をたっぷりの油で揚げ焼きにしたタミル・ナードゥ州南部チェティナード地方の魚料理。交易が盛んだったチェティナードには独自の食文化が息づく。

レモンライス Lemon Rice

レモンが香る米料理。マスタードシード、カレーリーフ、ターメリックなどと一緒に米を炒め、レモン果汁で香り付けする。日持ちするのでバナナの葉に包んでお弁当にすることもある。

ポリヤル Poriyal

野菜のスパイス炒めで、北インドではサブジという。キャベツ、インゲン豆などをターメリック、マスタードシード、カレーリーフなどのスパイスで蒸し炒めにする。ケーララでは野菜＆スパイスにココナッツファインを加えたトーレンが有名。

ミーン・ポリチャットゥ Meen Pollichathu

ターメリック、チリ、ショウガ＆ニンニクなどのスパイスでマリネした魚を揚げ、トマトやタマネギベースのカレーと一緒にバナナの葉で包み焼きにしたケーララ料理。

アヴィヤル Avial

ジャガイモ、ニンジン、インゲン豆などの野菜をココナッツファイン、ヨーグルト、スパイスと一緒にさっと煮たケーララの野菜料理。

本場の味を日本で体験！

三燈舎 SANTOSHAM

南インド州ケーララ出身のシェフが腕を振るう本格的な南インド料理がカフェ風のおしゃれな店内で食べられる。魚介を多用し、少量のスパイスで仕上げたカレーはサラッとしていてお米とベストマッチ。複数のカレーを混ぜてどんどん変わる味わいを楽しんで。

🏠 千代田区神田小川町3-2　古室ビル2F
☎ 050-3697-2547
🚇 地下鉄神保町駅A7出口から徒歩7分
🌐 santosham.tokyo

3種のカレー、パパド、ライス、ラッサム、サンバル、ドーサまたはパドゥーラが付くランチセット

インドの伝統医療アーユルヴェーダの本場は南インド。アーユルヴェーダに基づいた食事ができるレストランは日本にも増加中。

もっと知りたい！インド料理

東インド料理

ガンジス川など大きな河川や海に近いこともあり、魚をたくさん食べる地域。バングラデシュに隣接する西ベンガル州では魚介を多用するベンガル料理が有名。北東部のシッキム州にはチベットやモンゴルの影響を受けた料理も。

マトン・コッシャ
Mutton Kosha

ベンガル風の濃厚マトンカレー。コッシャとは炒めてから水分が少なくなるまで煮詰める濃厚なソースが特徴の料理のことで、ムガル帝国の宮廷料理の流れをくむ。

マチェル・ジョル
Macher Jhol

西ベンガル州、オリッサのスパイシーなフィッシュカレー。ターメリック、塩でマリネした魚を揚げ、パンチポロン（ベンガル地方のミックススパイス）、トマトソースで煮込む。

ショルシェ・イリッシュ
Shorshe Ilish

マスタード風味のベンガル風フィッシュカレー。ショルシェとはマスタードのことで、マスタードオイル、すりつぶしたマスタードを使用。イリッシュは隣国バングラデシュの国民的な魚。

チングリ・マライ
Chingri Malai

ベンガル料理を代表する、エビのクリーム煮。エビのだしがココナッツミルクベースのクリーミーなソースにしみ出て絶品。チングリはベンガル語でエビ、マライはクリームのこと。

マトン・レザラ
Mutton Rezala

西ベンガル州コルカタのイスラム料理。ムガル帝国の宮廷料理、ムグライ料理のひとつ。カシューナッツやポピーシードペーストが効いたリッチな味わい。

アールー・トルカリ
Aloo Tarkari

スパイスたっぷり

ジャガイモが主役のベンガル風野菜カレー。アールーはジャガイモ、トルカリはおかずの総称。ジャガイモとその時期の野菜を使って作る副菜。

チキン・マンチュリアン
Chicken Manchurian

インドで発展した中華料理、インド中華の代表的なメニューの満州風チキン。揚げた鶏肉に、本場の中国料理には使わないスパイスが効いたあんをからめたもの。

Column
スパイスカレー入門の前に「N.HARVEST」でオーガニックスパイスをゲットしよう！

製法や産地にこだわったオーガニックのスパイス、紅茶、ドライフルーツ、ハーブティーなどのフェアトレード品を扱うショップ。インド、パキスタン、スリランカ、トルコなど世界各国のスパイスがズラリと並ぶ店内は異国感たっぷり。店内奥の工房で調合されるカレースパイスがいち押し。お店のウェブサイトにはスパイスの使用方法やスパイスを使った料理のレシピが掲載されている。

N.HARVEST エヌ・ハーベスト
住 東京都杉並区松庵3-31-17　畑下ビル1F
TEL 03-5941-3986
交 JR西荻窪駅南口徒歩6分
URL nharvestorganic.com

左はオリジナルの有機カレースパイス甘口、右は料理の始めに油で炒めて使う有機スタータースパイス。いつものカレーが本格的に

 ベンガル料理はマスタードを多用するのが特徴。まろやかな味わいのなかにピリッとくるマスタードが刺激的。

西インド料理

州都ムンバイがあるマハーラーシュトラ州など4州を含む西インド。マハーラーシュトラ州は豆類を多用した素朴な料理が多く、ムンバイはストリートフードが豊富。インドの西海岸に位置するゴア州は魚料理が豊富。

ダンサク
Dhansak

ペルシア（現イラン）系インド人、ゾロアスター教徒によるパールスィー料理の代表メニュー。レンズ豆とマトンなどの肉、野菜をじっくり煮込んだコクのある味わい。

カンダ・ポヘ
Kande Pohe

干し米を使った焼き飯で朝食や軽食の定番。カンダはタマネギ、ポヘは干し米のことで、ピーナッツ、カレーリーフ、ターメリックなどのスパイスと炒める。

カリー・パコラ
Kadhi Pakoara

「Curry」とは別物で、ヒヨコ豆の粉末、ベサン粉とヨーグルトのペーストをサッと煮た、酸っぱ辛いラジャスターン州のカレー。インドの天ぷら、パコラを合わせたカリー・パコラが有名。

ウンディユ
Undhiyu

グジャラート州の野菜カレーは、冬によく食べられている。根菜などの冬野菜をベサン粉、ココナッツのほか、ターメリック、クミンなどのスパイスと合わせて煮込んだ料理。

チキン・コールハープリー
Chicken Kolhapuri

チリをたっぷり使うマハーラーシュトラ州南部の町、コールハープルの料理。キャラウェイ、白ゴマ、メースなどさまざまなスパイスを合わせたグレービーで鶏肉を煮込んだ、複雑な辛味。

アムティ
Amti

マハーラーシュトラ州の豆（ダール）カレー。ジャグリー（未精糖のサトウキビ砂糖）や西インドでよく使われるコサムという酸味のあるスパイスで作るため、甘酸っぱい独特の風味。

ポーク・ヴィンダールー
Pork Vindaloo

ポルトガルの豚肉料理に起源をもつ、西部ゴアの名物カレー。豚肉をたっぷりのヤシ酢や赤トウガラシを使いじっくり煮込んだ酸味の効いたメニュー。

Recipe
本場の味を自宅で再現！
◎ **タンドゥーリーチキン**

辛味が欲しいときはチリパウダーを加えて

[材料] 2〜3人分
- 鶏ムネまたはもも肉……400g
- オリーブオイル……大さじ1
- レモン……2切れ
- ★ カレー粉……大さじ1
- プレーンヨーグルト・大さじ4
- ケチャップ……大さじ1
- すりおろしニンニク……1片
- すりおろしショウガ……1片
- すりおろしタマネギ・4分の1個
- オリーブオイル……少々
- 塩コショウ……少々

[作り方]
1. フォークで鶏肉に穴を開け、塩コショウ適量をすり込む。
2. 鶏肉をひと口サイズに切る。
3. ボウルに★を入れ2と混ぜ合わせる。
4. ラップをして冷蔵庫で1時間ほど漬け込む。
5. 片面ずつ焼き目が付くまで焼き、蓋をして弱火で5分ほど蒸し焼きにする。
6. レモンを搾って完成。

ムンバイなどでは、カンダ・ポヘを作れないとお嫁にいけない……という話もあるのだとか。

もっと知りたい！インド料理

パン・米料理

ナン、クルチャ、チャパティ、揚げパンのバトゥーラなど、小麦で作るパンの総称をロティ Roti と呼び、北インドの主食はこれ。小麦ではなく全粒粉生地をタンドゥール窯で焼いたパンもロティと呼ばれる。南・東インドは米食中心。

ナン (Naan)

モチモチ食感のパン

発酵させた精製小麦粉（マイダー）生地をタンドゥールで焼いたふっくらとしたパン。もとはパンジャーブの郷土料理。チーズナンやガーリックナンなどバリエーション豊富。

クルチャ (Kulcha)

ナンの生地に油を練り込み、窯で焼いたパン。中に具材を入れることも多く、チーズを入れたチーズクルチャ、ドライカレーを入れたマサラクルチャなどがある。

チャパティ (Chapati)

全粒粉（アタ）を水で練り、発酵させずに専用の平たい鉄板（タワー）で薄焼きにしたパン。北・西インドで特によく食べられている。

パパド（パパダム） (Papad(Papadam))

レンズ豆や米粉の生地に油を加えて円盤形に形成して干し、揚げたりあぶったりしたもの。南インドではパパダムと呼ばれる。

パラーター (Paratha)

チャパティと同じ全粒粉生地にバターオイルのギーをたっぷり練り込んで何度も折りたたみ、層状にして薄く焼いたパン。アールー・パラーターなど中にジャガイモなどの具を入れたバージョンもある。

フライドライス (Fried Rice)

インド中華料理のひとつ。味付けは、店や地域によってもさまざまで、マンチュリアン（満州風）ソースやシェズワン（四川風）ソースといったスパイスの効いた中華ソースを使うことも多い。

プラオ (Pulao)

米とスパイスを炒め、具材と一緒に炊き込んだピラフ。ベジタブル・プラオなど、ビリヤーニーよりもスパイスが控えめなものがあるが、ビリヤーニーと似たものも多い。

ドーサ (Dosa)

軽くて長〜いスナック

南インドの軽食（ティファン）の定番で、発酵させた米と豆のミックス生地を鉄板で薄く焼いたクレープのようなもの。卵を入れたもの、ポテトカレーを入れたものなどバリエーション豊富。

イドゥリ (Idli)

ドーサと同じ生地を専用の蒸し器で蒸し上げた南インドのパン。サンバルやココナッツチャツネが添えられる。南インドでは朝食の定番。

ナンは日常的に食べられるものではなく、家庭で食べる場合は店で買ってくる。

Column
インドの定食
ターリー&ミールス

おもに北インドで食べられるターリーと、南インドのミールスは、インドを代表する定食。メニュー例と食べ方をチェック。

南インド、ケーララの祝祭・オーナムのときに食べる特別なミールス「サッディア」

ターリー
Thali

「大皿」を意味するターリーは、その名のとおり金属の大皿にライス、チャパティ、スープ、カレー、付け合わせの野菜などを盛り合わせたもの。ベジ仕様のもの、タンドゥーリーチキンなどがのった豪華版などさまざま。

サブジー
野菜の蒸し物や炒め物など、野菜料理全般をサブジーという。

チャパティ(→ P.164)
全粒粉を水で練って薄く焼き上げたパンは、ナンよりポピュラーな北インドの主食。

パニール・マサラ
パニールというカッテージチーズに似たチーズのカレー。

ラワー・ハルワー
セモリナ粉を使った甘いデザート。アーモンドやナッツ入り。

ダール・タルカ(→ P.166)
ひき割り豆とマサラのスープカレーはインドの味噌汁。

ライス
インディカ種の高級米、バスマティライスが多い。

ラッサム(→P.167)
タマリンドの酸味とコショウが効いたスープ。

野菜のおかず
ポリヤルやアヴィヤル(→P.167)など日替わりの野菜のおかずが2~3品。

ミールス
Meals

専用の食堂で提供。バナナリーフの上にライスとカレー、数種類の野菜料理、スープ、ヨーグルトなどが盛り付けられ、魚などのメイン料理を別途選択。メイン以外はおかわり自由。右手で米と野菜を混ぜ、味の変化を楽しみながら食べる。

パパダム(→P.170)
豆が原料の極薄クラッカー。そのまま食べてもカレーやヨーグルトに付けて食べても◎。

サンバル(→P.167)
ひき割り豆と数種類の野菜を煮込んだスープ。

ライス
短粒米のポンニライス、マッタライスなど。ライスの上にカレーをかけてくれる。

オーナムはヒンドゥー教の祭りだが、クリスチャンも正装してオーナムを祝う。オーナムで食べるサッディヤは多種類のおかずが少しずつ提供される、豪華版ミールスといった感じ。

もっと知りたい！インド料理

スナック・ドリンク

ドリンクやスナックは街角のスタンドや行商人から買える。インド式ミルクティーのチャイは甘いのが基本。1杯のチャイに砂糖が大さじ2杯ほど入っていることも珍しくない。朝食や軽食にぴったりのスナックは揚げ物中心。

サモサ Samosa

ジャガイモ、豆類、肉などの具材にスパイスを加え、小麦粉生地で包んで揚げたストリートフード。ミントチャツネやミントペーストにチリを加えたホットソースが添えられる。

チャイ Chai

インド全土で日常的に飲まれているミルクティー。寝起き、食後、休憩など、1日に何度も飲む。地域によって使うスパイスが異なる。露店では素焼きの器「クリ」で供するのが伝統的。

ナムキーン Namkeen

豆粉、小麦粉などを原料にした塩味のスナック。特にベサン粉を使ったナムキーンが多く、スパイスを混ぜて練った生地を油で揚げる。味付けもさまざま。

ラッシー Lassi

ダヒという濃厚なヨーグルトに砂糖や氷を混ぜて作る、飲むヨーグルト。現地では甘くない塩味のラッシーもポピュラー。

プーリー Puri

サクッと軽い食感

チャパティを揚げたパン。北インドでは主食のひとつで、ヒヨコ豆のカレーやジャガイモのカレーなどと一緒に朝食や軽食でもよく食べられる。

バダムミルク Badam Milk

サフランやカルダモンのスパイスが香る、甘いアーモンドミルク。ピスタチオを散らして飲むことも多い。タンパク質が豊富な栄養ドリンク。

バトゥーラ Bhatura

北部で人気の路上グルメ

ナンと同じ生地を揚げたパン。ヒヨコ豆のカレー（チャナマサラ）とセットになったチョーレー・バトゥーレーは北インドの朝食の定番メニュー。

Column
スパイスと茶葉の香りに癒やされる インド式ミルクティー、チャイの歴史

1 チャイの露店
2 チャイを運ぶ道具「チャイダーン」

チャイはインド人の生活になくてはならない飲み物

紅茶と砂糖と牛乳を煮出してスパイスを加えたチャイは、インドの国民的飲み物。インドの街を歩けばチャイのスタンドや路上のカフェがいたるところにあり、列車内にはチャイの行商人が登場するほど。

チャイの誕生はイギリス統治時代。東インド会社がイギリスに輸送するためにインドで栽培していた高級茶葉の精製時に出る紅茶の粉を利用して作ったもの。苦味のある細かい紅茶の粉をおいしく飲むために牛乳と砂糖を入れたのがチャイの始まりとされている。手軽でおいしいチャイはインド人労働者の間で広まり、のちに家庭でも飲まれるようになり、インドの定番ドリンクとなった。

---

172 チャイには一般的にカルダモン、シナモン、クローブなどのスパイスが使用されるが、スパイスが入っていないチャイもある。

スイーツ

インドの伝統的なスイーツを総称してミタイと呼ぶ。インドではミタイは日常的に食べられているし、祝い事やお祭りにも欠かせないアイテム。甘くてカラフルなミタイはチャイとの相性も抜群！

グジャ
Gujhia

ココナッツあんとナッツ入りの生地を揚げたパイ。半月形の餃子のような形状で、ヒンドゥー教の祭り、ホーリーに欠かせない。

クルフィー
Kulfi

エバミルクに砂糖、カルダモン、サフラン、ピスタチオ、ドライフルーツなどを加えて煮詰めたものを、冷やし固めた濃厚でクリーミーな味わいの氷菓。

ラスグッラー
Rasgulla

カッテージチーズに似たインドのチーズ、パニールのスポンジボールを甘いシロップに漬け、ローズウオーターで香り付けした、ベンガル地方のお菓子。

ジャレビー
Jalebi

渦巻き状に揚げた小麦粉生地を甘いシロップに浸したお菓子。ストリートフードとしても親しまれているが、北インドではお祝いのお菓子でもある。

ガジュ・バルフィ
Gajar Barfi

ミルクの風味が濃厚

ナッツ、カルダモン、ミルク、砂糖を煮詰めて練り上げたお菓子。ナッツやココナッツなど中に入れるものによって味わいが変わる。

グラーブ・ジャームン
Gulab Jamun

小麦粉と牛乳を煮詰めたコーヤーと、砂糖を練った生地を丸めて揚げたドーナツを、ローズウオーターのシロップまたはカルダモンシロップに漬けた甘いお菓子。

ハルワー
Halwa

穀物やゴマ、野菜、果物などを油と砂糖で煮詰めたお菓子。セモリナ粉を使ったラワー・ハルワーや、ニンジンのハルワーなど種類豊富。インド亜大陸のほかアラブ諸国、中央アジアにもある。

〜 本場の味を日本で体験！〜

インド料理ムンバイ四谷店+The India Tea House

人気のインド料理店ムンバイ四谷店では、毎日14:00〜17:00の間、インド人の菓子職人が作る伝統スイーツ（ミタイ）やスナックに飲み放題のチャイが付く、インド式アフタヌーンティーを提供。魅惑のインドスイーツの世界を堪能してみては。

住 新宿区四谷1-8-6　ホリナカビル1-2F
TEL 03-3350-0777　交 JR四ツ谷駅四ツ谷口から徒歩4分
URL mumbaijapan.com/yotsuya

ミタイとセイボリーが付くロイヤルアフタヌーンティーセット

2段トレイで供されるムンバイアフタヌーンティーセット

ミタイは甘いことで有名。特にグラーブ・ジャームンでは世界一甘いお菓子ともいわれる。

Column

インドの中の
チベット ザンスカールの
**知られざる
ソウルフード「パバ」**

奥がパバ、
手前がたれ

　インド北部、ラダック連邦直轄領（以下ラダック）内の一地域であるザンスカール。2024年現在、ザンスカールは積雪のある冬はすべての陸路が閉ざされ、別の場所との行き来が制限される。積雪のタイミングにもよるが、平均して12月頃から4～5月頃までの間、陸の孤島となる。ザンスカールから一番近い、観光客が利用できる空港があるのが、ラダックの中心地であるレーという町。夏の間レーはインド国内外からの観光客で非常ににぎわうが、レーからザンスカールまでは、陸路最短11時間ほどの道のりであるため、ザンスカールまで足を延ばす観光客はまだまだ少なく、レーに比べてまだまだ秘境感が漂う。
　このザンスカール出身の男性と私は結婚してラダックに住んでいる。夫含め、ザンスカールの多くの人たちがザンスカールのソウルフードだと認識している食べ物がある。それは「パバ」。なんとも素朴な見た目をしている食べ物である。パバのおもな材料は「ヨチェ」という粉。3mm程度の小さい生の豆「シャンマ」と、半炒りにした大麦の粉が半分ずつ混ぜられているものを「ヨチェ」と呼ぶらしい。原材料、炒り具合、

厳冬季にザンスカールに行く唯一の方法は、凍ったザンスカール川の上を歩くこと。チャダルトレッキングと呼ばれ、冒険愛好家たちに人気。

ヨチェを鍋に入れてゆでる

ゆでたあとは
ひたすら練る工程

こちらが完成したパバ

混合物の割合などによって、覚えきれないぐらい粉の種類にそれぞれ名前が付けられているのが興味深い。

例えば「ツァルペ」は完全に炒られた大麦の粉、「トゥクタル」は、ツァルペよりも軽く炒られた大麦の粉、「ツェモ」は完全に炒られた豆の粉、「パクペ」は生の大麦の粉。

さてパバの作り方を紹介したい。沸騰したお湯の中に塩とヨチェを入れて15分ほどゆで、それからひたすら練り、成形して完成。単純な調理工程であるが、最後の工程「練る」に異様に力が必要だ。私もパバ作りに挑戦したが、二度と作りたくないと思うぐらい体力を消耗した。パバの味付けは塩のみなので、食事として食べる場合は、付け合わせのたれのようなものと一緒に食べる。携行食としても大人気で、その場合は何も付けずにそのまま冷えたパバを食べる。日本でいうと塩おにぎりをお弁当で食べるようなイメージかもしれない。私ももちろん、これまでに何度も何度もパバを食べてきた。ザンスカールには夫の親戚がたくさんいて、それぞれの家を訪れるたびにパバが振る舞われる。塩加減、付け合わせのたれ、硬さなど微妙に家庭によって異なり、皆得意げに出してくれるのだが、私はパバをおいしいと思ったことは残念ながら一度もない。素朴すぎる塩のみの味付け、そして何よりも、かむたびに感じるジャリジャリとした食感と大きい泥団子のような見た目。ザンスカールの人たちが、全力を注いで練り上げたパバに対して非常に失礼だと思いつつ、ひと口でおなかいっぱいと思ってしまうのである。そんな私の横では、やれパバはできたての熱々のものよりもちょっと冷えたほうが好みだの、自分はもっと硬いほうが好みだの、パバへのこだわりを皆で語り合っている。まだちっともパバのおいしさに気付けない私だが、この先パバを何度も何度も繰り返して食べ続けていれば、パバが私のソウルフードになる日もいつかくるのだろうか。（上甲紗智）

たれは、ヨーグルト、バター、スパイスを混ぜたスープのようなものなどさまざま

ラダックはチベット仏教の影響が強い地域。モモやトゥクパといったチベット料理がよく食べられている。

ネパール

Nepal

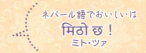
ネパール語でおいしいは
मिठो छ !
ミト・ツァ

かつてカンティプール(栄光の都)と呼ばれた首都カトマンズには近郊から野菜や果物を売りに来る人々の姿が見られる

DATA
首都：カトマンズ Kathmandu
言語：ネパール語
民族：パルバテ・ヒンドゥー、マガル、タルー、タマン、ネワールなど

主食
各民族や住む環境によって異なる。カトマンズ周辺は米、高地に暮らすシェルパ族はツァンパ(麦こがし)など。

　北は世界最高峰エベレストを有するヒマラヤ山脈がそびえ、南は亜熱帯の原生林が生い茂るタライ平原が横たわる。バラエティに富む風土をもつ国土には、30以上もの多様な民族が暮らす。民族や宗教、地域によって食生活もさまざまだが、全国的に広く食べられているのがネパールの定食ともいわれるダルバート(→P.177)だ。味の決め手はクミン、ターメリック、チリパウダー、コリアンダーなどの各種スパイス。インドよりも辛さは控えめで、あっさりとした味わいが特徴だ。カトマンズ盆地に古くから暮らし、多様で洗練された味わいが多いネワール族の料理、モモなどに代表されるチベット族の料理、山地に暮らすタカリ族の料理などが有名。

裸電球に照らされた夜のスパイス店

もっと知りたい！ 食の雑学

1日の食事は2食と軽食が一般的
ネパールでは朝にチヤ(→右記)1杯。午前中の遅い時間と夜に食事を取り、合間にカジャと呼ばれる軽食を食べる、1日2食プラス午後の軽食が一般的。モモ(→P.177)やチョウメン(→P.179)もカジャ。

ネパールのドリンク
最もポピュラーな飲み物がインドのチャイにあたるミルクティーのチヤ。ブラックティーはカローチヤまたはピカチヤという。塩とバターを混ぜたチベット茶のソチヤ、ヨーグルトドリンクのラッシーもある。

現地で味わいたい伝統地酒
ヒエなどの穀物などから作る蒸留酒のロキシーが有名。ロキシーの過程でできる濁り酒チャンは、チベット系の人々が好む。発酵した固形のチャンに湯を注いで飲むタイプもある。アップルブランデーを作る地域もある。

ヒンドゥー教のけがれの概念「ジュト」
ネパールの食文化にはヒンドゥー教の影響が強く見られる。そのひとつがヒンドゥー教の不浄の概念「ジュト」だ。他人が使った食器や食事の際に触れた食べ物はけがれていると考えるため、大皿料理や回し飲みはタブー。

カトマンズ盆地の先住民、ネワール族は酒を好む人が多いといわれ、彼らの料理には酒のつまみになるものも多い。

編集部が選ぶ 必食グルメ TOP5

基本のご飯、ダルバートをはじめ、チベット族やネワール族のバラエティ豊かな料理が魅力。

南アジア ◎ ネパール

1. ダルバート Dal Bhat

バートとはご飯のこと。豆のスープ（ダル）、野菜のおかず（タルカリ）、漬物（アチャール）などを盛り合わせたネパール式定食で、ダルバート・タルカリともいう。詳細はP.178。

2. モモ Momo

チベットから伝わった蒸しギョウザ。ネパール風は小籠包のような形で、ピリ辛のソースに付けて食べる。チベット族のモモは日本のギョウザのような半月形。具材は水牛の肉や鶏肉など。

3. セクワ Sekuwa

スパイスに漬けた肉の串焼き。鶏肉、水牛の肉、ヤギ肉が一般的で、炭火で直焼きにするため、香りがいい。ネワール族の料理で干し米のチュウラ（→P.179）やブジャ（米はぜ）と一緒に食す。

4. トゥクパ Thukpa

うどんに似た小麦麺と野菜、マトンやヤクなどの肉、卵などの具材を一緒に煮込んだチベット族の麺料理。シンプルな塩味が多いが、スパイスが加えられることも。

5. アチャール Achar

アチャールとはスパイスやトマトで味付けした薬味や漬物のことで、サラダのようなものやあえたもの、ソース風などもありバリエーションが豊富。写真はダイコンのアチャール。

ネパールのスイーツで有名なのは「王のヨーグルト」の名をもつ濃厚なヨーグルト、ジュジュ・ダウ。

177

もっと知りたい！ネパール料理

スープ・カレー

ジョールと呼ばれる汁気の多いカレーやスープ、おもに野菜のおかずを指すタルカリ、マトンや鶏肉を使った肉料理、そして豆を煮込んだダルは、ダルバート（→P.177）に欠かせない。代表的な料理を一部ご紹介。

ダル
Dal

優しい味わいの豆スープ。日本の味噌汁のような立ち位置で、毎日の食事に欠かせない。各家庭にレシピがあり、ムングダールのほかウラド豆、レンズ豆など数種類の豆を使う。

タルカリ
Tarkari

タルカリとは野菜のことで、おもにスパイスで味付けした野菜のおかずのことをいう。旬の野菜をスパイスと一緒に炒めることが多い。写真はダルバートで手前左がタルカリ。

アルータマ
Aloo Tama

酸味が効いた発酵タケノコとジャガイモをクミン、ターメリック、チリなどで炒め煮にしたスパイシーなカレー。アルーはジャガイモ、タマはタケノコのこと。タルカリの一種。

アルーゴビ
Aloo Gobi

ジャガイモとカリフラワーのドライカレー。定番タルカリ（野菜のおかず）のひとつで、アルーはジャガイモ、ゴビはカリフラワーのこと。インドでも定番のメニュー。

カシコマス
Khasi Ko Masu

ネパール最大の祭り、ダサインで食べられるマトンカレー。ナツメグ、クローブなどでマリネしたマトンをフェネグリーク、アジョワンなど複数のスパイス、トマトなどと炒め煮にした料理。

ククラコマス
Kukhura Ko Masu

ネパール風チキンカレーで、ククラコマスとは鶏肉のこと。ターメリック、クミン、カルダモンなどのスパイスを使用し、トマトで酸味付け。スープのあるタイプとドライタイプがある。

クワッティ
Kwati

9種類の豆を使ったネワール族のスープで、ショウガやニンニク、ターメリックなどのスパイスなどで味付け。保湿効果があるため冬場に食される。写真はモモ入りバージョン。

Column

ネパール式定食
ダルバートの基本形と食べ方

肉・魚以外はおかわり自由が原則

ダルバートに欠かせないのは、ご飯、ダル、タルカリ（→各上記）、アチャール（→P.177）。これらの基本形に、青菜を塩やスパイスで炒めたサーグ、生野菜、肉または魚料理、ヨーグルトのダヒ、精製バターのギュなどが盛られる。肉料理や魚料理が付くのは豪華な食事のときのみで、一般家庭で普段食べられているのは、基本形の質素なものが多い。ご飯にダルをかけて混ぜてから右手で食べるのがネパール式。好みでタルカリやアチャールを加え、生野菜は箸休め的にかじりながら食べる。ギュやダヒを、ダルをかけたご飯に加えるとまろやかでさらにおいしくなる。

山地に暮らすタカリ族のダルバートは品数豊富でおいしいといわれる。商売上手でもあり、町に飲食店を構える人も多い。

肉料理

ネパールで食べられている肉は、鶏肉、マトン、ヤギ肉のほか、水牛の肉など。一般的な家庭では肉を食べるのは年に数回、お祭りや結婚式など特別なイベントがあるときのみ。肉は干し肉にして保存することも多い。

チョエラ Choila

一度、直火焼きにした水牛などの肉をスパイスやハーブであえたピリッと辛いネワール族の料理。チュウラ（干し米）と一緒にカジャ（軽食）として食べることも多い。酒のつまみにもぴったり。

スクティ Sukuti

スクティとは干し肉のことで、水牛の肉を使うことが多い。お湯で戻してからたっぷりの油で炒め、ターメリック、クミンなどのスパイスであえたスクティ・サデコはお酒が進む味。

ジブロ・フライ Jibro Fry

マトンタンをターメリック、チリパウダーなどのスパイスで炒めた一品で、酒のつまみにぴったり。コリッとした独特の食感のマトンタンはクセになりそう。ネワール族の料理。

麺・粉・米料理

麺料理や小麦粉を使った粉もの料理は、地理的にも文化的にもつながりが深いチベット族のものが多い。ネワール族の粉もの料理では、豆の粉の生地にひき肉などをトッピングしたパンケーキ、バラなどもある。

チョウメン Chowmein

スパイシーでほんのりカレー風味のチベット風焼きそば。具はキャベツ、ニンジン、ピーマンなど。鶏肉入り版は一度鶏肉を揚げているためジューシー。カジャ（軽食）の定番。

チウラ Chiura

ネパールの保存食

炊いた米を天日干しにして大鍋で炒ってついたもの。サクサクとした食感で、カジャ（軽食）としておかずと一緒に食べたり、炒めて炒飯（アンダチュウラ）にしたりする。

チャタマリ Chatamari

米粉を水で溶いた生地を薄く焼き、ひき肉や卵、野菜などをトッピングしたネワール族の料理。ネパール風ピザとも称される。カジャ（軽食）のひとつ。

Column
ネパールの食事に欠かせない保存食とスパイス

多様な民族が暮らすネパールには、それぞれの暮らしの知恵が詰まった保存食も豊富。アルータマ（→P.178）に使われる発酵タケノコやスクティやチュウラ（→各上記）もネパールを代表する乾物だ。そのほかよく使われるのが青菜を無塩発酵させたグンドゥルックやダルの加工品マショウラなど。また、ネパール独特のスパイスとして、ヒマラヤ山椒とも呼ばれるティン

右がグンドゥルックで左がラプシーパウダー

ブール、酸味付けに使われる果物の粉末、ラプシーパウダーなどがある。

 米が育たない山村では、白米の代わりにヒエやトウモロコシなどの粉を練ったディロを主食として食べる。

ブータン

Kingdom of Bhutan

ゾンカ語でおいしいは
Zhim bay!
シンベー

国内で収穫されたトウガラシを屋根の上で乾燥させる風景はブータンの風物詩。完全有機農業国を目指した農業が促進されている

DATA
首都：ティンプー Thimphu
言語：ゾンカ語。英語、ネパール語も通じる
民族：チベット系、東ブータン先住民系、ネパール系など

主食
ブータンの主食はブータン赤米と呼ばれる薄赤色の米で、おかずとともに食べられる。日本から持ち込まれた品種の白い米も食されている。

7000m級の山々から牧歌的な田園まで豊かな自然に囲まれ、さまざまな気候が出現する世界的にも珍しい自然環境にある。中国とインドの2大国の狭間にありながらも急激な変化の波から逃れ、伝統衣装に身を包み、独自のアイデンティティを重んじるブータンは、しばしば桃源郷に例えられる。そんなブータンの食生活はいたってシンプル。調理法は炒めるか煮込み、スパイスはニンニクや山椒、肉といえば干し肉、山菜以外の野菜の種類は少ない。ブータンの食文化に欠かせないのがトウガラシ。トウガラシは野菜として使用するほか、おやつとしても食べられるし、トウガラシが主役のメニューも少なくない。それゆえブータン料理は世界一辛い料理といわれる。

男性はゴ、女性はキラという民族衣装を身に着け、市場で買い物をする人々

もっと知りたい！ 食の雑学

ダツィ料理の
チーズの正体は

ゾンカ語で「ダツィ」と呼称される牛やヤクの乳から作られるチーズは、カッテージチーズのような発酵したフレッシュチーズ。ダツィはエマ・ダツィやシャッカム・ダツィのソースを作るために使用されることが多い。

ブータンの肉料理は
干し肉がメイン

つい最近まで冷蔵庫がなかったブータンでは、肉料理といえばシャカムという干し肉。種類は牛、ヤク、豚など多様で、凝縮された濃厚なうま味がたまらない。干し肉をチーズやバターで煮込んだものをパと呼ぶ。

トウガラシ愛は
国境を越えて

もともと辛味の強いインド産トウガラシを輸入していたが、一部から農薬が検出され2016年に輸入禁止に。それにより国内のトウガラシの値段が高騰し国民が困惑。その後、インドからの無農薬トウガラシの輸入を解禁した。

山に囲まれた
ブータンは山菜天国

ワラビ、ゼンマイ、キノコ、川海苔を日常的に食べるほか、地域によっては野生のヤマイモやランの花なども食べる。マツタケは日本への輸出が主要産業化しており、現地ではマツタケ狩りツアーも楽しめる。

そば粉を麺にしたプタや薄く伸ばして焼いたクレ、トウモロコシなども食されている。

編集部が選ぶ 必食グルメ TOP5

中国、インドという2大国の狭間で、独自の生活と文化、自然環境を守り続けるブータンは食文化も独特。

1. エマ・ダツィ
Ema Datshi

トウガラシが主役のブータンの国民的料理。たっぷりのトウガラシをチーズで煮込んだもので、ブータンの赤米と食べることが多い。エマはトウガラシ、ダツィはチーズのこと。

2. シャッカム・ダツィ
Shakam Datshi

シャッカムとは乾燥（カム）した肉（シャ）という意味で、乾燥肉をチーズで煮た料理。この料理には春雨が入っていることが多い。ブータン料理のなかではほどほどの辛さ。

3. ヒュンテ
Hoentay

チベット風蒸しギョウザのモモの皮をそば粉にしたもので、具はカブの葉がメイン。トウガラシペーストを付けて食べる。ブータン西部の町「ハ」の正月料理。通常のモモもブータンではポピュラー。

4. パクシャパ
Phaksha Paa

干した豚の脂身を野菜と一緒に煮込んだ料理。ブータンでは新鮮な肉を干し肉にして調理することが多く、生肉とは異なる深みのある味わいが特徴。

5. ホゲ
Hogay

キュウリ、トマト、タマネギなどの野菜をカッテージチーズであえたブータン風サラダ。トウガラシを多用するブータン料理のなかでは辛さが控えめで箸休め的な存在。

国民のほとんどがチベット仏教徒であることから、モモやトックパ（→各P.177）といったチベット料理もよく食されている。

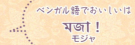

バングラデシュ

People's Republic of Bangladesh

ベンガル語でおいしいは
মজা！
モジャ

青々とした水田がどこまでも続くバングラデシュの農村地帯。国旗の緑色は豊穣な大地を表している

DATA
首都：ダッカ Dhaka
言語：ベンガル語
民族：ベンガル人が大部分を占める。ほかにチャクマ族などの少数民族

主食
米。世界で米が最も作られている国のひとつで品種の数も多い。米以外は薄焼きパンのルティなど。

ヒマラヤからの雪解け水を運ぶポッダ（ガンジス）川とジョムナ川、インド東部に端を発するメグナ川の3大河川が国土を流れ、ベンガル湾に沿って世界最大の複合デルタ、バングラデルタを形成するバングラデシュ。度重なる河川の氾濫や自然災害に悩まされながらも、栄養を含んだ泥水や川魚がデルタ地帯に行き渡り、肥沃な土壌を生み出している。こうした自然の営みがもたらす豊穣の国バングラデシュの食事は米と魚、野菜が基本。もともとはひとつの国だったこともあり、食文化はインドの西ベンガル州と類似。メニューやスパイス、調理方法なども似たものが多い。国民の90％以上がイスラム教徒のため、ヤギや鶏肉を使った料理も好まれている。

1日中、人やリキシャが行き交い熱気が渦巻く首都ダッカの市場

もっと知りたい！ 食の雑学

トルカリ、ショブジって何？

トルカリとは、スパイスを使ったおかず一般の総称。ショブジは野菜のおかずの総称。お米のことをバートといい、基本的には野菜のおかず、次に肉や魚料理、最後にダル（豆のスープカレー）という順番で、右手でご飯と混

ご飯におかずをのせて食べる

ぜながら食べ進めていく。ご飯と混ぜるときはご飯をつぶすようにおかずと混ぜるとおいしい。

甘～いチャーはチャドカンで

バングラデシュの国民的飲料といえば、砂糖をたっぷり入れたチャー（お茶）。ミルクティーのドゥド・チャーが一般的で、チャーといえばこれを指す。チャドカンは路上のお茶屋台で町のあちらこちらにある。

独特の風味を生むマスタードオイル

ベンガル料理の特徴といえば、マスタードオイルを多用すること。魚のカレーやマッシュ料理のボッタ（→P.183）、ピクルス、サラダなどさまざまな料理に使われ、ツンとしたさわやかな辛味が独特の風味を与えている。

ベンガル料理は、バングラデシュおよびインドの西ベンガル州の料理を指す。

編集部が選ぶ 必食グルメ TOP5

ご飯にメインのトルカリ、副菜のバジやボッタ、ダル（豆のスープカレー）がバングラデシュの一般的な食事の構成。

1. マチェル・ジョル
Macher Jhol

魚のスープカレー。ジョルは汁気のあるカレーのこと。イリッシュ（→P.184）を使ったイリッシュ・マチェル・ジョルなどがある。

2. アルー・ボッタ（ボルタ）
Aloo Bhorta

ボッタ（ボルタ）とは食材をマッシュした副菜のこと。ゆでたジャガイモ（アルー）をつぶして、青トウガラシや香辛料、マスタードオイルとあえたもの。魚や肉のボッタもある。

3. ベグン・バジ
Begun Bhaji

バジとは炒め物の副菜のことで、ベグンはナス。ナスにターメリックをまぶし、たっぷりの油で揚げ焼きにし、仕上げにバターオイルのギーをかける。家庭料理の定番。

4. カーラ・ブナ
Kala Bhuna

牛肉をスパイスと油で炒めたバングラデシュ第2の都市チッタゴンの料理。もともとは揚げて濃い味付けをした牛肉をバナナの葉で包んで持ち運んだ保存食だとか。

5. ブナ・キチュリ
Bhuna Kichuri

キチュリとは豆と米、野菜を水分多めに炊いた料理で、水分のないドライタイプがブナ・キチュリ。バングラデシュでは雨の日によく食べられるおなかに優しい菜食薬膳料理。

バジやボッタは種類が豊富。ボッタは干し魚や鶏肉を使ったものも人気。

南アジア ◎ バングラデシュ

もっと知りたい！ バングラデシュ料理

その他の代表的な料理

小さな紫色のタマネギをたっぷりの油で炒めてマサラを作るため、ベンガルカレーはスパイシーながらもコクがあり奥深い味わい。魚、肉、野菜、卵とどれをとってもご飯に合うおかずばかり。

マチェル・ブナ
Macher Bhuna

一度揚げた魚をスパイスなどで煮込んだ魚のカレー。チリ、ターメリック、クミン、コリアンダーシードなどのスパイスが使われ、マスタードシードのペーストが入ることも。

マーチ・バジャ
Maach Bhaja

魚のフライ。ターメリック、チリパウダー、塩などで味付けし、カリッと揚げる。大きな魚は輪切りにしたり切れ込みを入れて丸揚げにしたりする。小魚は丸揚げに。

ケバブ
Kabab

イスラム文化圏の肉の串焼き。ヨーグルトでマリネした鶏肉のチキン・ティッカ、フィッシュケバブなど種類がある。付け合わせはポロタ（パラーター→P.170）やサラダ。

ハリーム
Haleem

数種類の豆と肉（おもにマトン）をスパイスと一緒に長時間コトコト煮込んだ料理。地域や店によって味が異なるがバングラデシュではストリートフード的に食べられる。

ダル
Dal

日本の味噌汁のように、バングラデシュの食事に欠かせない豆のスープカレー。各種スパイスのほかタマネギやニンニクが入り、味に深みがある。ご飯にかけて食べる。

ディマール・トルカリ
Dimer Torkari

エッグカレー。ゆで卵を多めの油で焼いてから、スープカレーに入れて煮込む。ジャガイモ入りのディマール・ダルナや水気のないドライタイプのディマール・コシャもある。

ビリヤーニー
Biryani

祭事に欠かせない炊き込みご飯。インドやパキスタンではヨーグルトのライタが添えられるが、バングラデシュでは添えられたライムを搾り、青トウガラシをかじりながら食べる。

Column
バングラデシュの料理に欠かせない魚

国土を200以上の河川が流れるバングラデシュでは、淡水魚、海水魚、汽水魚（淡水と海水が混ざる水域に生息する魚）とさまざまな魚が食べられている。国民魚といわれるのがイリッシュ（ヒルサ）という脂がのった汽水魚。そのほか、ルイというコイの仲間の淡水魚、マナガツオのルプチャンダ、細いアジのような海水魚のシュンドリなどがおもに食べられている。

首都ダッカの魚市場

調理方法は汁気の多いカレーのジョルまたは一度揚げてから煮込むブナ、ディープフライのバジャ。バングラデシュ料理は青トウガラシがよく使われるが魚のカレーにもたっぷり入る。

 バングラデシュのビリヤーニーにはチニグラ米という粒が小さく香り高い米が使われる。

スナック

　食間にナスタと呼ばれる軽食を食べる習慣があるバングラデシュでは、バザール（市場）など人の集まるところにはナスタの屋台が立つ。インドなどでおなじみのサモサ（→P.172）やハリーム（→P.184）もナスタの定番。

ドイ・フスカ
Doi Fuchka

フスカはインドやネパールではパニプリと呼ばれ、揚げた球体の小麦生地にイモや豆などの具を詰めスープをかけて食べるスナック。ドイ・フスカはヨーグルトをかけたもの。

プーリー
Puri

フスカより平たい、ひと口サイズの丸い揚げパン。フスカ同様、中に具を入れてスープをかけたり、上にスパイスの効いた豆ペーストを塗ってソースをかけて食べたりする。

バカル・カニ
Bakar Khani

窯で焼くビスケット。甘いクッキーのような食感のものと塩味のクラッカーのような食感のものがある。朝食にミルクティーのドゥド・チャーに浸して食べるのも人気。

スイーツ

　牛乳と砂糖で作るお菓子のことを総称して「ミシュティ」と呼ぶ。ミシュティには「甘い」という意味もあるとおり、どれも総じて甘い。ミシュティ・ドカン（お菓子屋）で食べられる。クルフィー（→P.173）も定番。

ドイ
Doi

ベンガル風ヨーグルト。煮詰めた牛乳にジャガリー（未精製の砂糖）、ヨーグルトを加えて発酵させたもの。素焼きの器が水分を飛ばすのでクリーミーで濃厚な味わいに。

キール
Kheer

米などを牛乳、砂糖で煮込んだミルク粥のようなライスプディング。ほのかにスパイスが香り、冬の間によく食べられるデザート。インドでもポピュラー。

バパ・ピタ
Bhapa Pitha

米粉の蒸しケーキ。中にはココナッツフレークとジャガリーが入り、ほんのり甘く優しい味。バングラデシュでは冬によく食べられる。

Column

暑い日の朝食はバングラデシュ伝統の水ご飯、パンタバート

　バングラデシュ伝統の朝ご飯のひとつにパンタバート（Panta Bhat）というものがある。炊いたご飯（夕飯の残りの場合が多い）に水を入れ、ひと晩おいたご飯のことで、暑い日に特に田舎でよく食べられているのだとか。適宜、塩で味付けした水ご飯に小タマネギ、青トウガラシをのせて好みで砕いて混ぜてから、ボッタやバジ（→各P.183）、揚げ魚のマーチ・バジャな

食欲のないときもさらっと食べられそう

どのおかず、豆スープカレーのダルなどと一緒に食べる。ちなみに米以外の定番の朝食は、薄焼きパンのルティ（インドでいうチャパティ）と野菜のおかず。

スリランカ

Democratic Socialist Republic of Sri Lanka

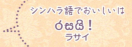
シンハラ語でおいしいは
රසයි!
ラサイ

みずみずしい緑がまぶしいスリランカ。南国の野菜をたっぷり使った料理が多く、果物を使ったカレーもある

DATA
- **首都**：スリ・ジャヤワルダナプラ・コッテ Sri Jayawardenepura Kotte
- **言語**：シンハラ語、タミル語
- **民族**：シンハラ人74.9％、タミル人15.3％、スリランカ・ムーア人9.3％（一部地域を除く値）

主食
米。米の品種はかなり多く、白米のほか栄養価が高い赤米もよく食べる。粘り気が少なくパラパラとしている。

インド洋の島国、スリランカ。シナモンをはじめ香辛料の産地であり、英国植民地下で栽培が開始されたセイロンティーが有名だ。古くは海洋交易の中心地として東南アジア、インド、アラビア、ローマと交易が行われていた。特に南インドとは文化交流も盛んで移住者が多く、現在もタミル人は人口の約15％を占める。こうした歴史的背景をもつスリランカは各地の影響を受けた料理があり、インディアッパー（→P.187）など南インドとよく似た料理も多い。食事の基本は、スパイスやココナッツで味付けした野菜の炒め物やあえ物、魚・肉、豆のスープなどさまざまな種類のカレーとご飯。右手で混ぜながら、味の変化を楽しむのがスリランカ料理の醍醐味だ。

島国らしく魚介も豊富でよく食べる。写真は南部ウェリガマの竹馬漁の様子

もっと知りたい！ 食の雑学

ココナッツとモルディブフィッシュ

調理油はココナッツオイルが基本で、およそほとんどの料理に使われているといってもいいのがココナッツ。カレーにココナッツミルクでまろやかさを出したり、削り出したココナッツフレークをサンボル（あえ物）にし

モルディブフィッシュ（左）とココナッツ（右）

たりする。また、モルディブフィッシュ（カツオ）を乾燥させたものを粉末にして使うのも特徴。

宿泊施設ではない「HOTEL」

インドでもよく見られるが、スリランカでも地元の人が集まる食堂に「HOTEL」と看板が掲げられている。これは宿泊施設ではなく、料理を提供する庶民の食堂。レストランというと高級店を指す場合が多い。

禁酒の日フルムーン・ポーヤ・デー

毎月満月の日はフルムーン・ポーヤ・デーといい、休日。この日は酒屋が閉まるのはもちろんレストランでも酒の提供はNG。新年なども禁酒日。

スリランカの酒屋

スリランカのビールといえばライオン（→P.27）。ラガー、スタウトなどがあり、日本でも飲める。

編集部が選ぶ 必食グルメ TOP5

南国の暑さにぴったりのスパイスがたっぷり効いた料理が多い。米料理以外の料理もバラエティ豊か。

南アジア ◎スリランカ

1 ライス&カリー
Rice & Curry

ご飯と数種類のカレーや炒め物、あえ物などのおかずが並ぶスリランカ料理の基本形。おかずは汗だくになる辛さが普通で種類も多い。詳細はP.189を参照しよう。

2 インディアッパー
Indiappa

麺状に押し出した米粉生地を蒸し上げた主食。朝食の定番でもあり、あえ物や汁気のあるカレーと一緒にいただく。ストリングホッパーともいう。南インドではイディアッパム。

3 アンブル・ティヤル
Ambul Thiyal

魚や肉料理の臭い消しなどに使われる、スモーキーな酸味のゴラカ(→欄外)や黒コショウなどでマリネしたマグロなどの魚を、土鍋で汁気が少なくなるまで煮込んだ料理。

4 カトレットゥ
Cutlets

マッシュポテトにサバなどの魚の身、チリフレークやターメリックなどのスパイスを合わせて揚げたスパイシーなコロッケ。植民地時代の名残を感じる西洋風料理のひとつ。

5 ブリヤーニ
Buriyani

インドやパキスタンの炊き方(→P.194)とは異なり、スリランカのブリヤーニは鶏ガラスープで米を炊く。肉はあとのせの場合も。スリランカのイスラム教徒に人気の料理。

ゴラカは木の実を乾燥&燻製したもの。南インド・ケーララでも魚料理によく使われ、コダンプリと呼ばれる。

もっと知りたい！スリランカ料理

カレー

おおまかに分けて、野菜、肉、魚、豆のカレーがある。スリランカのカレーは、日本のカレーのような複数の野菜や肉が入るのではなく、1〜2品の単独の食材のカレーだ。種類はかなり多いが代表的なものを紹介。

ボーンチ・キラタ
Bonchi Kirata

スパイスが効いたインゲン豆のココナッツミルク煮。インゲン豆のサヤは軟らかく優しい味。ボーンチはインゲン豆、キラタはスパイスを使ったココナッツミルク煮のこと。

バンダッカー・テルダーラ
Bandakka Thel Dara

オクラのスパイス炒め。シンハラ語でバンダッカーはオクラ、テルダーラは炒め物。ターメリックなどのスパイスを使用し、モルディブフィッシュ（→P.186）をひと振り。

ククル・マス・マルワ
Kukul Mas Maluwa

チキンカレー。肉を使ったカレーが比較的少ないスリランカ料理のなかでも食堂でもよく見かける。肉のカレーは鶏肉以外なら牛肉のハラク・マス・マルワもある。

ポロス・マルワ
Polos Maluwa

南国フルーツのジャックフルーツを使ったほんのり酸味が効いたカレー。大きく成長する果物だが、まだ大きくなる前の小さな果実（ポロス）を使う。イモのような食感。

パトーラ・マルワ
Pathola Maluwa

ウリの仲間、ヘビウリを使ったカレー。クセのない味がスパイスにからみ美味。消化によく、おなかにも優しい。ヘビウリはココナッツ炒めのマッルンにもよく使われる。

パリップ・ホディ
Parippu Hodi

豆カレー。パリップはレンズ豆、ホディは汁気のあるカレーのこと。栄養価が高い食材として昔から親しまれてきたひと品で、ライス＆カリーを頼むと必ず出てくる。

イッソ・マルワ
Isso Maluwa

エビのだしがしっかり効いたスパイシーなカレー。魚介を使ったメニューが多いスリランカでは、エビ料理は専門店があるほどポピュラー。イッソはエビのこと。

Column

スリランカ料理で使われるスパイスあれこれ

手前中央はカラピンチャ、手前右の黒っぽいものがゴラカ

よく使われるのはカラピンチャ（カレーリーフ）、ターメリック、粗めに砕いたクラスターチリ、シナモン、カルダモン、マスタード（ペーストも使われる）、フェネグリーク、パンダンリーフなど。インドのガラムマサラにあたる、トゥナパハと呼ばれるミックススパイスは、乾煎りしたバダプ・トゥナパハと乾煎りなしのアム・トゥナパハがあり、前者は肉や魚料理に、後者は野菜や豆の料理に使う。そのほか、臭み消し＆酸味を加えるゴラカ（→P.187欄外）やモルディブフィッシュ、ココナッツ（→各P.186）も味の決め手となる。

Column

スリランカ料理の定番
ライス&カリーにトライ！

ご飯とスパイスを使ったおかずを混ぜながら食べるスリランカのライス&カリー。基本構成は、ご飯、肉・魚や野菜のカレー、パリップ（豆カレー）、サンボル（あえ物）、マッルン（ココナッツを使った炒め蒸し）、サラダ、パパダン（豆粉のせんべい）だが、普段はご飯と野菜のカレー、ご飯とマッルンやパリップなど2〜3品で食べる。

ライス&カリーのおかずの一例。手前左はビーツのココナッツ煮、ラトゥアラ・キラタ

パパダン Papadam
軽く塩味が付いた豆粉の揚げせんべい。細かく砕いてご飯、カレーと混ぜて食べる。

シーニー・サンボル Seeni Sambol
サンボルのひとつ。シーニーとは砂糖のことで、タマネギを甘辛く炒めたサンボル。

ポル・サンボル Pol Sambol
サンボルは、あえ物やサラダの総称。代表的なのがこのココナッツとタマネギのポル・サンボル。ツボクサのゴトゥコラ・サンボルなどもある。

マッルン Mallum
葉物野菜とココナッツフレークを炒め、蒸し煮にした料理。キャベツのゴーワ・マッルンなどがある。

バット Bath
シンハラ語でご飯。ご飯の炊き方はゆでるのが一般的。赤米もある。

パリップ Parippu
レンズ豆のカレー。ライス&カリーには欠かせない定番カレーのひとつ。

マス・マルワ Mas Maluwa
マスは肉のこと。鶏肉（ククル・マス）、牛肉（ハラク・マス）が一般的で豚肉（ウール・マス）もある。

マール・マルワ Malu Maluwa

魚のカレー。マールは魚、マルワはカレー。さまざまな調理方法がある。

味変アイテム
味を引き締めたり、口をさっぱりさせてくれる薬味的存在も欠かせない。

ルヌ・ミリス Lunu Miris

トウガラシの辛いふりかけ。基本はタマネギに塩、ライムとトウガラシ、モルディブフィッシュを加え、すりつぶすように混ぜる。ミリスは辛いスパイスの総称。カリーの付け合わせのほか、キリバット（→P.190）にも添えられる。

チャトニ Chatney
甘酸っぱいペースト。マンゴーやリンゴ、パイナップルといったフルーツをトウガラシ、酢、砂糖、香辛料などと一緒に煮たもので薬味として用いられる。

バナナの葉に包んだライス&カリーはお弁当に

スリランカではお弁当はライス&カリーをバナナリーフに包んで持っていくそう。

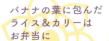

ライス&カリーに付くサラダはタマネギ&トマトのほか、ニンジンやキュウリなどのサラダもある。

189

南アジア ◎ スリランカ

もっと知りたい！ スリランカ料理

スナック

ご飯代わりになる主食級のものから小腹がすいたときにつまめるものまでバリエーション豊富なスリランカのスナック。カトレットゥ（→P.187）も代表的な軽食のひとつで、カジュアルなレストランなどで食べられる。

ホッパー（アーッパ）
Hopper（Appa）

米粉をココナッツミルクで溶いた緩い生地を発酵させ、半球形に焼いたもの。朝食や軽食として食べられており、卵を落としたエッグホッパー（ビッタラアーッパ）も人気。

コットゥ
Kothu

薄焼きパンのロティと野菜などを細かく刻み、鉄板で炒めたストリートフード。鶏肉などの肉入りや卵入りもある。コットゥ・ロティともいう。

キリバット
Kiribath

お米をココナッツミルクで炊いたミルクライス。モルディブフィッシュやトウガラシの薬味、ルヌ・ミリスと一緒に食べる。スリランカの正月料理でもあり、朝食でも食べられている。

ピットゥ
Pittu

米粉を水で混ぜた生地とココナッツファインを重ねて筒状の専用蒸し器で蒸したパン。カレーと一緒に食べる。南インド・ケーララではプットゥとして知られ朝食の定番。

ワデー＆パリップ・ワデー
Wadaye & Parip Wadaye

ワデー（下）は豆粉、野菜、香辛料を混ぜて揚げた甘くないドーナッツ。パリップ・ワデー（上）はワデーの生地にレンズ豆を混ぜて揚げたもの。どちらもタミル料理。

パティス
Patties

スパイシーな揚げギョウザ。中身は肉、ジャガイモ、野菜などで香辛料が効いている。インドのスナック、サモサ（→P.172）もスリランカでは人気のスナックのひとつ。

エラワル・ロティ
Elawalu Roti

ロティは小麦粉とココナッツミルクを使った薄焼きパンで、野菜入りのエラワル・ロティのほか卵入りのビッタラ・ロティなどバリエーションがある。

Column
スリランカのシーフード料理

海に囲まれた島国スリランカは、新鮮なシーフードもいっぱい。漁獲量も高く、特に魚（マール）をよく食べる。エビ（イッソ）を使ったカレーもおいしいが注目は、甘辛いソースで野菜と一緒に炒めた料理、デビル。モダンなスリランカ料理のひとつで、デビル・プロウンは、新鮮でプリプリの大ぶりのエビが甘辛ソースにからんで美味。

デビル・プロウン。エビの代わりに鶏肉を使ったデビル・チキンやジャガイモを使ったデビル・ポテトもある

スリランカ産の大きなマッドクラブ、スリランカクラブは漁獲したそのほとんどが輸出用となるため、スリランカ国内ではレストランなどで食べられる。カレーはもちろん、ガーリックチリ味など調理法もさまざま

米料理ではイエローライスとも呼ばれるココナッツミルクとスパイスを炊き込んだカハ・バトゥもある。

スイーツ・ドリンク

スリランカのスイーツに欠かせないのが、クジャクヤシの花蜜を煮詰めたシロップのキトゥルパニと、それをさらに煮詰めて固形化したキトゥル・ハクル（ジャガリー）。さまざまな伝統菓子に使われる。

ビビッカン
Bibikkan

スリランカの伝統的なケーキ。ココナッツファイン、セモリナ粉、キトゥル・ハクル、ナッツ、カルダモンなどのスパイスを使った濃厚な味わい。祝祭日に食べられる。

ワタラッパン
Watalappan

シナモンが香るスリランカ風プリン。ヤシ砂糖のキトゥル・ハクル、ココナッツミルク、卵のほかシナモンやナツメグなどのスパイスを混ぜて蒸し上げる。

キリパニ
Kiri Pani

水牛の発酵乳から作る濃厚な水切りヨーグルト（ミーキリ、カードとも呼ばれる）にクジャクヤシの花蜜シロップ、キトゥルパニをかけて食べるデザート。

ハラパ
Halapa

クラッカンという雑穀の粉の生地にココナッツのあんを挟み、キャンダという葉に包んで蒸した伝統菓子。スリランカスイーツのなかでは甘さ控えめで素朴な味。

コキス
Kokis

米粉の生地にココナッツミルク、スパイスを混ぜ込み、花形などの専用型に流し込み揚げたお菓子。祝い菓子の一種で新年などに食べられる。オランダ由来の菓子ともされる。

セイロンティー
Ceylon Tea

言わずと知れたスリランカの特産。お茶は日常的に飲まれており、砂糖なしのストレートの場合はキトゥル・ハクル（ヤシ花蜜の固形砂糖）をかじりながら飲む。

キリテー
Kiri Teh

ミルクティー。キリとはミルクのことで、粉ミルクやコンデンスミルクを使う。インドなどのチャイとは異なり、スパイスは入れず、泡立ててコクを出す。

Column
珍しい果物も！
南国フルーツ大国、スリランカ

季節によって多種多様な南国の果物が市場に出回るスリランカ。マンゴー、パッションフルーツ、グァバ、パイナップルなど南国を代表するフルーツはもちろん、やや酸味があり歯応えのあるアンベレッラや、まろやかな酸味がおいしいアノーナ（サワーソップ）、ウッドアップルなど日本ではなじみのない果物も多い。ちなみにバナナは20種類以上あり、種類によって

町なかのフルーツ屋。マンゴーも種類が多い

調理したり、生で食べたりしているそう。ドリアンにも似たイボイボの硬い皮に覆われたジャックフルーツやバナナ、マンゴーなどカレーに使われる果物もある。

のどを潤す代表的な飲み物はココナッツ。そのほかキックコーラやジンジャービアといった地元人気の高い飲み物もある。

モルディブ

Republic of Maldives

ディベヒ語でおいしいは
Meeru!
ミール

インド洋の楽園モルディブの豪華リゾートでは、海を眺めながら食事が楽しめるのも魅力

DATA
首都：マレ Malé
言語：ディベヒ語
民族：モルディブ人

主食

米やタロイモのほか、小麦粉を使った薄焼きパンのロシなど。これらの主食にスープやカレーなどのおかずを混ぜて食べる。

インドとスリランカの南西に位置するモルディブは、1192もの小さな島々からなる群島国家。どこまでも続く青い海と真っ白な砂浜、色鮮やかなサンゴ礁の絶景は、その美しさから「インド洋の真珠」とも呼ばれている。リゾートアイランドの代名詞でもあるモルディブだが、伝統的なモルディブ料理を楽しめるのは、地元の人々が暮らす首都マレや、のんびりとした雰囲気のローカルアイランドの島々。モルディブ人の食事は、モルディブフィッシュと呼ばれるカツオなどの魚やココナッツ、イモ・豆類を使ったシンプルなもの。隣国スリランカの影響を受けた料理が多く、いわゆるカレーがよく食べられている。イスラム教を国教としているため豚肉は食べない。

魚をよく食べるモルディブでは燻製したりフレークにしたりと加工品も多い

もっと知りたい！ 食の雑学

モルディブの定番おやつ、ヘディカ

具材を包んで揚げたり焼いたりしたミニサイズのスナックを総称してヘディカという。ローカル食堂などのガラスケースに並べて売られており、甘いミルクティーと一緒に楽しむのが定番。ヘディカにはさまざまな種類があり、サモ

ショートイーツとも呼ばれるヘディカ

サに似たバジャ、スリランカでも食べられている揚げギョウザのパティスや魚のコロッケ、カトゥレットなど。

伝統料理ガルディアの食べ方

ガルディア（→P.193）は、米やバナナ、イモなどの主食と、魚フレークや刻みタマネギ、ココナッツといったおかずと一緒に食べる伝統的な家庭料理で、スープだけでなく料理のセットもガルディアと呼ぶ。食べ方は、ご飯などの主食にスープの魚の切り身を

のせ、右手でほぐしながら混ぜ合わせ、好みでおかずを足してからスープをかけ、さらに混ぜ合わせていただく。ライムを搾るとさわやかな味わいに。ガルディアは日常的に食べられている国民食だが、客人をもてなすときや祝いの席でも食べられている。

イスラム教の教えでは左手は不浄とされていることから、食事は右手を使って食べる。

編集部が選ぶ 必食グルメ TOP5

モルディブ料理は素材の味を生かしたシンプルな味わいがメインだが、香辛料たっぷりでスパイシーな料理も多い。

① マスフニ
Mas Huni

マスは魚、フニはココナッツフレークのこと。魚のほぐし身にココナッツフレーク、タマネギ、ハーブを混ぜ合わせ、塩、トウガラシ、ライム汁で味付け。ご飯やロシと一緒に。

② ガルディア
Garudhiya

マグロやカツオを使ったスープ。基本的に塩のみで味付けるシンプルな料理で、食べるときに好みでトウガラシ、ハーブ、刻みタマネギ、ニンニクなどを加え、ライムを搾り入れる。

③ ロシ
Roshi

小麦粉を水で溶いた生地を薄く伸ばし、両面をフライパンで焼いたインドのチャパティのような薄焼きパン。主食として、カレーやマスフニ、魚料理などと一緒に食べる。

④ マスリハ
Mas Riha

ココナッツミルクを使ったまろやかな味わいの魚のカレー。魚はマグロやスモークしたカツオが使われることが多く、カレーリーフやターメリックなどの香辛料で味付け。

⑤ マスロシ
Mas Roshi

薄焼きパン、ロシの生地で魚のフレーク、刻みタマネギ、ココナッツフレークを包んで焼いたおかずパン。軽食として食べるほか、主食やスープに浸して食べることも。

> モルディブフィッシュとはカツオのこと。切り身をカレーに入れたりカツオ節のように乾燥させたヒキマスを粉にして料理に使ったりする。

南アジア ◎ モルディブ

パキスタン

Islamic Republic of Pakistan

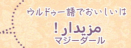

ウルドゥー語でおいしいは
مزیدار
マジーダール

パキスタンはストリートフードも豊富。写真はカラチに次いで第2の人口を誇るパンジャーブ州の都市、ラホールの街角

DATA
首都：イスラマバード Islamabad
言語：ウルドゥー語、英語
民族：パンジャーブ人、パシュトゥーン人、シンド人、バローチ人など

主食
小麦と米。小麦はチャパティやパラーター、ナン（→各P.170）など種類が豊富だが、チャパティが最も一般的。

　古代インダス文明が生まれた大河インダス川が国土の中央を流れるパキスタン。ムガル帝国の影響を受けた料理が特徴的だが、東はインド、西はイラン、北は中国やアフガニスタンと国境を接しており、地方料理にも特色をもつ。東のパンジャーブ州やシンド州は北インドと似た料理が多く、スパイスの使い方やメニューもほぼ北インドと同じ。パンジャーブ州は小麦の生産が盛んなため、小麦を使った主食も種類が豊富だ。北西部のバローチスターン州はイランやアフガニスタンにも暮らすバローチ人の料理でスパイスは控えめ。カバブ料理で有名なパシュトゥーン料理はアフガニスタンと国境を接するペシャワール近郊に暮らすパシュトゥーン人の料理だ。

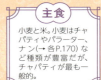

肉食中心の国だが山岳部では菜食中心の質素な食事も多い。写真は北西部フンザ渓谷

もっと知りたい！ 食の雑学

長寿の里　桃源郷フンザ

　北西部の山間にあるフンザはその美しさから桃源郷と称され、長寿の里としても知られる。アンズやリンゴなどの果物の栽培が盛んで、肉はほとんど食べずチャパティを主食に野菜や果物、乳製品中心の食事が基本といわれる。

基本は塩で味付け　ナムキーン・ゴーシュト

　ナムキーンというとスナック菓子（→P.172）が有名だが、北西部のアフガニスタンに近い地域ではヤギまたは羊の大きな塊肉を塩、コショウ、ショウガなどと長時間煮込む料理を指す。ナムキーンは「塩」の意味。

国民的米料理、ビリヤーニーの調理法

　生米から炊く、炒めた具材とゆでた米を交互に重ねる「パッキ」、マリネした肉をゆでた米にのせる「カッチ」の3種類の調理法がある。加熱は密閉し弱火で長時間炊く「ダム」という調理法が基本。レシピは無限にあるが、

ライタというヨーグルトソースが添えられる

イスラム教徒の多いパキスタンでは肉入りが基本。なかでもシンド州のシンド・ビリヤーニーが有名。

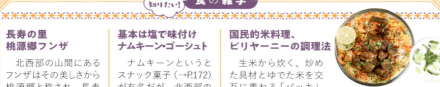

194　パキスタンで食べられている肉はヤギ、マトンが多い。鶏肉、牛肉も食べられているが肉類はすべてハラール肉。

編集部が選ぶ 必食グルメ TOP5

国民の大半はイスラム教徒のため、肉料理が多い。肉の臭み消しにヨーグルトやトマトなどが使われる。

南アジア ◎ パキスタン

1. ニハーリー
Nihari

牛またはヤギのすね肉をスパイスと一緒に長時間軟らかくなるまで煮込んだ料理。仕上げの刻み青トウガラシとショウガがいいアクセント。もとは日曜の礼拝後の朝食。

2. チキン・カラーヒィ
Chicken Karahi

カラーヒィとは中華鍋のような両手鍋のことで、この鍋を使って鶏肉をトマトと一緒にスパイスと油で炒め煮にした料理。ヤギや羊肉、牛肉版もある。チャパティやロティなどと一緒に食べる。

3. ビリヤーニー
Biryani

ムガル帝国期に発展した米料理。スパイスで味付けした肉＆野菜、レーズンやナッツなどと一緒に長粒米を重ねて層にして炊く。香り高いバスマティ米を使用することが多い。

4. ハンディ・ゴーシュト
Handi Gosht

ハンディは豆や肉を煮込むための土鍋のこと。この土鍋を使ってスパイスと一緒に煮込むヤギや羊肉のハンディ・ゴーシュトや、鶏肉を使ったチキン・ハンディなどがある。

5. シーク・カバブ
Seekh Kebab

西＆中央アジア全域で食べられている肉の串焼き料理。パキスタンでは牛または羊のひき肉にスパイスとハーブを合わせ、串に巻き付けて焼く。ミントソースなどが添えられる。

定番の朝食はヒヨコ豆のスパイシーなカレー、チャナとパラーター（→P.170）やチャパティの生地を揚げたプーリー（→P.172）。

アフガニスタン

Islamic Republic of Afghanistan

ダリー語でおいしいは
مزه‌دار!
マザダール

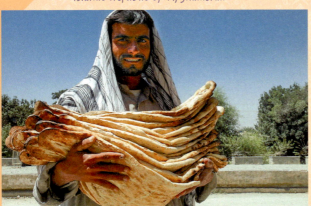
毎日の食卓に欠かせない窯焼きパンのナーン。大きな窯の内側に小麦粉生地を貼り付けて焼き上げる。町のいたるところにナーンを焼くベーカリーがある

DATA
首都：カブール Kabul
言語：ダリー語、パシュトー語
民族：パシュトゥーン人、タジク人、ハザラ人、ウズベク人など

主食
小麦粉生地を発酵させ、窯で焼いたナーンや米。特にナーンは日本人の「ご飯」のように食事そのものを表す。

イラン、パキスタン、中国、中央アジアの国々に囲まれた内陸国アフガニスタン。シルクロードの要衝にあり、古来、東西のさまざまな民族や文化が入り混じる交流地点となってきた。食文化にもその影響が見られる。例えば蒸しギョウザのマントゥは中国由来の料理であるし、野菜をサブジと呼ぶのはインド亜大陸と同じ。また炊き込みご飯パラオはイラン風もあればウズベキスタンなどの中央アジア風もあるといった具合だ。ナーンと一緒に食べる肉や野菜の煮込み料理は、全体的にスパイス控えめでマイルドな味付け。肉の串焼き、カバブもいくつか種類があり定番の肉料理だ。ヨーグルトなどの乳製品、豆類、野菜、果物やナッツ類なども食されている。

ドライフルーツ＆ナッツ店。ザクロ、ブドウ、メロンなどは生でも食べる

もっと知りたい！ 食の雑学

ナーンは形もトッピングもいろいろ
円盤、楕円、長方形などに加えて、厚さも薄焼きから厚みのあるものまでさまざま。プレーンタイプのほか、ゴマやケシの実、クミンやキャラウェイといったスパイス入りもある。ナーンの窯をもつ一般家庭もあるそう。

食事は右手で食べるのが基本
食事は大きな布を床に敷いて座り、大皿をみんなで囲んで食べるのが一般的。イスラム教では左手は不浄とされているため、右手を使ってナーンをちぎり、おかずをすくって口に運ぶ。米料理は右手でまとめて食べる。

お茶文化の国アフガニスタン
アフガニスタンではお茶（チャイ）は1日の生活に欠かせないもの。朝食にはナーンと一緒に、休憩時間に1杯、そして客人があれば必ずチャイでもてなす。緑茶、紅茶、ミルク入り紅茶があり、いずれも砂糖たっぷりで

チャイハナ（茶室）でお茶を飲む男性たち

飲む（砂糖の塊をなめながら無糖のお茶をする人もいる）。カルダモンを入れた緑茶も好まれている。

乳製品は種類も多く、牛や羊のほかラクダの乳も使われる。ヨーグルトのチャカ、脱脂粉乳のドゥグなど。

編集部が選ぶ 必食グルメ TOP5

東西の食文化に影響を受けたアフガニスタン料理。香辛料を使いながらも比較的マイルドな味わいだ。

南アジア ◎ アフガニスタン

1. カブリ・パラオ
Qabili Palao

国民食ともされる炊き込みご飯。鶏や羊の肉、タマネギを一緒に煮込んだトマトソースに生米、ニンジン、レーズン、ナッツ、スパイスを加えて炊き込む。肉なしはパラオという。

2. ボラニー
Bolani

発酵させた小麦粉の生地の中にゆでたジャガイモやニラ、カボチャなどの具材を入れ、薄く伸ばして焼いたもの。食事の主食として、または軽食として食べられる。

3. チャプリ・カバブ
Chapli Kabab

羊や牛のミンチ肉にタマネギ、トマト、香辛料を加えてこね、成形して揚げた肉料理。もともとはパシュトゥーン人の料理で、隣国パキスタンでも人気。ナーンと一緒に食べる。

4. マントゥ
Mantu

蒸しギョウザ。羊のひき肉とタマネギ、スパイスなどを混ぜ合わせたあんを、小麦粉生地で包み蒸す。やや厚めの生地の中には肉汁たっぷり。ヨーグルトをかけて食べる。

5. ボラニー・バンジャン
Borani Banjan

たっぷりの油で焼いたナスに、ターメリックやチリ、刻みニンニク入りのトマトソースを入れて煮込み、ヨーグルトソースをかけた料理。ヨーグルトソースにもニンニクが入る。

イランにはアーシュ・レシュテ（→P.227）という麺料理があるが、アフガニスタンにもアーシュという豆やヨーグルトのチャカを使ったスープ麺がある。ペルシア由来の料理。

197

中央アジア
Central Asia

ユーラシア大陸中央部の乾燥地帯に位置する内陸エリア。大陸性気候で降水量は少なく、土地のほとんどがステップと砂漠に覆われる。東は天山山脈とパミール高原からなる山岳地帯で、キルギスは40％以上、タジキスタンは50％以上が標高3000mを超える。食事は肉食中心でオイリーな遊牧民のスタイルに、シルクロードを通じて中国やインド、イランなどの食文化が流入、ソ連時代の食文化の影響も色濃い。

大航海時代における香辛料

15～17世紀の大航海時代、ヨーロッパ諸国は新航路を開拓し、アジアやアフリカへの交易を拡大。これにより、当時ヨーロッパの食文化や医療に欠かせないものであった香辛料の貿易が活発化するとともに、オランダがジャワ島を支配するなど植民地支配の動機ともなった。

ウズベキスタン →P.200

海のない国に囲まれた極端な内陸国で面積は日本の約1.2倍。典型的な大陸性気候で夏は非常に暑く、冬は寒い。7月から8月半ば頃の「チッラ」と呼ばれる酷暑期には西部では45℃を超えることも。中央アジア最大の都市タシケント、"青の都"と称されるサマルカンド、古代ペルシアから栄えたオアシス都市のヒヴァなど、魅力的な観光スポット多数。

カスピ海

中央アジアと東ヨーロッパの境界にある塩湖。中央アジアのトルクメニスタン、カザフスタンなど5ヵ国に面している。肉食の中央アジアにおいて、トルクメニスタンのカスピ海沿岸部では魚介料理が豊富。

トルクメニスタン →P.208

カザフスタン、ウズベキスタン、アフガニスタン、イランと国境を接し、西側でカスピ海に面している。国土の85％を占める砂漠地帯の夏は厳しく、気温は60℃まで達することがあるが、冬はさほど寒くない。石油や天然ガスの資源も豊富で、大きな穴の底から噴出する天然ガスに点火した炎が、50年以上の時を経た今も燃え続けている「地獄の門」は有名。

▶おもな農産物　米　小麦　雑穀　イモ類　トウモロコシ

カザフスタン →P.204

日本の約7倍、世界第9位の面積をもつカザフスタンは、エネルギー資源も豊富な中央アジアで最も裕福な国。国土の半分は砂漠、北部から中部にかけてはカザフステップと呼ばれる半乾燥の平原地帯が広がっていたが、現在は開墾され小麦畑に変わっているところも多い。首都アスタナでは日本の建築家・黒川紀章氏の都市計画案にもとづき開発が続いている。

キルギス →P.210

国土の大半を天山山脈とその支脈アラ・トー山脈が占めるキルギス。首都ビシュケクは標高750～900mだが、国土の約90％が標高1500m以上という山岳国家だ。アラ・トー山脈の峡谷に沿って造られたアラ・アルチャ自然公園や、「天山山脈に隠された幻の湖」だった広大なイシク・クル湖など、自然が織りなす美景は「中央アジアのスイス」と呼ばれる。

カザフスタン
（P.204）

キルギス
（P.210）

タジキスタン
（P.206）

タジキスタン →P.206

大部分が世界の屋根と呼ばれるパミール高原とそれに連なる山脈、高原からなる山岳国家で、平均標高は3000m以上。首都ドゥシャンベ北部には4000m級の山脈がそびえる。標高の違いによりかなり温度差があり、冬は閉ざされる道も。4000m級の山々が連なるアフガニスタンの秘境ワハーン回廊は、タジキスタン側から眺めることができる。

 マメ類　 バナナ　 トマト　 ブドウ　 香辛料　 ナッツ類　 柑橘類　 オリーブ

ウズベキスタン

Republic of Uzbekistan

ウズベク語でおいしいは
Mazali！
マザリ

「青の都」と呼ばれるウズベキスタン随一の観光都市、サマルカンドのバザールでナンを売る女性

DATA
首都：タシケント Tashkent
言語：ウズベク語
民族：ウズベク系84.4％、タジク系4.9％、カザフ系2.2％、ロシア系2.1％

主食
小麦粉、水、酵母、塩で作るナンと呼ばれる丸いパンが主食。ピラフの原型といわれるプロフもよく食べられている。

シルクロードの十字路として栄えたウズベキスタン。さまざまな文化が行き交うなかで、中国、ヨーロッパ、中東、ロシアなどの料理が混ざり合い、独自の食文化が形成された。紀元前300年代からすでに名物料理としてその名が記されている「プロフ」など、長い歴史を経て現在まで親しまれているメニューも。中央部にオアシスを擁するため、遊牧生活が主流だったほかの中央アジアの国とは異なり、穀物の栽培が盛んで、小麦粉を使った料理が豊富なのも特色のひとつだ。食材は羊肉や野菜が中心。味付けにはおもにクミン、コリアンダーなどの香辛料やハーブを使用するが、素材の味を生かした優しい味わいが多く、日本人にもなじみやすい。

多様なルーツが混ざり合ったウズベキスタン料理。グルメでシルクロードを感じるのが旅の醍醐味

もっと知りたい！ 食の雑学

ウズベクNo.1の味！ナンにまつわる伝説

サマルカンドのナンには伝説がある。かつてサマルカンドを訪れたブハラの王がナンのおいしさに感動し、同じ材料で再現させようとしたができなかった。サマルカンドの水、空気があってこその逸品というわけだ。

ウズベキスタンはアルコールに寛容

イスラム教が約80％を占めるウズベキスタンだが、飲酒には比較的寛容。たいていのレストランではアルコールが飲める。ロシアの影響が強いこともありウオッカがよく飲まれており、ビールもポピュラー。

拉麺のルーツはラグマン？

ラグマンとは中央アジアで広く食べられている手延べ麺のこと（→P.201）。この小麦の手延べ麺がシルクロードを伝って東アジアに伝わり、「拉麺（ラーメン）」として親しまれるようになったのでは、という説がある。

製法によって異なるラグマンの名称

パスタと同じようにラグマンも製法によって名称が変わる。手でひも状に伸ばした伝統的なものはチョズマ・ラグマン。ほかに切り麺のケシュマ・ラグマン、中国式の手打ち麺のタシュラマ・ラグマンなどがある。

レストランでは、サラダとウズベキスタンのパンであるナン、それにメイン1品というパターンでオーダーするのが一般的。

編集部が選ぶ 必食グルメ TOP5

ウズベキスタンのソウルフードであるプロフは日本でいうピラフ。ほかにも日本人になじみやすい料理のオンパレード。

中央アジア ◎ウズベキスタン

1 プロフ
Plov

カザンという巨大鍋を火にかけ、羊や牛の骨付き肉を入れて油で煮込む。その上にニンジン、タマネギ、ヒヨコ豆などの野菜とスパイスを入れ、生米をのせたら蓋をして蒸し上げる。

2 シャシリク
Shashlik

アジアの広範囲で食べられている、羊肉や牛肉、ひき肉などを串に刺し、炭火で焼き上げた料理。レストランの定番メニューだが、バザールの食堂などでも食べられるほどポピュラー。

3 ラグマン
Laghman

中央アジアで広く食べられている小麦を原料とした手延べ麺。ウズベキスタンでは、羊肉、野菜、クミンが入ったトマトベースのスープで煮込んだスープ麺スタイルが主流。

4 マンティ
Manti

ウズベキスタン風ゆでギョウザ。ひき肉とタマネギ、ジャガイモなどの野菜、クミンやコリアンダーといったスパイスを混ぜ合わせたあんを生地で包んで蒸し上げる。羊肉が使われることが多い。

5 シュルパ
Shurva

ウズベク語でスープを意味するショールヴァは、羊肉と、ジャガイモ、トマト、ニンジンなどたっぷりの野菜が入ったあっさり塩味のスープが基本。具材のバリエーションが豊富。

プロフは日常的に食べられているが、結婚式や誕生日などにも欠かせないお祝いの席の料理でもある。基本的に男性が作る。

もっと知りたい！ウズベキスタン料理

サラダ・スープ

　国内で栽培した新鮮なオーガニック野菜を使ったメニューが多いのはオアシス都市たるゆえん。さっぱりとしたヨーグルトソースやヨーグルトスープもポピュラーで、乳製品を多用する遊牧民の食文化も色濃い。

肉料理

　内陸国のウズベキスタンでは肉料理がメイン。肉は羊と牛肉が多く、クミンやコリアンダーといった香辛料やハーブを使って臭みを和らげているのが特徴だ。イスラム教徒が多いため豚肉はほとんど食べられない。

アチック・チュチュク Achchiq-Chuchuk

トマトとキュウリ、タマネギ、ピーマンなどをスライスして、ハーブと塩コショウをかけただけのシンプルなサラダ。ウズベキスタンではこのサラダが最もポピュラー。

カザンカボブ Kazan Kabob

クミンやコリアンダーといったスパイスに漬け込んだ羊肉とジャガイモを油で揚げた、ボリューム満点の料理。タマネギスライスが添えられる。

ドルマ Dolma

（西アジアでおなじみ）

牛ひき肉、タマネギ、トマト、生米、スパイスなどを混ぜ合わせたものを、塩漬けのブドウの葉で巻いて、弱火で30分ほど煮込んだ料理。ヨーグルトソースで食べる。

ガルプチ Galuptsi

ピーマンの米とひき肉詰め。ピーマンの代わりにナスやトマトを使ったり、キャベツで巻くこともある。ウズベキスタンでよく食べられているロシア料理のひとつ。

チャロップ Chalop

カティックという発酵乳を水で薄め、キュウリやパセリなどの野菜とハーブを加えた冷製スープ。ヨーグルトのような味わいでさわやか。

ディムラマ Dimlama
（家庭料理の代表格！）

肉と野菜を煮込んでハーブや調味料で味付けする、ウズベキスタン風肉じゃが。肉は羊肉、野菜はジャガイモ、タマネギ、ニンジン、キャベツなどが使用されることが多い。

Column
お茶を飲みながらひと休み
砂漠の町のオアシス「チャイハナ」

　カラフルな絨毯が敷かれた「タプチャン」と呼ばれる台に、テーブルやクッションが置かれただけの開放的な喫茶店がチャイハナ。大きな公園、池のほとり、バザールの近くなど、中央アジアの町を歩けばいたるところで見かけるだろう。チャイハナで飲むお茶はおもに、コク（青の意味）・チャイと呼ばれる緑茶と、カラ（黒）・チャイと呼ばれる紅茶。社交場としての一面もあり、ホストがお茶でゲストをもてなす独自の作法が伝統的に受け継がれている。とはいえ現在は地元の人々から観光客までさまざまな人々がくつろぐオアシス。強烈な日差しを逃れて涼を取る、ウズベキスタンらしい体験をしてみたい。

観光地にもあるチャイハナ

綿花模様のティーセットはウズベキスタンの定番

ウズベキスタンでは健康によいという理由から、紅茶よりも緑茶が好まれる。

小麦・米料理

綿花の栽培が盛んであったが、近年、小麦・大豆・トウモロコシといった穀物へとシフトしている。小麦粉を利用した麺料理が豊富に存在し、スープやソースをかけたり、炒めたりとさまざまな方法で食べる。

ナリン / Norin

タシケントの郷土料理

小麦粉でできた細麺、馬肉の細切り、タマネギを混ぜ合わせ、カジ（馬肉のソーセージ）のスライスをのせた冷製パスタ風の料理。スープに浸して食べることもある。

サムサ / Samsa

南アジアの揚げるサムサと違って、中央アジアではタンドールと呼ばれる大きな窯の内側の壁に貼り付けて焼き上げる。中には肉やタマネギが入っている。

マンパル / Mampar

野菜たっぷりスープパスタ

ウイグル料理由来のショートパスタ入りトマトスープで、中央アジア全域で食べられている。ラグマンと似ているが、こちらは生地を手で小さくちぎり入れるのが特徴。

チュチュヴァラ / Chuchvara

いわゆるロシアのペリメニで、小さい水ギョウザのようなもの。羊肉を用いることが多い。ヨーグルトソースをかけて食べる場合と、スープに入れて食べる場合がある。

シュヴィト・オシュ / Shivit Osh

ウズベキスタン西部の都市ヒヴァの伝統料理。ディルやコリアンダーなどの香草を練り込んだ緑色の麺に、肉とトマトのソース、サワークリームをトッピングした冷静パスタ。

マスタヴァ / Mastava

トマトベースのスープにご飯、野菜、肉が入った雑炊風の料理。ウズベキスタンの伝統的な家庭料理で、家族の集まりや行事で振る舞われる。ヨーグルトを入れて食べる。

ハヌム / Hanum

小麦粉で作った生地を薄く伸ばし、ひき肉やジャガイモ、ニンジン、タマネギなどを挟み、層状にして蒸し上げた料理。サワークリームやトマトソースをかけて食べる。

Column

タンドール窯で焼いたふっくら丸いパン ウズベキスタンの主食「ナン」

ジャムを付けたり、スープに浸したり、がっつり肉料理のお供にしたりと、ウズベキスタンの食卓にナンは欠かせない。インドのナンと違って、きれいな円形をしていて、町ごとに厚さ、味、ビジュアルもさまざま。どんなナンがあるのか、主要地域のナンを紹介しよう。

左／タンドールの窯の内側に貼り付けて焼く　右／ナンに模様を付けるスタンプ

サマルカンドのナン

ウズベキスタンでいちばんおいしいと有名。ほかの地域よりも厚みがあるのが特徴で、中はぎっしり、ベーグルのようなもっちりとした食感。

タシケントのナン

切り込みが入り厚みもたっぷり。ゴマがたくさんちりばめられて香りも豊か。

ヒヴァのナン

ナンは西へ行くほど薄く硬くなる。西部の都市ヒヴァのナンはピザのように平べったい。

ナンは2〜3ヵ月保存可能。薪で焼くかガスで焼くかでも格段に味が変わる。

カザフスタン

Republic of Kazakhstan

カザフ語でおいしいは
дәмді！
ダムディ

アルマティの産直市場、中央バザールの馬肉屋。大きな塊肉が常温でズラリと並んで圧巻だ

DATA
首都：アスタナ Astana
言語：カザフ語、ロシア語
民族：カザフ系70.7％、ロシア系15.2％、ウズベク系3.3％、ウクライナ系1.9％、ウイグル系1.5％、タタール系1.1％、その他5.2％

主食
小麦粉が原料の円形状の窯焼きパン「ナン」と米が主食。米はおもに炊き込みご飯にして食べる。

カザフの国民飲料・シュバット（発酵ラクダ乳酒）。夏に冷やして飲むとおいしい

　広大な草原と赤い砂漠の国カザフスタン。旧ソ連から独立後、豊富な原油、天然ガス、鉱物資源の産出によって驚異の経済発展を遂げた中央アジア一広くて裕福な国である。国民の7割が遊牧民をルーツにもち「狼の次に肉を食べるのはカザフ人」と軽口をたたき合うほどの肉好き。今も昔も羊・馬・牛肉と乳製品は必須の食材だ。それらを長期保存し、無駄なく使う技にたけたカザフ人の伝統食はスパイシーで芳醇でボリューミー。現代風にアレンジされながら現在も食生活の主流派である。客人を歓待し饗応を楽しむお国柄で、酒宴はつきもの。女性も子供も老いも若きも一緒に食卓を囲み、満載のごちそうを大皿から平皿へ、長老から皆へ分け合って食べる。

もっと知りたい！ 食の雑学

コロナで復活!? 伝統の乳製品
　サウマル（馬乳）は滋養強壮、クムス（発酵馬乳酒）は気管支疾患、シュバット（発酵ラクダ乳酒）は肺疾患に効能があり、いずれも免疫力を高める伝統的な薬用飲料。コロナ禍では、都市から近郊酪農家へ客が殺到する騒ぎも。

不滅の名物飲料 シュバットとは？
　ラクダ乳を乳酸菌と酵母で発酵させた伝統飲料。夏場に人気で口当たりよく飲みやすい。自家製は軽いお酒だが、工場製はほぼノンアルで20日間冷蔵保存可。健康志向の家庭の冷蔵庫には牛乳と並んで入っているとか。

毎日の家庭料理は 手軽でシンプル
　カザフ人の普段の食事は簡素なもの。朝・昼はお茶とバウルサクなどで済ませたりする。家族とゆっくり食卓を囲むのはおもに夕食で、ナン、肉と野菜の主菜、スープ、サラダなど3品程度だがメタボ対策も課題に。

食卓を彩る 新鮮な果物
　南の都アルマティはリンゴの名産地。ちなみにカザフ語でアルマはリンゴを意味する。果樹は激減したが、発祥の地とも。市場にはモモやナシ、アンズ、プラム、ベリーなども山盛りで、果物は生活に根付いている。

伝統料理のフルコースでときどき登場する羊の頭。最高級のおもてなしに感謝して、落ち着いて食べ方の手順を踏もう。

編集部が選ぶ 必食グルメ TOP5

遊牧文化の香り高いカザフ料理にガッツリ胃袋をつかまれてみよう。

中央アジア ◎ カザフスタン

1. クイルダック (Kuyrdak)

スパイシーな肉と野菜の煮込み料理。羊などの内臓肉を細かく刻み、たっぷりのタマネギと油で炒めて煮込む。ジャガイモ入りも。風味もボリュームも満点のモツ煮風シチュー。

2. ベシュバルマク (Beshbarmak)

カザフの伝統的国民食。大皿に自家製の平打ち麺と、塩ゆでした肉の塊を切り分けてのせ、濃厚なスープをかけて、元来は左手の「5本の指」で食べた。宴に欠かせないベストグルメ。

3. カズ (Qazy)

高級馬肉ソーセージ。かつては馬のあばら肉と骨を腸詰めしたが、現在は肉のみに塩コショウ、ニンニクをまぶして詰めたものが一般的。ボイルはカザフ人の大好物で、休日の食卓の定番。

4. コクタル (Koktal)

カスピ海沿岸地域のハレの日のメニューで、カザフスタンでは珍しい魚料理。コクタルという魚を開いて金網にのせ、その上にトマトやタマネギをのせて一緒に燻製にしたもの。

5. バウルサク (Baursak)

カザフで人気のドーナツ風揚げパン。円盤形や三角形など食べやすい形状で甘くなく、ナンと並ぶ不動の食事パン。外はカリッと、中はふわふわで地元民のデイリーフード。

中央アジア料理は同じものでも国ごとに名前が変わったり、風味や趣が変わるので、味のグラデーションが楽しめる。

タジキスタン
Republic of Tajikistan

タジク語でおいしいは
Вкусно！
フクスナ

市場で炊き込みご飯オシュを作る料理人。オシュ専用のカザン鍋は特大サイズで重い

DATA
首都：ドゥシャンベ Dushanbe
言語：タジク語。ロシア語も広く通用する
民族：タジク系84.3％、ウズベク系12.2％、キルギス系0.8％、ロシア系0.5％、その他2.2％

主食
厚さ3cm、直径20〜25cmぐらいの円盤状のパン「ノン」。油で炊き込んだ米料理もよく食べられる。

東に世界の屋根パミール高原、その南端に絶景のワハーン回廊。平均標高3000mの山岳国家タジキスタンは中央アジアの最貧国だが、水資源が豊かで近年レアメタルの採鉱で発展中。雄大な自然と古代文明の神秘を今に伝える秘境国でもある。タジク料理はシルクロードの食文化をベースに山岳料理と旧ソ連料理がコラボしたもので、主菜の肉料理・麺料理はオイリーかつスパイシーでうま味たっぷり。おもな食材は豚以外の肉、野菜、牛乳で、塩味とハーブの香りが強め。会食では豆・ドライフルーツ・甘味の盛り合わせ、スープ、主菜、副菜、オシュ（ピラフ）、デザートと大盤振る舞いだが、ノンはマスト。人口の4分の1が農民で小麦や綿花、野菜や果樹栽培が盛ん。

伝統のクルトは、ヨーグルトを丸めて作るハードチーズ。かなり塩辛い

もっと知りたい！ 食の雑学

高原ハチミツや干しアンズがまろやか
タジクみやげといえばドライフルーツ（特にアンズやブドウ）、ナッツ、チョコレート。そしてミネラル豊富なパミールハチミツ。高原の花畑が育む百花蜜は美味濃厚でナチュラル。干しアンズとともにスーパーやバザールで。

タジキスタンの定番ドリンクはこれ
食事と一緒に飲まれているのは無糖の緑茶が多い。無糖のミルクティー（シルチョイ）はノンのお供に。果物を煮て作る甘いドリンク、コンポートは家庭でよく作られている。シムシムビールなど国産ビールもある。

味の決め手はマヨネーズ？
ご当地サラダの代表はクルトップだが、美しいヒマワリやザクロのサラダやポテトサラダなどには、"ほぼ万能調味料"マヨネーズが活躍する。「油を使うほどごちそう」と喜ばれる国の摂取カロリーをまた上げる？

乳製品の名前は細分化されている
中央アジアでは生乳の発酵・加工段階ごとに細かい名前が付いている。生乳はモロコ、モロコを温めて上澄みの脂肪分をすくい取った物がカイマックなど、まるで日本の出世魚のように名前が変わっていく。

左手で食べないこと。ノンを決して粗末に扱わないこと。イスラムの教えは食事マナーにも。

編集部が選ぶ 必食グルメ TOP5

油ギッシュでこってり系、塩味とハーブの香りもしっかりのタジク料理は、意外と日本人にもなじむ味。

中央アジア ◎ タジキスタン

1 クルトップ
Qurutob

国民食のNo.1。ヨーグルトにファティール（パイ生地の平パン）をちぎって浸し、野菜、ハーブ、トウガラシなどをのせた大盛りサラダ。皆で集まってシェアして手で食べるのが地元流。

2 オシュ
Oshi

大量のニンジンを使い、米がオレンジ色になるまで鉄製の大鍋カザンで炊き込むピラフ。家庭料理としてもお祝いご飯としても食べられている。ウズベキスタンではプロフと呼ばれる。

3 シュルボ
Shurbo

中央アジアの定番スープ。羊肉と野菜を煮込んだポトフ風が多く、澄んだスープは塩味強め。タジク人のソウルフードで飽きのこないシンプルさがおいしい。サワークリームをかけることも。

4 ベリャシ
Belyashi

小麦生地でひき肉あんを包んで揚げたもの。よく似ているが、ピロシキは焼き上げたものでベリャシは揚げパン。ファストフードや副菜としてマンティ（→P.211）などとともに人気がある。

5 ガルプチ
Galuptsi

ガルプチは「包み物」という意味。肉や米をキャベツで包んだり、ピーマンに詰めたりする料理で、旧ソ連圏で広く食べられているが、野菜入りのトマトスープに入っているのがタジク風。

ミルク粥にバターと砂糖をどっさり、ラグマンにクリームをたっぷりかけて食べるのがタジク流。ケーキや果物も大好物。

トルクメニスタン

Turkmenistan

> トルクメン語でおいしいは
> **Lezzetli！**
> レゼリ

アシガバットのメロン祭り。販売や試食、歌や踊りで盛り上がったあとにメロンがもらえる

DATA
首都：アシガバット Ashgabat
言語：トルクメン語。ロシア語も広く通用する
民族：トルクメン系85％、ウズベク系5％、ロシア系4％、その他6％

主食
丸くて分厚い窯焼きパンのチョレクや、ナンよりも少し分厚いペティールといったパンが主食。プロフ(ピラフ)も食べられる。

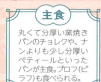

国土の大半を占める黒砂のカラクム砂漠で半世紀以上燃え続ける「地獄の門」。トルクメニスタンは世界有数の天然ガスや石油の産出国で、カザフスタンに次ぐ中央アジアの成長株だが、経済苦境にもあえぐ"謎の国"である。トルクメン料理は牧畜・農業中心の半遊牧生活の伝統とカスピ海沿岸の魚食文化が調和したもの。馬肉は食べない、牛肉より鶏肉、魚料理が豊富、メロンとスイカの名産地など個性的な面もあるが、「肉と乳と麦」の基本形は中央アジア共通。珍しいものではチョウザメのパラオ(ピラフ)、魚のシャシリク(串焼き)などがあり、シーフードメニューも多彩。素材を生かしたシンプルな味付けが多く、調味料、香辛料は控えめで綿実油が多用されるのも特色だ。

市場にはパン、ドライフルーツ、ナッツ、お菓子など日々の食卓に欠かせない品々が並ぶ

もっと知りたい！ 食の雑学

肉料理は豊富でも馬肉は嫌い？
羊、鶏、牛、ラクダ、ヤギは食べるが馬はNGという中央アジアらしからぬ食肉事情だが、アヒルやガチョウに詰め物をしたイシュトクマ、ラクダ肉のスープ、ヤギ肉のシャシリクなど、肉料理は多彩でおいしい。

メロンとスイカは水分補給の源
国最大の特産品が「楽園の果物」マスクメロン。デュルクメロンやパシュメロンなど400種以上が栽培され、スイカとともに山積みで販売され、朝昼晩の人々の水代わりとなる。祝日「メロンの日」には祭りも開催される。

外食よりもおうちご飯
近年、生活費が高い国ランキングにトップクラス入りして、かつての生活費無料時代から様変わりした庶民の暮らし。だが、普段のご飯も祝祭料理も市場で調達し、家族や客人と食べるのがいちばんという食文化は変わらない。

主食のチョレクは特別なパン
主食のパンは中身によって「チョレク○○」と多種多様で、市場やベーカリーでも目移りするほど。表面のかわいい花模様はただの飾りではなく空気を抜く穴。焼き窯タンディールは屋内で最も神聖な場所に設置される。

カスピ海のキャビア(チョウザメの卵)は超高級食材だが、沿岸地域で売られている格安品は、さまざまな魚卵をミックスしたフェイクが多い。味はいいらしい。

編集部が選ぶ 必食グルメ TOP5

肉も魚もミルクも果物も。トルクメン料理はふところ深く、優しい味わいだ。

中央アジア ◎ トルクメニスタン

① ドグラマ
Dograma

ほぐした羊肉とちぎったパンに羊肉の煮汁をかけた伝統的スープ。肉、ニンジン、タマネギ、トマトなどが入った具だくさんのパン粥風。元来は男性が手作りした振る舞い料理。

② シュルパ
Chorba

中央アジア定番の羊肉と野菜のスープ。トマト、ニンジン、タマネギ、ジャガイモ、クミンや香味野菜もたっぷり入って風味豊か。バリエーションは多いが、手軽でおいしい国民食。

③ カクルマ・ラグマン
Kaurma Laghman

羊肉を油で揚げたカクルマ、野菜、ラグマン（小麦粉で作った手延べ麺）を炒めたトルクメン風焼きうどんは、汁なしで夏に人気の屋台メシ。麺はコシが弱くてツルツルとした食感。

④ チョレク
Chorek

タンディール窯で大切に焼き継がれてきたペティール（ナン）に次ぐ毎食パン。重厚で香ばしく外はカリッ、中はモチッとしておいしいが、冷めると板のように硬い。

⑤ フィッチ
Fitchi

羊肉を詰めた伝統的なパイ。パイは家庭でもよく作られており、旧ソ連圏のチェブレキに似た野菜パイのグタブ、お祭りなどで食べられる巨大なミートパイのイシュリクリなど種類豊富。

「木曜日はプロフの日」。油の香りを立ち上げて先祖が里帰りするのを待つ日だとか。プロフの油を眉に塗る習慣も宗教的なもの。

209

キルギス

Kyrgyz Republic

キルギス語でおいしいは
даамдуу！
ダアムドゥ

首都ビシュケクのオシュ・バザールで馬肉を売る男性。人々は何kgもの塊肉を買っていく

DATA
首都：ビシュケク Bishkek
言語：キルギス語（国語）、ロシア語（公用語）
民族：キルギス系77.8％、ウズベク系14.2％、ロシア系3.8％、ドンガン系1.0％、ウイグル系0.5％、タジク系0.9％、その他

主食
円形の大きな窯焼きパンのナン。キルギスのナンはパンスタンプや切り込みを入れたかわいらしいものが多い。

　国土を東西に走るアラトー山脈。渓谷と湖、氷河を望む草原の国キルギスは天空の小国だ。三蔵法師の昔から栄えたシルクロード天山回廊南路の要衝であり、東西文明の交差点として幾多の遺跡を残した。だが「観光と水」以外の資源は少なく、中央アジアではタジキスタンに次ぐ貧困国である。カザフスタンの人々と並ぶ、大の肉好きで、「肉と乳製品と小麦」の伝統食文化は今も健在だ。祝祭日やイベント時にはトイ（宴会）が開かれ、豪華な料理が卓いっぱいに並ぶ。お酌は若い男性がして、余り物はたいてい女性が持ち帰るのだとか。"天山の真珠"イシククル湖、ソンクル湖など200余りの湖や川があり、水辺で雪渓や放牧の群れ、花畑を眺めながら食べる魚料理は格別だ。

パローはピラフのキルギス名。肉なしのパローもあり、こちらは肉の代わりにドライフルーツを入れる

もっと知りたい！ 食の雑学

キルギスの水が救援物資に
　キルギスには「私たちはもともと兄弟だったが、魚好きは日本へ、肉好きはキルギスへ」という伝説があるほどの親日国。水資源が豊富なキルギスは、東日本大震災のとき、大量のミネラルウオーターを寄付してくれた。

キルギス料理は日本と似ている？
　煮る、焼く、蒸すというシンプルな調理法で素材のうま味を引き出し、塩味仕立てで香辛料を多用しないキルギス料理は意外と日本人の口に合う？ 羊・馬肉は好みが分かれるが、現地の和食屋では寿司やラーメンが人気とか。

ピリ辛のラザが味を引き立てる
　大衆食堂の卓上の常備品、ピリ辛調味料ラザは、トウガラシ、ニンニク、油で作るキルギス風食べるラー油。油っこいキルギス料理にピリッとトウガラシの辛味を添えてうまさ倍増。マンティ（→P.211）との相性が抜群だ。

キルギスで人気のお酒は
　キルギスではウオッカを酌み交わすのが敬意の証しでビールやワインは酒じゃないとも。だが乾燥気候の暑〜い夏にはコレがいちばん。クラフトビールのアルバ、人気ビールのジヴォエ、ロシアビールのバルチカなどが人気。

キルギスではパイやピザ、寿司やラーメン、キムチの店なども人気で、家庭料理のメニューにも。

編集部が選ぶ 必食グルメ TOP5

"中央アジアのアルプス"と称されるキルギス。水がよいと酒も料理もおいしい。調理法はシンプルで日本食に通じる点も。

中央アジア ◎ キルギス

① ベシュバルマク Beshbarmak

ゆでた麺の上にじっくり煮込んだ羊肉や馬肉をのせた遊牧民料理。伝統食の代表で、肉のうま味がしみわたり、深い味わい。キルギス語で「5本の指」。手づかみで食べるのが伝統的。

② アシュランフー Ashlyamfu

酸味の効いたスープに冷たい卵麺とでんぷんでできた麺の2種が入ったキルギス風冷やし中華。独特の食感が楽しい。中国系イスラム教徒のドンガン人の多いカラコルの郷土料理。

③ マンティ Manti

大きな蒸しギョウザ。キルギス風小籠包、肉まんとも。小麦生地にひき肉とタマネギのあんを包んで蒸し上げる。ヨーグルトやトマトソース、チリペッパーをかけることも。

④ ドゥンダマ Dymdama

伝統的な煮込み料理で、ウズベキスタンでは「ディムラマ」と呼ばれる。骨付き羊・牛肉と野菜(おもにキャベツ、ジャガイモ、ニンジン、タマネギ)の塩味の蒸し煮。バターやヒマワリ油を加えてもおいしい。

⑤ オロモ Oromo

「巻く」に由来する伝統的な蒸しパイでマンティの変化形とも。硬めの薄皮生地に油を塗って具(ひき肉、ニラ、ネギなど)をのせて蒸す。カボチャ入りもおいしい家庭料理。

> キルギスでは食前食後も、家畜を解体するときも、みんなで「アーミン」と祈りを捧げる。「いただきます」「ごちそうさま」に通じる食べ物への感謝の言葉だ。

トルコ →P.214

アジア大陸とヨーロッパ大陸にまたがる「東西文明の架け橋」。北は黒海、西はエーゲ海、南は地中海に面する。国土は日本の約2倍。

イラン →P.226

西アジアではサウジアラビアに次いで面積が広く、人口は西アジア最大。「世界の半分」と称されたエスファハーンなど、イランの芸術遺産は世界史上最も豊かなもののひとつといわれる。

タヒーナ ゴマペースト

ザータル 西アジアのハーブ、スパイスをミックスしたもの

トルコ（P.214）

シリア

イラク

イラン（P.226）

レバノン →P.230

細長い国土をもつレバノンは、アラブ地域で唯一砂漠のない国。地中海沿岸は寒暖差が少なく温和な気候だが、3000m級の山が連なるレバノン山脈周辺は雪が降る。

レバノン（P.230）

パレスチナ

ヨルダン（P.238）

イスラエル（P.236）

イスラエル →P.236

イスラム文化圏に囲まれたユダヤ人の国民国家。世界最古の都市のひとつエルサレムには、ユダヤ教、キリスト教、イスラム教の聖地がある。

クウェート（P.242）
バーレーン（P.244）
カタール（P.234）

サウジアラビア（P.240）

アラブ首長国連邦（P.246）

イエメン（P.248）

ヨルダン →P.238

四方をシリア、イラク、サウジアラビア、イスラエルに囲まれたヨルダン。北海道ほどの国土面積の8割以上が砂漠地帯。世界遺産のペトラ遺跡や死海が有名。

サウジアラビア →P.240

アラビア半島のおよそ8割を占めるその国土のほとんどが砂漠地帯。石油、天然ガスの豊富な資源を有するアラブ世界の中心。2019年まで鎖国状態であったが現在は観光入国が解禁されている。

▶おもな農産物　 米　 小麦　 雑穀　 イモ類　 トウモロコシ

西アジア
West Asia

アラビア半島とその周辺国が西アジア。今日では中東とほぼ同じ領域を指す場合が多い。アジアとヨーロッパを結ぶ広大なエリアで砂漠地帯が多く、夏には50℃を超える地域、冬は氷点下まで冷え込む地域など幅広い。料理はアラブ料理、遊牧民料理、インド料理などがミックス。多くがイスラム教を国教としており、飲酒は禁止、ラマダン期間は日の出前から日没までの間断食を行う。

クウェート →P.242
四国よりも少し大きい約1.8万km²という小さな国土の多くが砂漠地帯で、夏には温度が50℃を超える。世界有数の石油資源に支えられ経済発展を続ける。

バーレーン →P.244
ペルシャ湾に浮かぶ30以上の島々からなる島国で、総面積は奄美大島とほぼ同じ。1500年代にポルトガルに占領された際に築かれた要塞は世界遺産に登録されている。

カタール →P.234
秋田県ほどの面積の小国だが、豊富なエネルギー資源に恵まれ急成長を続ける。首都ドーハは人工島で、高層ビルにホテルなど開発が目覚ましく、第2のドバイの呼び声も。

オマーン
(P.250)

アラブ首長国連邦 →P.246
資源豊富な首都アブダビ、アラブ諸国随一の観光都市ドバイをはじめとする7つの首長国により構成される連邦国家。UAEと略称される。

イエメン →P.248
アラビア半島の南西端に位置する。首都サヌアは「ノアの方舟」伝説でノアの長男「セム」がつくった町という言い伝えがある。北部の山岳地帯は温帯で古くから農耕が盛ん。

オマーン →P.250
アラビア半島の東端に位置する。オマーン湾に臨む首都マスカット、東部の砂漠地帯、3000m峰を抱くハジャル山脈と「アラビアのグランドキャニオン」と呼ばれるワディ・グル渓谷など多様な魅力がある。

 マメ類　 バナナ　 トマト　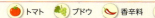 ブドウ　 香辛料　 ナッツ類　 柑橘類　 オリーブ

🇹🇷 トルコ

Republic of Türkiye

トルコ語でおいしいは
Lezzetli!
レゼットリ

イスタンブール式の舟形のピデ(ピザ)。ひき肉や卵、チーズをのせてカリッと香ばしく焼き上げる

DATA
- 首都：アンカラ Ankara
- 言語：トルコ語
- 民族：トルコ人。ほかにクルド人、アルメニア人、ギリシア人、ユダヤ人など

主食
エキメッキ(パン)、米。エキメッキはパンの総称。バゲット状、ピタ状、リング状のものなど種類豊富。インディカ米、ジャポニカ米両用。

東から西へ、アジアからヨーロッパへ壮大なグラデーションを描くダイバーシティ・トルコ。2023年の大地震は南部を直撃したが、都市部は変わらぬ活況ぶりだ。アジア西端のアナトリア半島に位置し、古来アジア、欧州、中東の文化が交錯し18の文明の舞台となった。オスマン帝国にいたる久遠の歴史と21の世界遺産をもつ観光立国は異国への憧憬を集めて人気も高い。コロナ渦では世界80ヵ国以上にマスク、防護服などを支援した繊維・衣料部門の輸出大国、農業国でもある。世界3大料理のひとつであるトルコ料理は、アラブ諸国や地中海料理に似て、羊肉や鶏肉、黒海・地中海の海産物、豆・ヨーグルト・オリーブオイル、野菜・果物の多用が特徴。豊富な食材と多彩な調理法が世界を魅了する。

イスタンブールのグランドバザール。屋根付き市場としては西アジア最大級。店は4000軒超

もっと知りたい！ 食の雑学

ウキウキ外ご飯 どこで何食べる？

街の大衆食堂ロカンタは、煮込み料理、ケバブ、どちらもある店がある。居酒屋メイハーネは酒とつまみが充実。甘味処パスターネには総菜パンや軽食も。屋台のスィミット(→P.211)やトウモロコシも手軽でおいしい。

美食の国トルコの多彩なアルコール

ビラ(ビール)のいちばん人気は国内シェア8割を誇るエフェス(→P.27)。クセありの地酒ラクはライオンのミルクとも。メゼと一緒に味わいたいベヤズ・シャラップ(白ワイン)、クルムズ・シャラップ(赤ワイン)も定番だ。

生活に欠かせないトルコの紅茶「チャイ」

インドのチャイはミルクティーだが、トルコのチャイは紅茶。茶葉を煮出して作るため味が濃く苦みが強いので、砂糖をたっぷり加えるのがトルコ流。チューリップの花のような形の小さなチャイグラスで1日何杯も飲む。

発酵食品の宝庫トルコの調味料

ヨーグルトを常備している家庭のキッチン。これにブルグル(ひき割り小麦)、トマト、タマネギなどを合わせてさらに発酵・乾燥させて粉状にした保存食タルハナは、世界初の即席スープとも。トマトのサルチャは基本調味料のひとつだ。

214　約6万人の犠牲者を出したトルコ・シリア大地震。シリア難民の欧州への窓口となるトルコでは格差拡大、インフレが進む。

編集部が選ぶ 必食グルメ TOP5

世界3大料理のひとつトルコ料理。圧倒的な「数と質」にハマってみたい。

1 シシ・ケバブ
Şiş Kebabı

シシは串。ケバブは肉料理全般。シシ・ケバブは「ひと口大のぶつ切り肉の串焼き」でトルコの大看板料理。羊肉や牛肉をていねいにマリネして焼くのでクセもなくジューシーで香ばしい。

2 ビベル・ドルマス
Biber Dolması

定番のピーマンの詰め物料理。ドルマは「詰め物」という意味で、ナス、トマトなどのドルマスも人気だ。具材は米や肉、タマネギ、香草、スパイスなど。トマトソース味が多い。

3 イズミル・キョフテ
İzmir Köfte

キョフテは羊肉か牛肉ミンチで作ったスパイシーな肉団子。イズミル・キョフテは肉団子、ジャガイモ、トマトを鍋に敷き詰めてトマトソースで煮込んだ、イズミルの郷土料理。見た目も美しい。

4 バルック・エキメッキ
Balık Ekmek

通称サバサンド。バゲットに鉄板焼きのサバ、トマト、レタス、生タマネギを挟んだイスタンブールの名物グルメ。観光名所ガラタ橋やエミノニュ広場の屋台舟で販売。塩とレモン汁を付けて。

5 クイマル・ペイニルリ・ピデ
Kıymalı Peynirli Pide

タマネギ、パセリ、ひき肉をこねてトマトやシシトウガラシ、香辛料、オリーブオイルと混ぜ、パン生地にのせてチーズをトッピングして石窯で焼くピデ（ピザ）。ピデ屋でもいちばん人気。

新潟のサバサンドはトルコ生まれの柏崎育ち。サバをから揚げにして特製コッペパンに挟むアレンジで、人気のご当地グルメに。地域限定。

もっと知りたい！ トルコ料理

スープ

チョルバ（スープ）は日本の味噌汁。「実家の味」を想起させるスープは、アレンジ無限大。体に優しく、野菜たっぷりで栄養満点のスープは、前菜にも朝食にもおすすめ。ロカンタ（大衆食堂）でも高級レストランでも食べられる。

ドマテス・チョルバス
Domates Çorbası

トマトの酸味とうま味をギュッと凝縮した定番スープ。小麦粉やバター、牛乳を加えてトロリとまろやかに仕上げる。卵とレモン汁入りも。チーズやパセリをトッピングして、家庭でもレストランでもおなじみのトマトスープ。

メルジメッキ・チョルバス
Mercimek Çorbası

レンズ豆のスープ。豆、タマネギ、バター、水、塩コショウ、オリーブオイル、香辛料などで作るシンプルなスープ。具材を煮て、ハンドブレンダーなどでポタージュ状にする。食べる前に乾燥ミントとレモンを搾り入れる。

ケッレ・パチャ・チョルバス
Kelle Paça Çorbası

ケッレは頭、パチャは足。トルコ名物「羊の頭と足のスープ」には脳みそも入っている。遊牧文化が漂う南東部やアナトリアの郷土料理。レモンを搾って熱々と食べる。濃厚で独特の風味。トルコ人でも好き嫌いが分かれるとか。

アイラン・アシュ・チョルバス
Ayran Aşı Çorbası

アイラン・アシュは塩味ヨーグルトのスープ。タマネギ、ニンジン、マッシュルーム、ズッキーニなど季節の野菜とスパイスが入ったさわやかベジ・スープ。市販の粉末スープもある。夏バテ解消、美肌づくりにも効く健康スープ。

タルハナ・チョルバス
Tarhana Çorbası

タルハナはヨーグルト、トマト、ピーマン、タマネギ、小麦粉などを混ぜ合わせて、発酵、乾燥させた栄養満点の保存食。これにニンニク、ショウガ、レモンなどを加えて離乳食やスープに。免疫力アップにも。

エゾゲリン・チョルバス
Ezogelin Çorbası

レンズ豆のつぶつぶとピリッと感がおいしい「花嫁のスープ」。南東部地方の花嫁エゾが病床の義父のために作ったという孝行話も。豆、タマネギ、ニンニク、トマト、米、トウガラシ、スパイスなどで作る家庭料理。朝食や夜食に。

ウスパナック・チョルバス
Ispanak Çorbası

ウスパナックはホウレンソウ。たっぷりのホウレンソウとジャガイモ、生クリーム、ニンニク、タマネギなどが入ったクリーミーなポタージュスープ。オリーブオイルやヨーグルトを回しかけて食べる。ほっこりと滋味深いスープ。

Column
伝統コーヒーはトルコの「抹茶」
フルボディな味に占いのおまけも

熱した砂で煮出すのが伝統的な方法

いわゆるトルココーヒー（トルコ語でテュルク・カフヴェスィ）は、豆を深煎り・極細びきにして、専用鍋イブリック（柄長の真ちゅう鍋）に入れ、砂糖と水（好みでスパイス）で煮出して抽出する。かき混ぜながら沸騰を数回繰り返し、泡が消えないうちにデミタスカップに注ぎ、粉が沈殿したら、甘味とともに上澄みを飲む。味は濃厚ビター。飲み終えたらカップに広がるコーヒー粉の模様で占いもできる。ユネスコ世界無形文化遺産に登録されている。

アフターコーヒーは、カップにソーサーをかぶせてひっくり返して3分。未来の展望やいかに……

トルコには「1杯のコーヒーにも40年の思い出」ということわざがある。他人に1杯のコーヒーをご馳走するだけでその親切を長年思い出してもらえるので、他人には親切にせよという意味が込められている。

サラダ

陽光に恵まれたトルコ野菜は新鮮濃厚で大ぶり。メジャー野菜は勢揃いしているが、赤ビーツ、イタリアンパセリ、ディルなどレアな野菜やハーブも。レモンと塩でさっぱりサラダがおいしい。

チョバン・サラタス
Çoban Salatası

お手軽サラダ。トマト、キュウリ、ピーマン、タマネギをさいの目に、パセリをみじん切りにして、塩、オリーブオイル、レモン汁であえて冷製で食べる「羊飼いのサラダ」。昔、羊飼いが山で作って食べた素朴な一品。

ルス・サラタス
Rus Salatası

ルスはロシア。マヨネーズたっぷりのポテトサラダをロシアサラダ（またはアメリカンサラダ）という。外食メニューには少なく、家庭料理として定着。レシピも豊富。生野菜などを添えてバランスと彩りを。

エズメ・サラタス
Ezme Salatası

ケバブ屋などによくあるトマト味のピリ辛野菜ペースト。トマト、タマネギ、ピーマン、パセリ、ニンニクを細かく刻み、塩、レモン、オリーブオイル、スパイスで調味。口当たりよく、付け合わせやディップ、ドレッシングにも。

魚介料理

内陸部以外は海に恵まれ、魚介料理は絶品。シンプルに塩コショウしてグリルかフライ。種類豊富だが料理数は少ない。魚は好きだが高いしさばけないので地元の人々は、時どき専門店へ行って食べる。

ハムスィ・タワ
Hamsi Tava

カタクチイワシのフライ。黒海地方の秋冬名物が発祥。塩コショウした魚に小麦粉やトウモロコシ粉の衣を付けて揚げ焼きにする。皿にきれいに並べてサーブ。レモン汁をかけてサクサクと骨まで食べる。

アラバルック・タワ
Alabalık Tava

川マスのフライ。内陸部の川沿い地域、カッパドキアなどでよく食べる。塩だけのシンプルな味付けで、オリーブオイルやレモン汁をかけて味わう。淡白な白身がおいしい。肉料理に偏りがちな内陸部では貴重でポピュラー。

カラマル・タワ
Kalamar Tava

ご存じイカリング。軽い塩味のイカは軟らかく衣はサックリ。たっぷりのタルタルソースで食べる。ゲソ揚げやイカ焼きもあり。一応イカ、タコ、貝類は禁食なので名前もギリシャ語から拝借。

Column　ナッツの「ホームランド」
トルコのナッツパワーがスゴイ！

世界3大ナッツのひとつであるヘーゼルナッツは、紀元前にトルコの黒海沿岸で栽培開始、古代ギリシアから欧州へ。日本にも奈良時代に到来。現在も世界生産量の4分の3、90ヵ国以上に輸出され、日本販売量の95％がトルコ産。香り高く美味でビタミンEが豊富。おやつやつまみ、料理やスイーツ作り、生活習慣病予防と、美と健康を求めてナッツ人気は不動。残る2大ナッツはアーモンドとカシューナッツ。

ミックスナッツ
3大ナッツのほかピーナッツやクルミ、ヒヨコ豆、マカデミアナッツなど数種類をミックス。素焼きや塩味など。トルコ産は最高品質で伝統の味。

ヘーゼルナッツ
生まれ故郷のトルコでは毎年1月頃に開花、9月頃に手作業でひと房ずつ収穫する。ドングリ（ブナ科）似だがカバノキ科。芳香が特長。

ピスタチオ
最強の美容パワーを宿し、心血管疾患の発症率を下げるとうたわれるが、高カリウム血症や肥満のもととも。トルコも世界屈指の名産地。

2大人気魚はチプラ（ヨーロッパヘダイ）とレヴレッキ（スズキ）。サバ、カツオ、イワシ、タコ、イカ、エビ、カニなど魚介類は豊富。

もっと知りたい！ トルコ料理

煮込み料理

大衆食堂ロカンタの店内にいつもズラリと並んでいるスル・イェメッキ（煮込み料理）。ケバブより安い、早い、うまい。ベースは野菜と豆。味の決め手はトマトペースト「サルチャ」。家でもよく食べる。

イマーム・バユルドゥ
İmam Bayıldı

トルコ風ナスの詰め物。「坊さんも気絶した」という名のとおり、野菜のうま味がたっぷり詰まったおいしい煮込み料理。ナスの切れ目にトマト、タマネギ、ピーマン、ニンニクなどが満載。冷菜、常備菜として人気が高い。

ターゼ・ファスリエ
Taze Fasulye

インゲン豆のオリーブオイル煮。豆をトロッと軟らかくなるまで煮込めば、トマトのうま味とコク、タマネギの甘味がしみて口当たりよくおいしい。冷蔵で3〜4日保存可、作り置きにも向く。ライト＆ヘルシーな常備菜。

カルヌヤルク
Karnıyarık

直訳すると「お腹を裂く」。ナスを素揚げして縦に切れ目を入れ、タマネギ、ニンジン、トマトペースト、ニンニクなどを軽く炒めた具を詰めて焼き上げる。ナスのとろけ具合が絶妙。夏野菜の時季に。

クル・ファスリエ
Kuru Fasulye

白インゲン豆のトマト煮込み。各家庭にわが家のレシピがある。タマネギをオリーブオイルで炒め、豆とトマト、水、サルチャなどを入れて1時間ほど煮込む。肉を少し入れることも。手軽で安上がり。

ムサカ
Musakka

トルコ風ムサカ（ナスとミートのトロトロ焼き）は家でもロカンタでも定番の人気料理。ギリシアではベシャメルソースを加えるが、トルコでは素材をじっくり煮込んでうま味を引き出す。

タウック・ソテ
Tavuk Sote

鶏肉と野菜のトマトソース煮。家庭料理の定番でロカンタなどでもおなじみのメニュー。バターピラフやパンと相性抜群。トマトの酸味が食欲をそそり、ペロリと平らげてしまう。鶏皮は取ることが多く、ヘルシー。

オルマン・ケバブ
Orman Kebabı

トルコの肉じゃが。オルマンは「森」。羊肉（牛肉）とジャガイモ、タマネギ、ニンジン、ローリエをオリーブオイルで炒めて煮込む。トマト味や塩コショウだけの味付けも。食物繊維たっぷりで体も温まる。

Column
素朴な味付けも変幻自在
トルコのスパイスあれこれ

スパイス市場エジプシャンバザール（ムスル・チャルシュス）は、香りも彩りも鮮やかだ

食材と品数の多種多様さに圧倒されるトルコ料理。素材のうま味をとことん引き出し味わい尽くす料理の名バイプレイヤーがスパイス。そのさじ加減の絶妙さが美食を生む。世界4大スパイス（コショウ、シナモン、クローブ、ナツメグ）をはじめクミン（キョフテなど）、オールスパイス（ピラウなど）、パプリカ（辛味）、スマック（ケバブなど）、サフラン（米料理やピ デ）などを日常使い、ハーブ（ディル、ミント、パセリ）も多用。世界遺産「サフランボル市街」は古くからの名産地だったことのあかし。イスタンブールのエジプシャンバザールは、スパイス市場として観光客にも人気絶大だ。

 香辛料には2種類ある。植物の「葉、茎、花」を使うのがハーブ。それ以外（種、実、根など）を使うのがスパイス。詳しくは→P.10。

ケバブ

世界一有名なトルコ料理のひとつであるケバブは、肉だけでなく野菜や魚も含むグリル料理の総称。2大人気はシシ・ケバブ（→P.215）とドネル・ケバプ。高品質な肉にていねいに下味を付けて豪快に焼く。

ドマテスリ・ケバブ
Domatesli Kebap

トマトと羊肉の串焼き。日本の焼き鳥の「ねぎま」のように交互に串に刺して炭火で焼く。肉の下味は塩コショウ、タイムなど。トウガラシを刺しても彩りよくおいしい。トマトの酸味と肉のうま味がマッチ。

ドネル・ケバブ
Döner Kebap

羊、牛の薄切り肉に下味（牛乳、塩コショウ、タマネギ、オリーブオイルなど）を付けて、専用串に巻き付けて大きな肉塊にして回転。縦型グリルで焼けた部分からそいで食べる。トルコ発祥の国民食。

パトゥルジャンル・ケバブ
Patlıcanlı Kebap

ナスとひき肉の串焼き。大きなナスを太めの輪切りにし、味付けした羊肉団子と交互に串に刺して炭火で焼く。ナスにひき肉を詰めることも。トマトやトウガラシ、オニオンスライスとよく合う人気メニュー。

アダナ・ケバブ
Adana Kebabı

羊肉ミンチのスパイシー串焼き。ひき肉にタマネギ、クミン、トウガラシ、塩、黒コショウ、スーマック（→P.12）などを加えてこねて、成形して長串に刺し、炭火で焼く。南東部の都市アダナの名物料理。

タウック・シシ
Tavuk Şiş

定番、トルコの焼き鳥。鶏肉に下味を付けて串に刺して焼く。サイズ大きめでトマトやピーマンも刺して焼く。下味はヨーグルト、トマトペースト、オリーブオイル、タイム、クミン、塩コショウなど。

ピルゾラ
Pirzola

ラムチョップ（子羊のあばら肉）のグリル。オリーブオイル、塩コショウ、オレガノなどで味付けるシンプルな料理。羊肉のなかで、最も高価なごちそうメニュー。クセも臭みもなく軟らかくジューシー。ビールによく合う。

イスケンデル・ケバブ
İskender Kebabı

北西部の古都ブルサの名物料理。皿の底にパンを敷き、下味を付けた羊肉、トマトソース、ヨーグルトソースを重ねて焼く。家庭でも作りやすく、食事にもなるが、トルコらしいクセありメニュー。

Recipe 本場の味を自宅で再現！

◎アジュル・エズメ（赤トウガラシと野菜のペースト）

簡単でおいしい。パンにもよく合う

[材料] 5人分
- タマネギ(中) ……………1個
- トマト(中) ………………1個
- ピーマン(小) ……………4個
- キュウリ …………………1本
- イタリアンパセリ ………少々
- ★ トマトペースト ……大さじ3
  オリーブオイル……大さじ1
  塩コショウ ………少々
  鷹の爪…………………1本
- ドライミント …………少々
- レモン汁……4分の1個分

[作り方]
1. すべての野菜をみじん切りにし、ボウルに入れてよく混ぜ、水分を切る。
2. 1に★を入れてよく混ぜ合わせる。好みでドライミント、レモン汁を加えて冷蔵庫で冷やす。
3. 皿に盛り付け、イタリアンパセリを振って完成。

もっと知りたい！ トルコ料理

小麦・米料理

高品質なデュラム小麦の生産量は世界有数。自給率も100％でおいしいパンやパスタが盛りだくさん。トルコ米（ピリンチ）は日本米に似ている。米料理はピラウ（ピラフ）にしたり、ドルマに詰めたりするものが多い。

ボレキ / Börek

朝食の定番パンのひとつ。春巻の皮状の薄い生地、ユフカを層状に重ね、間にチーズやホウレンソウ、ひき肉、ジャガイモなどを挟んで焼いたり揚げたりしたもの。家でも作るが、専門店も多い人気パン。バリエーションも豊富。

ラフマジュン / Lahmacun

薄い小麦生地にスパイシーなひき肉、タマネギ、トマトなどを広げて窯で焼くトルコピザ。バジルやパセリを散らし、レモン汁をたっぷりかけて野菜を巻いて食べる。生地が薄い、チーズを使わないのが特徴。

ピラウ / Pilav

いわゆるピラフ。ジャポニカ米、インディカ米、ブルグル（ひき割り小麦）の3種を使用。バターピラウ、カレーピラウ、アーモンドピラウ、イワシピラフなど類類豊富。ケバブの付け合わせやドルマの具材にも。

クイマル・ユムルタル・ピデ / Kıymalı Yumurtalı Pide

ひき肉と卵のピデ。肉とタマネギを炒めて塩コショウし、小麦生地の上にのせて窯で焼く。途中、真ん中に卵を割り入れてさらに5分ほど焼くと、卵の黄身がトロトロでおいしいピデの完成。

ブルグル・ピラウ / Bulgur Pilavı

ブルグルと野菜（タマネギ、ピーマン、ニンニクなど）、トマトペースト、スパイス、調味料を使ったケチャップライス風味のピラウ。ケバブの付け合わせの定番。食物繊維豊富で主食にも。

マントゥ / Mantı

水ギョウザや蒸しギョウザ。ヨーグルト＆バターソースとの相性抜群。小指の先ほどの小さなカイセリ（地名）マントゥが人気。ミントやニンニク、チリパウダーなどお好みのスパイスで。

エリシテ / Erişte

薄い小麦粉の生地、ユフカを切って巻き、乾燥させた手打ち麺がエリシテ。スープの具材や、ゆでてヨーグルトをかけたりバター炒めにしたりする。冬の保存食にも。

Column

イスタンブールの2大B級グルメ サバサンド vs. ぬれバーガー

ぬれバーガー

サバサンド

トルコのB級グルメ王、バルック・エキメッキ（→P.215）、愛称サバサンドはイスタンブール名物で、観光名所ガラタ橋とエミノニュ広場の屋台舟で買える。大鉄板で大量のサバを焼くので注文10秒でバゲットサンドにかぶりつける。具はサバ、レタス、タマネギなど。塩とレモンを効かせて。

近年人気のぬれバーガーは、その名のとおりトマトソースに浸したバンズでパティを挟んだB級グルメ。しっとりモチッとした食感のバンズにスパイシーなソースがマッチ。イスタンブール2大人気のB級グルメを味わってみよう。

ジャンクフードかと思いきや、トルコのファストフードは案外、原材料にこだわった高品質なものが多い。さすが美食大国のきょう持。

パン

上質な小麦の名産地トルコ。おいしいパンがいつでもどこでも食べ放題（パン無料、おかわり自由の食堂多し）。その種類は数えきれないほど。特にベーカリーの主力商品・食事パンが絶品だ。総菜パンやおやつパンも豊富。

エキメッキ Ekmek

パンの総称。代表はシンプルな平焼きパンとバゲットパン。食事パンの2大人気。エキメッキは大切でおいしい生活の糧だ。

ピデ・エキメッキ Pide Ekmek

中部や東部でポピュラーな丸い平パン。厚みがあってふわふわ。断食月はパン屋で焼きたてを買って日没後に食べるとか。冷めても美味。

スィミット Simit

屋台フードの定番。かむほどに味が出るドーナツ形のゴマパン。街を歩けば必ず出合う屋台で手軽に買える。小腹を満たす国民食。

スナック

手軽で安いファストフードもいろいろあるトルコ。街歩きに疲れたらひと休みして屋台でエネルギー補給。ケバブサンドやクレープ、ポアチャ（総菜パン）、アイスや焼き栗などを飲料と一緒に。チャイ屋もジュース屋も多い。

ギョズレメ Gözleme

トルコ版クレープ。ユフカを薄く伸ばして、ひき肉や野菜、チーズなどを間に挟んで鉄板で焼く。屋台では巻いてそのままほお張れる。

クンピル Kumpir

ベイクドポテト。巨大なジャガイモを蒸し焼きにしてバターを投入。ポテサラなどの好みの具をトッピングして食べるスナック。

ムスル Mısır

屋台でおなじみのトウモロコシ。焼きもゆでもあり。香ばしさにひかれがちだが、粒はあまり食べ応えなし。カップ入りコーンは進化系。

ドリンク

トルコはドリンクも豊富。国民的飲料のチャイ、オスマン帝国時代にイエメンから伝わり、今日も親しまれているトルココーヒー、肉料理に欠かせないアイランなど。冬に飲まれるサーレップ（→欄外）などもある。

チャイ Çay

おもに黒海地方産のリゼ茶に角砂糖を入れて専用グラスで飲むのが伝統的。自分好みに湯割りして家でも外でも朝から晩まで飲む国民茶。

トゥルク・カフヴェスィ Türk Kahvesi

伝統のトルココーヒー。フィルターでこさず、粉を煮出して上澄みを飲む。必ず水と甘味が添えられる。濃厚でビター&スイート。

アイラン Ayran

定番「塩味の飲むヨーグルト」。酸味もあり肉との相性抜群。トルコの夏にもピッタリ。自家製アイランもあれば、スーパーでも買える。

西アジア ◎ トルコ

サーレップとはラン科の植物の根を乾燥させて粉末にし、あたたかいミルクで溶いたドリンク。

Column

多彩な小皿料理
トルコの前菜メゼ

メゼ（Mezeler）とは主菜の前に出されるおつまみのようなもの。その起源は古代ギリシアとされ、トルコでは食文化のひとつとして発展してきた。味も彩りも主役級の名脇役、メゼをご紹介。

フムス
Humus

ヒヨコ豆に、オリーブオイル、塩、レモン汁、ゴマペースト、すりおろしニンニクを加えたペースト。高タンパクで栄養価が高くダイエット食としても注目されている。

＊レバノンやイスラエルでも定番

パトゥルジャン・ドルマス
Patlıcan Dolması

ナスをくり抜き、ひき肉やタマネギ、米などのあんを詰めてトマトペーストで煮たもの。米の代わりにブルグル（ひき割り小麦）を詰めることも。

＊輪切りや縦切りタイプがある

ミディエ・ドルマス
Midye Dolması

ムール貝にピラウを詰めたドルマは人気のストリートフード。エーゲ海沿岸とマルマラ地方の名物料理で、特にイズミルで有名。

＊レモン汁をかけてどうぞ

ラハナ・ドルマス
Lahana Dolması

キャベツであんを包み煮込んだロールキャベツ。キャベツのうま味とトマトの酸味が絶妙！ あんの具材は米またはブルグル、ひき肉など。

＊レモンを搾ったりヨーグルトをかけて

ヤプラック・ドルマス
Yaprak Dolması

冷製メゼの代表選手。さまざまなスパイスで香り高く仕上げたお米をブドウの葉で巻き、オリーブオイルと水で煮込めばできあがり。

＊少しクセあり

ドマテス・ドルマス
Domates Dolması

トマトをくり抜いて米やタマネギを詰めて、トマトピューレ、オールスパイス、塩コショウなどで煮込んだもの。

＊オーブンで焼いても◎

チー・キョフテ
Çiğ Köfte

半生の羊肉のミンチとブルグル（ひき割り小麦）のペースト。衛生面から現在は肉抜きや、肉の代わりにクルミやジャガイモなどを使うことも。

＊トウガラシ入りで辛い

ヤプラック・ドルマスはおもに塩漬けしたブドウの葉を使うが、季節によっては生のブドウの葉を使用することも。

西アジア ◎トルコ

パトゥルジャン・エズメ
Patlıcan Ezme

シンプルな味わい

オーブンや炭火で焼いたナスにレモン汁、ニンニク、赤タマネギ、トマト、塩などを加えてペーストにしたもの。パセリとオリーブオイルをかけていただく。

アジュル・エズメ
Acılı Ezme

ピリリとスパイシー

赤トウガラシのペースト。トマト、ピーマン、ニンニク、タマネギ、ザクロシロップ、ミントペーストなどが入るメゼ。

ファスリエ・ピラキ
Fasulye Pilaki

暑い夏にぴったり

白インゲン豆をオリーブオイルで煮込んで冷やした冷製メゼ。一緒にタマネギやニンジン、ジャガイモなども入っている。

ハイダリ
Haydari

仕上げにオリーブオイルをかける

水切りヨーグルト、乾燥ミント、塩、ニンニクから作る濃厚なディップソース。パンに付けて食べても、お酒のおつまみにもおすすめ。

トゥルシュ
Turşu

ビーツのトゥルシュ

野菜のピクルスは西アジアの定番メニュー。ハーブ、スパイス、塩コショウを入れた酢で野菜を漬けた、異国情緒満点のお漬物。

クルムズ・ビベル・メゼスィ
Kırmızı Biber Mezesi

パセリで彩りをプラス

赤ピーマンのローストに、塩、レモン汁、酢、オリーブオイルを混ぜかけた、冷たいメゼ。ザクロシロップをかけることも。

デニズ・ボルルジェスィ
Deniz Börülcesi

酸っぱくて塩辛い

「食べるミネラル」といわれるシーアスパラガスを、オリーブオイルで漬けたもの。シャキシャキとした食感が楽しい。

キョズレンミッシュ・パトゥルジャン・サラタス
Közlenmiş Patlıcan Salatası

ブドウ酢であえてもおいしい

焼きナスのサラダ。ナス、赤ピーマンをローストし、ニンニクのすりおろし、オリーブオイルやザクロシロップなどであえる。

メゼの歴史

紀元前3500年頃、地中海に浮かぶクレタ島の人たちがオリーブオイルを最初に使用したとされ、メゼの原型もクレタ人が作ったという説がある。飲酒が禁じられていたオスマン帝国時代は下火だったが、非イスラム教徒がお酒のお供としてメゼを発展させ、現在はトルコの食事に欠かせない存在に。

ドルマって何？

ドルマはトルコ語の「詰める」に由来する、詰め物や巻き物全般のこと。ボリューム満点でメインにもなる。アラブ諸国やギリシア、東欧でもポピュラー。

メゼはどこで食べられる？

庶民的な食堂から高級レストランまでどこにでもあり、スーパーのデリコーナーにも並んでいる。初心者は前菜盛り合わせ（カルシュック・メゼ）をオーダー。

シーアスパラガスは日本では「厚岸草（アッケシソウ）」と呼ばれる。北海道や香川県などの沿岸の塩田地に分布しているが、絶滅危惧種に指定されているため収穫できない。

223

Column

魅惑の伝統菓子
トルコスイーツの世界

世界3大料理であるトルコ料理はスイーツも種類豊富。ミルク風味の素朴なお菓子からシロップ漬けの激甘スイーツまで、長年愛されてきたお菓子をトルコの街角で味わいたい。

トルコスイーツの代表格

バクラワ
Baklava

ユフカ(→欄外)の間にピスタチオやクルミなどを挟みながら何層にも重ねて焼き上げ、シロップに漬けた伝統菓子。オスマン帝国時代に誕生した。

カダイフは「天使の髪」と呼ばれることも

テル・カダイフ
Tel Kadayıf

カダイフとは極細の麺状の生地のこと。この生地をオーブンで焼き、シロップをかけたものがテル・カダイフ。

ブルマ・カダイフ
Burma Kadayıf

テル・カダイフの中心にナッツなどを挟んでくるくると巻いた、筒状のお菓子。

甘さ控えめ

イルミック・ヘルワス
Irmik Helvası

起源はイランの「ハルヴァ」(→P.229)。現在は南アジアから北アフリカまで広いエリアで食べられており、製法や材料はさまざま。トルコのイルミック・ヘルワスはセモリナ粉を使ったシンプルな味わい。

パフォーマンスも必見!

ドンドゥルマ
Dondurma

日本では「トルコアイス」として有名な伸び〜るアイスクリーム。サーレップというラン科の植物の成分により粘度アップ。

焦げめが香ばしい

フルン・スュトラッチ
Fırın Sütlaç

ライスプディング(スュトラッチ)をオーブン(フルン)で焼いた定番スイーツ。おもな材料は米、牛乳、砂糖で、卵が入る場合も。

トゥルンバ
Tulumba

小さな揚げドーナツをシロップに浸した、オスマン帝国から続く伝統スイーツ。チュロス状のハルカとドーナツ状のロクマがある。

外はカリカリ中はジューシー

具だくさんのお祝いスイーツ

アシュレ
Aşure

P.225の伝説から、「ノアの方舟プリン」と呼ばれる。ドライフルーツ、ナッツ、豆、米、ブルグルなどが入った甘いお粥風のスイーツ。

ユフカとは、イーストを含まない非常に薄い小麦粉生地のこと。バクラワなどのペストリーに用いられる。

タウック・ギョウス
Tavuk Göğsü

ねっとり新食感

直訳すると「鶏むね肉」という名のとおり、牛乳、砂糖、米粉に繊維状にした鶏むね肉を加えて作るプリンのようなお菓子。鶏むね肉抜きのヤラニック（偽）・タウック・ギョウスもある。

カザンディビ
Kazandibi

もちもち食感

鍋の底（カザンディビ）で焦げ目を付けたタウック・ギョウスをくるっと巻いた、ロール状のお菓子。

ロクム
Lokum

トルココーヒーと相性抜群！

砂糖にでんぷんとナッツ類を加えて作る、弾力のあるグミのような伝統菓子。「ターキッシュ・デライト（トルコの悦び）」の別名をもつ。

ザクロとピスタチオを添えて

ギュッラッチ
Güllaç

コーンスターチと小麦粉で作った薄皮を重ね、牛乳、ローズウオーターをかけてミルフィーユ状にしたお菓子。ラマダン中のデザート。

チーズがとろ～り

キュネフェ
Künefe

ビジュアルはカダイフに似ているが、カダイフにフレッシュチーズを挟んでシロップをかけた別物。

水プリンという名前

スー・ムハッレビスィ
Su Muhallebisi

家庭の定番デザート、ミルクプリン。しっかり冷やして粉砂糖とローズウオーターをたっぷりかけていただく。

スイーツはどこで買う？
お菓子専門店のパスターネ Pastane、屋台など。レストランやロカンタでも食べられる。

アシュレの伝説
トルコ東部にあるアララト山に預言者ノア一族が漂着した祝いとして、船内の食材で作ったのがアシュレだった。イスラム暦の1月10日はアシュレを食べる「アシュレの日」。この日のアシュレは41種類もの材料を入れて作る。

ピシュマニエの語源は？
「食べなければ後悔（ピシュマニエ）する」という説と、ペルシャ語で羊毛を表すペシメッキがなまってピシュマニエと呼ばれるようになったという説がある。確かにビジュアルは羊の毛のよう。

アナトリアの名物

ピシュマニエ
Pişmaniye

砂糖、小麦粉、バターなどで作った生地を繊維状になるまでこね上げた、ふわふわの綿菓子のようなお菓子。

シロップをかけ寝かせてある

サムバリ
Şambali

セモリナ粉で作るケーキ。アラブ諸国では古来親しまれてきたメニューで、別名「ダマスカス・ハニー」とも呼ばれる。

シロップがじゅわ～

ケマルパシャ
Kemalpaşa

フレッシュチーズを加えたセモリナ粉を丸めてオーブンで焼いたあと、シロップで煮詰めた激甘スイーツ。インドのグラーブ・ジャームン（→P.173）に似ている。

ドンドゥルマのフレーバーはミルクが定番だが、ピスタチオやチャイなどバラエティ豊富。トウガラシ入りのアジュ・ビベルリ・ドンドゥルマといった変わり種も。

🇮🇷 イラン

Islamic Republic of Iran

ペルシア語でおいしいは
هوشمزه!
ホシュマゼ

首都の南、古都エスファハーンは「世界で最も美しい町」。イマーム広場のモスク周辺でくつろぐ女性たちも黒いチャドル姿

DATA
首都：テヘラン Tehran
言語：ペルシア語、トルコ語、クルド語など
民族：ペルシア人。ほかにアゼリ系トルコ人、クルド人、アラブ人など

主食
パン（ナーン）と米。ナーンはサンギャク（三角形）、ラヴァーシュ（極薄）、バルバリー（厚く硬い）など種類豊富。経済発展で米食も増加。

カリスマ指導者ホメイニ師率いるイスラム革命の勝利・王制打倒から40余年。国権を握る2代目最高指導者の下、イランではハイパーインフレが進行、国民の大半が中流から貧困層へ。核開発、軍拡、シーア派武装組織の支援、人権問題に対する西側諸国の経済制裁が世界有数の石油・天然ガスの輸出を阻み、先行き不透明な状況が続く。古くは正倉院宝物や唐草模様を伝えた古代ペルシア時代から、イラン高原に興亡史を刻む世界遺産は27。深遠な歴史と食材に恵まれたイラン料理はホレシュテ（煮込み）が多く、香草（ディル、コリアンダー）、香辛料（サフラン、シナモン）たっぷりで風味豊か。肉、魚、野菜、果物などを温・冷・乾・湿に分類して配合する調和の料理だ。

伝統的な窯で焼くナンは、小穴模様のタフトゥーン

もっと知りたい！食の雑学

三度のメシに三度のおやつ
家庭では羊・牛肉をトロトロに煮込む料理がメイン。間食は午前のチャシト（果物、ビスケット、牛乳など）、午後のアスラネ（紅茶、牛乳、ジュース、ケーキなど）、夕食から就寝までのシャブチェレ。こまめにエネルギー補給する。

年中フルーツ冬至にスイカも
熱帯、温帯、寒冷と、多様な気候の果物100種以上を産出するイラン。ザクロ、ナツメヤシは世界トップ。スイカ、アンズ、クルミは世界3位。ほか20種以上が上位入り。精巧な切り込みが美しい冬至のスイカアートが有名。

「パンのことを考えよ、メロンは水だけ」
という慣用句があるようにイラン人にとってパン（ナーン）は特別な存在。ナーンの発祥はペルシアという説もあり、神の恵みとして宗教的にも重要なナーンを捨てるのは罪とされ、専用の廃品回収者に渡さなければならない。

乾燥ライムなのに"ブラックレモン"
香りさわやか、甘酸っぱさ満点の生ライムはイラン人の大好物。卓上に搾り汁が常備されている。ひたすら酸っぱい乾燥ライムもまるごと、スライス、パウダーで、日常使いの香辛料。イラン料理の基本はスイート&サワー。

イランでは、食材を温・冷・乾・湿の4種類に分類し、それぞれの性質に基づいた食材の組み合わせで調理されている。

西アジア ◎ イラン

編集部が選ぶ 必食グルメ TOP 5

調味料より果汁と香辛料。イラン料理はフルーティで甘酸っぱい。ソウルフードのナーンと一緒に。

1 チェロウ・キャバーブ
Chelow Kabab

サフランライスの上にスパイシーな串焼き肉、焼きトマトやピクルスをのせた伝統料理で人気のランチメニュー。チェロウはシンプルな米飯、キャバーブは肉料理の総称。

2 ホレシュテ・ゲイメ
Khoresht Gheymeh

ラッペという豆と肉を煮込んだ家庭料理の定番。上にポテトフライをのせることが多い。ホレシュテは煮込みのこと。たっぷりのスパイスと香草を使う伝統料理の代表格。

3 アーブグーシュト
Abgoosht

伝統の壺ディズィでサーブされる羊肉のシチュー。まずスープをボウルに取り分けてナーンを浸して食べる。次に専用器具で具材をペースト状につぶしてナーンに付けて食べる伝統の味。

4 ホレシュテ・フェセンジャーン
Khoresht Fesenjan

肉とザクロとクルミのシチュー。鶏肉、アヒル肉などを、つぶしたクルミとザクロペーストで煮込んだ甘酸っぱい料理。シャベ・ヤルダー（冬至）のディナーに食べる習慣がある。

5 アーシュ・レシュテ
Aush Reshteh

アーシュは濃厚スープ、レシュテは細麺。豆と野菜、ハーブたっぷりの煮込み麺。放射状にヨーグルト、タマネギ＆ニンニク炒め、ミントオイルをかけて仕上げる。おなかに優しい。

イランのあいさつは「チャーイ ミホリー？（紅茶飲む？）」。シロップ入りドリンクのシャルバットやドゥーグ（ヨーグルト）が人気。

もっと知りたい！イラン料理

前菜

前菜は紹介している料理以外にイラン人のソウルスープ（スーペ・ジョウ）、正統派角切りサラダ（シーラーズィ）などもある。アーシュ・レシュテ（→P.227）などのスープ類も前菜のひとつ。前菜は軽く食べるのが基本。

クークー Kuku

ペルシャ風オープンオムレツ。バリエーション豊かだが、なかでも香草と葉野菜、ナッツ、ドライフルーツをどっさり入れた深緑色のクークーイェ・サブジーが人気。朝食の定番メニュー。

ミルザ・ガセミ Mirza Ghasemi

焼きナスとトマトとニンニクの卵とじ。イラン北部ギーラン地方発祥の名物料理。トロトロのオムレツのような料理で、深いコクと重めの食感がナーンにも米飯にもよく合う。

クーフテ・タブリーズィー Koofteh Tabrizi

北西部タブリーズから全国に広まったクーフテ（肉団子）。10cm前後の大型。ひき肉、米、豆、香味野菜などで作った肉団子をトマトソースとサフランで煮込んだ人気の一品。

肉・魚料理

羊・鶏・牛肉を煮込みか焼肉で食べるのが主流。若鶏のキャバーブ、ラムのつくね、定番プレートの煮込みチキン＆ご飯（チョロウ・モルグ）からホルモン煮（キャレパチェ）までめじろ押し。肉より劣勢だが魚料理も一般的。

ジュージェ・キャバーブ Jujeh Kabab

「イランの焼き鳥」といえばコレ。軟らかくジューシーな若鶏の串焼き。ライム汁、おろしタマネギ、サフランなどでマリネして炭火でじっくり焼き上げる。イランの代表料理。

マーヒー・セフィード Mahi Sefeed

マーヒー・セフィードとは、カスピ海産の、イランで最も人気の高い白身魚。オリーブオイルで揚げたり焼いたりして、ライムやレモンを搾りかけて食べる。

キャバーベ・クービーデ Kebab Koobideh

羊肉などのミンチを鉄の棒に細長く巻き付けてあぶり焼きする人気メニュー。町のキャバービー（屋台）でも売れ筋。語源は「たたく、ひく」。西部ではアダナ・ケバブとも呼ばれる。

Column

お酒のない寝正月 ゆったりノウルーズ

ハフト・スィーンは正月飾りでSから始まる7つのもの。ほかに縁起物の金魚なども

イラン暦の正月（ノウルーズ）は日本の3月。春の訪れと年明けをダブルで祝う大切な2週間が始まる。一般的な年末年始の過ごし方を紹介しよう。年末は大掃除やハフト・スィーン（写真）の用意、年内最後の水曜に行われる火を使った儀式「チャハールシャンベイェ・スーリー（紅の水曜日）」、おもてなし食品の買い出しと、忙しい。年越しはサフラン風味の焼き魚と香草ご飯が定番。年始はあいさつまわりに行ったり来たり。「スィーズダ・ベ・ダル（戸外の13）」と呼ばれる最終日は家にいるのが不吉であるとされるので、家族友人と連れだって公園や郊外にピクニック。一年の無事を祈って縁起物を川に流す。

 沿岸部以外、あまり魚を食べないが、大晦日の"年越し魚"は全国の風習。カスピ海のキャビアは禁食だったが、1983年に「チョウザメに鱗はある」と御触れが出て解禁に。人気上昇中。

米料理

米はバスマティ米が主流。シンプルな白飯をチェロウ、香辛料・具入りピラフをポロウという。ポロウには紹介している以外にキャベツのキャラム・ポロウ、赤い実をのせたゼレシュク・ポロウ、サワーチェリーのアルバル・ポロウなどもある。

チェロウ Chelow

基本の白ご飯・サフラン風味。香ばしさとパラパラした食感が持ち味。取り合わせ自在。チェロウ・キャバーブ（→P.227）、鶏肉をのせたチェロウ・モルグなどがある。

バーゲラー・ポロウ Baghali Polo

ソラ豆ご飯。鍋底に薄いナーンやジャガイモを敷いて、ゆでた米とソラ豆、乾燥ディル（ハーブ）を入れて弱火で蒸らす。おこげもおいしい。鶏の煮込みや揚げ魚との相性抜群。

タディーグ Tahdig

炊飯時に鍋底で作るペルシャ風おこげご飯。ポロウの種類分、おこげもできる。希少なだけに来客に振る舞う料理。鍋底にナーンを敷く工夫も。ピスタチオをかけてより香ばしく。

スイーツ

焼き菓子やゼリー、ライスプディング、シュークリーム、アイスクリーム……。イランはスイーツ大国だ。サフラン、ローズウオーター、カルダモンの3点セットがよく使われ華やかなスイーツが多い。

バースタニー・ソンナティ Bastani Sonnati

バースタニーはアイスクリームのこと。これはイラン伝統のサフランアイスで、バニラアイスにサフランとローズウオーターを練り込み、ハメェ（生クリーム）とピスタチオをトッピング。

ファールーデ Faloodeh

極細麺をローズシロップに漬け込み、半冷凍にして、レモンやライムやザクロの果汁をかけて食べる。さわやかなかみ応えがたまらない人気の冷菓。シーラーズ発祥。

ハルヴァ Halva

小麦粉や米粉の生地にナッツやスパイスを加えて焼き上げたクリーミーなお菓子。アラブ諸国や南アジア、トルコなどで人気があり、イランでは結婚式などハレの日に食べられることが多い。

Column
イランの「赤い金」
最高級スパイス、サフラン

黄金色のパエリア、ブイヤベース、ビリヤーニー、リゾット、ピラフ……。料理を美しく染めて、微かな苦味と異国風味を添える世界一高価なスパイス、サフラン。紀元前、ペルシャ人に発見され栽培が始まった。世界中に広まった現在もイランは世界シェア90％、良質なサフランの生産・輸出国として健在だ。乾燥サフラン1kgに必要な花は10万～20万個。秋の2週間、早朝から花つみが始まる。スパイス用の赤いめしべは一花に3本。すべてが迅速で細心の手仕事だ。この希少性と高いニーズが高値を呼ぶ。抗がん作用や認知症予防などの効能も。

左／サフランの花は鮮やかな紫色　右／乾燥させたサフラン

アラブのお菓子や料理、インド料理にも使用されるローズウオーターの発祥はペルシャといわれる。イランでは紅茶やアイスクリーム、お菓子などに少量加えられる。

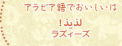

レバノン

Lebanese Republic

アラビア語でおいしいは
لذيذ
ラズィーズ

メゼの小皿がズラリ。野菜中心のヘルシー料理は欧米や日本でも人気だ

DATA
- 首都：ベイルート Beirut
- 言語：アラビア語。英語、フランス語も通じる
- 民族：アラブ人95％、アルメニア人4％、その他1％

主食
パン（ホブズ）。ホブズをちぎって2大ペースト（ヒヨコ豆のホンモス、焼きナスのババ・ガンヌーシュ）などに付けて食べるのが基本。

　かつて地中海交易を制覇し、パックス・ロマーナを謳歌し、アルファベットの原型を生んだフェニキア人。そのルーツと歴史遺産、山岳・高原・地中海の恵み、商業・金融都市の底力で発展してきたレバノン。だが、「宗教のモザイク国家」は1975～90年の内戦で弱体化。復興途上、イスラエル軍の大空爆、大量のシリア難民流入、2020年ベイルート港爆発事故、2024年9月の「通信機器連続爆発」と混迷を深め、半数超の国民が貧困ライン以下の生活とも。レバノン料理は戦火を逃れ、離散した人々が世界中で根付かせたヘルシー食。アラブ料理のなかでもメゼ（前菜）の充実ぶりが群を抜く。オリーブオイル、レモン、ゴマ、豆、ハーブ、スパイス満載の、健康と平和を願う食文化だ。

山の冠雪に由来する「白い」国レバノン。内戦前まで「中東のパリ」と称された首都の街並み

もっと知りたい！ 食の雑学

レバノン料理に必須ミックススパイス
　「セブンスパイス」というミックススパイスは、コショウ、ナツメグ、クミン、コリアンダー、クローブ、シナモン、オールスパイスを調合したもの。辛味はなく、ほんのり甘い。色付け、保存、消臭、だしの素のように使われる。

レバノンのアルコール事情
　多民族国家・多宗教国家のレバノンは世界最古のワイン産地のひとつで、なかでも名産地として知られるのがベガー高原だ。ビールも親しまれており、銘柄はアルマザが有名。そのほか水で割ると白く濁るアニス風味の蒸留酒アラクもある。

お茶もさまざま コーヒーもいろいろ
　紅茶を中心にミントティーなどハーブ茶も好まれる。ナッツやスパイスを煮出したメグリチャイはショウガ、シナモン風味。コーヒーはアラブコーヒーで濃厚ビター。ホワイトコーヒーはローズウオーター風味で無色透明。

世界3大料理は中華、フレンチ……
　トルコ料理。ではなく「レバノン料理！」と自称する人も多いが、かつてオスマントルコの支配下にあった時代、レバノンからトルコにレシピが大流出したとか。古代から「肥沃な三日月地帯」で育った食文化は素朴でかぐわしい。

レバノン人はお茶の時間と昼食をとても大事にする。たっぷり時間をかけて会話と飲食を楽しむ。"早メシも芸のうち"ではないのだ。

編集部が選ぶ 必食グルメ TOP 5

食べて元気にダイエット。ヘルシーなレバノン料理でおいしい野菜生活。

西アジア ◎ レバノン

1. ホンモス / Hummus

アラブ料理の大定番、ヒヨコ豆のペースト料理。塩、すりおろしニンニク、白ゴマペースト（タヒーナ）、レモン汁で味付けしたメゼの定番中の定番。特に朝食には欠かせない。

2. ファラーフェル / Falafel

ヒヨコ豆のコロッケ。豆をすりつぶしてタマネギや香辛料を混ぜ合わせ、丸めて食用油でカラッと揚げたスナック。手軽でおいしい。ファラーフェルを挟んだサンドイッチも人気のファストフード。

3. マナキシュビザータル / Manakish Biz Zaatar

レバノン風ピザ。生地にザータル（タイム入りミックススパイス）、チーズ、ひき肉、卵などをトッピングして焼く料理。焼きたてはトロッとチーズが香ばしい。人気の軽食。

4. サマック・マシュウィ / Samak Mashwi

白身魚のグリル。魚を開いて、クミンやコリアンダー、チリパウダー、トマトなどを混ぜたペーストを両面に塗り込みグリルする。魚はティラピア、国産アカバなど。

5. コフタ / Kofta

ひき肉の串焼き。レバノンではコフタと呼ばれ、牛ミンチが多い。肉にタマネギ、パセリ、ニンニク、香辛料、塩を混ぜて、炭火で串焼きにする。肉料理の真打ちは人気抜群。

ホブズ（パン）は、ピタパン、ピザ風、丸パン、極薄パン、リング状などいろいろ。

もっと知りたい！ レバノン料理

前菜（メゼ）

アラブ料理のなかでもとりわけ洗練された料理が多いレバノン料理。その華はメゼにあり。軽く100種以上のなかから10品前後の小皿がいっぺんに食卓に並ぶ。豆、野菜中心で栄養価高くヘルシー。

ババ・ガヌーシュ / Baba Ganoush

焼きナスの皮をむいてすりつぶし、タヒーナ、刻みトマト、トウガラシ、ザクロ、レモン汁、ニンニク、パセリなどとあえた、ホンモスと並ぶ定番ペースト料理。

クッベ・ナイエ / Kubbeh Nayeh

新鮮な羊肉の赤身を使った生クッベ。食べるときにニンニクペーストを混ぜ、オリーブオイルをかけるとさらにおいしくなる。ビールにもアラク（蒸留酒）にもよく合う。

ワラク・エナブ / Warak Enab

ミント、レモン、ガーリック風味のビネガーライスやひき肉、トマトのみじん切りなどをブドウの葉で巻いて蒸した料理。正月料理で腹持ちもいい。

クッベ / Kubbeh

クッベはひき肉（おもに羊肉）と乾燥ひき割り小麦（ブルグル）のペーストで作る料理の総称。一般的なのはクッベ・マクリーエ（揚げクッベ）。ひき肉などの具を包んで揚げる。

バタータ・ハーラ / Batata Harra

ゆでるか、揚げるかしたジャガイモをオリーブオイルで炒め、ニンニクやコリアンダー、ライムなどで味付けしたスパイシーポテト。家でも町でもよく食べるファストフード。

ナカーニック / Naqanik

羊や牛の肉を使った小ぶりなアラブソーセージ。レバニーソーセージとも呼ばれる。肉のほか松の実や甘いスパイスも入っているが、トウガラシが効いてスパイシーな味わい。

シシュバラク / Shishbarak

羊肉ミンチとタマネギ、スパイスをワンタンの皮のような生地で包んで丸め、ヨーグルトソースで煮込んだレバノン風スープギョウザ。ソースにニンニク、パクチーも。熱々モチモチ。

Column

昔ながらの素朴なご飯 庶民の味方 ムジャッダラ

じっくり炒めた焦がしタマネギの風味が、ムジャッダラの質実なおいしさを引き立てる。クミンを入れることもある

日本の大豆ご飯を思わせるレンズ豆の炊き込みご飯、ムジャッダラ。豆と米に飴色になるまでじっくり炒め合わせた焦がしタマネギを合わせ、オリーブオイルと塩で味付けしたシンプルなご飯は、安上がりで手間いらず、おいしくて栄養価も高い。いいことずくめのヘルシーご飯だが、"ビンボーご飯"と敬遠する向きも。旧約聖書にも登場する伝統食は「空腹のあまりムジャッダラひと皿で魂を売り渡す」、「ムジャッダラでごめんなさい」という悪しきフレーズにもめげず、繁栄の時代も戦火の時も庶民の食を支えてきた。キリスト教徒は断食（大斎・小斎）中に、ユダヤ教徒は木曜の夕飯に食べる。

フランスでは小皿料理がトレンド。レバノンのメゼはお通しやオードブルと違い、それだけで堪能するスーパー前菜として人気が高い。

西アジア ◎ レバノン

スープ

肉食の多い湾岸諸国と比べると、肉ではなく豆と野菜のうま味をスープの素にするレバノンの個性は、日本の味噌汁に通じるかも。レンズ豆、モロヘイヤ、オクラ、セロリ、ミントなどの野菜スープはほんのりスパイシーで体に優しい。

ショルバトゥ・アダス
Shorbat Adas

レバント地方の特産品アダス（レンズ豆）のスープ。栄養価が高くおいしい。ラマダンの日没後の最初のスープとも。豆、バター、タマネギ、クミン、塩、コショウのシンプルな味わい。

ファッテ
Fetteh

ヒヨコ豆をつぶしたペーストにヨーグルトを混ぜたもの。ホンモスよりサラッとしている。ホブズが混ぜ込まれているため食べ応えあり。トロトロのスープパンは朝食の定番。

ショルバトゥ・ムルヒーヤ
Shorbat Mlukhiyya

モロヘイヤのスープ。鶏肉とだし汁（ゆで汁。香味野菜とスパイス入り）にモロヘイヤ、パクチー、ガーリックを入れたスープ。本家エジプトより粘り気が少ない。世界的な健康食。

サラダ

新鮮野菜とフレッシュ果実の鮮やかな色合いにときめくサラダはレバノン人のスターター。オリーブオイルやレモン汁をかけて、パン、ホンモスと3点セットで朝食にする人も多い。

ファットゥーシュ
Fattoush

レバノンの定番サラダ。レタス、トマト、キュウリ、ホウレンソウなどの野菜とひと口大の揚げたホブズにニンニク、レモン汁、オリーブオイルをかけたサラダ。

タッブーレ
Tabbouleh

イタリアンパセリ、トマト、タマネギ、ミントの葉を細かく刻み、ブルグルと混ぜて、オリーブオイル、レモン汁、スパイス、塩であえたサラダ。栄養満点。冷製がおいしい夏向きサラダ。

サラタ・ロッカ
Slata Rocca

ルッコラ（アラビア語でロッカ）のさわやかサラダ。地中海ドレッシングでサッパリと。ツナやトマト、チーズなどトッピングも楽しい。ルッコラの香りとほろ苦さが人気のサラダ。

スイーツ

アラブスイーツには、バラやオレンジの花の蒸留水で作るシロップやクリームが使われていることが多い。ペストリーからクッキー、アイスまで魅惑のスイーツをチェック。

ムハラビーヤ
Mehalabiya

フルフルの食感が楽しい、アラブ風ミルクプリン。牛乳とローズウオーターを米粉、コーンスターチなどで固め、ピスタチオをトッピングする。甘さ控えめのおもてなしデザートでもある。

コナーファ
Knafeh

極細パスタでできた生地をバターたっぷりの鍋に敷き、チーズをどっさりのせて、上から生地を重ねて焼き、シロップをかける激甘スイーツ。アラブスイーツの代表でレバノンでも人気。

マムール
Maamoul

バタークッキー。サクサクの生地の中にはシナモン風味のデーツやクルミが詰まっている。ラマダン明けのイード（祝祭）のお菓子。売り場を占領するアラブの定番スイーツ。

> レバノンは小麦輸入の8割をウクライナに依存。港湾爆発事故も重なり未曾有の食糧危機に直面している。分断が進み、パンを求める大規模デモも。

カタール

State of Qatar

アラビア語でおいしいは
لذيذ！
ラズディーズ

人口の大半が集中する首都ドーハ。湾岸にはスタイリッシュで個性的な超高層ビルが並ぶ

DATA
首都：ドーハ Doha
言語：アラビア語
民族：アラブ人

主食
パン、米。ホブズ（アラブ共通の薄焼きパン）で豆や野菜のディップをすくって食べる。カブサ、ビリヤーニーなどの米料理も。

　第2のドバイを目指して躍進中のドーハ。日本サッカー史に残る「ドーハの悲劇」から30年。カタールは膨大なオイルマネーを経済成長に投入し、スポーツ、芸術、教育、観光振興をテコに中東のミドルパワーとして台頭してきた。かつては「世界一裕福な国」の「世界一退屈な都市」だったドーハも、超近代的なビルが群集する活気あふれる街へ。2022年サッカーW杯、2030年アジア競技大会に向けメトロも開通、急ピッチでインフラ整備が進む。人口の9割がインド系などの出稼ぎ労働者で食文化への影響は大きいが、土台はアラブ料理。若く育ち盛りの国だけに独自のカタール料理はないともいわれるが、多彩なアラブ料理と世界の味が楽しめるフレンドリーな食文化でもある。

ドーハ最大の市場スーク・ワキーフ。迷路のような路地がアラビアンナイトの世界へ誘う

もっと知りたい！食の雑学

肉も食べるが魚も食べる

　肉食メインの国だが、人口増加、健康志向、国のあと押しもあって魚の消費量が急増している。イワシ、サバ、マグロ、タイ、ハタ、イカ、エビ、ホタテ、ロブスターなどの水産・養殖魚が、19時頃からオープンする魚市場にズラリ。

金曜日はフードファイト

　カタールの休日は金・土曜日。金曜は14〜15時頃から家族・親族が集まりランチ会が開かれる。たくさんの大皿料理が並び、手食でおしゃべりを楽しむのだとか。通常は21〜22時頃に軽い夕食を取り、間におやつを3回挟むという。

「機内で始まる美食の旅」

　2024年、SKYTRAX社による「世界最優秀航空会社」No.1は国営のカタール航空。機内食も好評で、白身魚のお粥、チーズオムレツ、バターチキンカレー、ビリヤーニーなど外れなし。乗務員の出身は100ヵ国以上で会話もスムーズ。

砂漠の恵み乾燥リムレモン

　カタール人はレモン好き。マクブース（炊き込みご飯）に必須の生レモンに、レモンミントジュース、まるごと乾燥リムレモンは天日干しのアンチエイジング食材だ。お茶や水に入れるほか調味料、入浴剤にも使われる。

一生懸命働かなくても、たらふく食えるカタール人はスローライフ。酷暑とはいえ仕事も学校も朝7時〜13時。おうちランチを楽しむ。

編集部が選ぶ 必食グルメ TOP5

「カタール料理」はないけれど、アラブ、インドを中心に各国の味を取り揃え、カタール風にアレンジ。

① マクブース Machboos
アラブ諸国の伝統的炊き込みご飯。カタールでは鶏肉とレンズ豆をスパイスと米とともに炊き込む。ナッツやゆで卵、パクチーなどが添えられる。

② メゼ Mezze
カタールでもメゼは定番。人気はホンモス（ヒヨコ豆ペースト）、ムタッバル（焼きナスペースト）、レブネマエーズ（水切りヨーグルト）、タッブーレ（パセリサラダ）など。

③ サルタ Saltah
イエメンで有名な伝統料理（→P.249）。肉とたくさんの野菜をスパイシーに味付けてじっくり煮込むスープ。カタールでも定番の家庭料理。ホブズと一緒に食べる。

④ ビリヤーニー Biryani
バスマティライスに塩、バター、スパイスを効かせてパラリと仕上げたピラフ。上にお肉を豪快にのせるのがカタール風。南アジア周辺から伝わった料理と思われるが、今やカタールの看板料理。街の食堂にも必ずある。

⑤ オム・アリ Om Ali
直訳すると「アリのお母さん」。パイ生地を砕いて皿に敷き、ナッツやドライフルーツ、生クリーム、ミルク、ココナッツをのせて焼いたスイーツグラタン。

カタール経済を支えているのは天然資源と外国人労働者。カタール人は「石油の上に居座っている」と揶揄されることもある。消費税はないが、物価は高い。

イスラエル

State of Israel

ヘブライ語でおいしいは
タイーム！

シャクシュカ、ピタ、フムスが並ぶ朝の食卓。サラダ、チーズ、ドリンク付きの"満腹セット"は素朴でおいしい

DATA
首都：エルサレム Jerusalem（国際的には商都テルアビブが支持されている）
言語：ヘブライ語、一部アラビア語
民族：ユダヤ人約73％、アラブ人約21％、その他6％

主食
丸い平パン、ピタのほかベーグルなども。ほかにひき割り小麦のブルグル、トウモロコシ、米なども食されている。

1948年、悲願の建国を果たした"祖国"イスラエルに、世界中のディアスポラが"帰国"＝移住した。苦難の歴史と各地の食文化とともに。常に紛争が絶えず、2023年秋からはパレスチナ自治区ガザでハマスとの戦闘も。先端の農業技術をもち、「中東のシリコンバレー」とも称されるベンチャー大国だ。イスラエル料理は、世界各地の料理と地中海・パレスチナ料理、ユダヤ料理（コーシャ料理）が競演してバラエティ豊か。おもな食材はフレッシュ野菜や果物、豆類、肉（鶏、羊、牛）、魚、乳製品。塩、レモン、ニンニク、オリーブオイル、ミックススパイス「ザータル」などで味付けされ、食べやすく異国情緒香る、世界の人気料理のひとつだ。

イスラエルを代表するカルメル市場。南の商都テルアビブにある衆民の台所

もっと知りたい！ 食の雑学

ユダヤ教の食の掟「コシェル」とは？

「適正」な食事ルールとして以下はNGとされている。豚や鱗のない魚、魚介類、血抜きしてない肉、肉と乳製品を一緒に食べる。ステーキはOK、ハンバーグはNGといったルールも。ノン・コシェルレストランもたくさんあって、しばりは緩い。

今も現役 伝説の7食材とは

「小麦、大麦、ブドウ、イチジク、ザクロ、オリーブ、ナツメヤシの実」はユダヤ教の聖書に登場する7種の農産物。今でも手軽に買えるデイリー食材だ。イスラエルワイン、ドライデーツ（ナツメヤシの実）は海外でも人気。

イスラエルの3大人気メニューは

イスラエル人のソウルフードは、ヒヨコ豆ペーストのホンモス、ソラ豆コロッケのファラーフェル、国民的卵料理のシャクシューカ。ピタパンや野菜にたっぷり付けて食べるホンモスの味ひとつで料理の腕がわかるとか。

にぎわうカフェ 必食の朝食セット

この地の多彩なカフェ文化は、かのスタバを撤退させたほど。世界レベルのコーヒー、紅茶、ミントティーとおしゃべりと、肉抜き「イスラエルブレックファスト」で始まる1日。パン、サラダ、卵料理、乳製品or魚の盛り合わせが定番。

おなじみのスーマックは梅シソ風味の"西アジア版ふりかけ"。ザータル（→P.212）はタイム、スマック、ゴマをブレンドした定番香辛料。何にでも合う。

西アジア ◎ イスラエル

編集部が選ぶ 必食グルメ TOP5

ビーガン大国イスラエルのおいしいヘルシー料理は世界的に人気を集める。

① シャクシューカ
Shakshouka

朝食の定番で、パプリカやタマネギをトマトソースで軽く煮込んで、そこに卵を割り落とすだけのシンプルな家庭料理。ナスやひき肉、マッシュルームなどを加えることも。

② サラット・イスラエリー
Salat Israeli

トマト、レッドオニオン、キュウリ、ピーマンなど生野菜のチョップド（角切り）サラダ。定番3種（レモン、オリーブオイル、ニンニク）のドレッシングであっさりと。

③ タヒーナ・アル・ハツィル
Tahina Al Hatzil

焦がしナスのタヒーナ（ゴマペースト）がけ。ナスとタヒーナの組み合わせは人気で、前菜の代表格。スナック系のナスやズッキーニのフライもサックリ軽い仕上がりだ。

④ サビーフ
Sabich

揚げナス、ゆで卵、タヒーナなどを挟んだピタパンのサンドイッチ。食べ応え満点の、イスラエルを代表するストリートフードのひとつ。レタスやトマトを挟むことも。

⑤ プティティム
Ptitim

1950年代にイスラエルで開発されたクスクスに似たパスタ。強力粉で作られ食感はプリプリ。ゆでただけでも、サラダやピラフでも食べられる。小さな粒が愛らしい人気食材だ。

魚料理はポピュラーで、サーモン、スズキ、タイ、ハタ、ティラピアなどのグリル、ニシンの酢漬け、サバの燻製、干物類も食べられる。

ヨルダン

Jordan

アラビア語ヨルダン方言で
おいしいは
زاكي !
ザーキー

ラマダン中の食事風景。飲食が許される日没から日の出までの間に家族でテーブルを囲む

DATA
首都：アンマン Amman
言語：アラビア語。英語も通じる
民族：アラブ人約97.4%、その他2.6%

主食
小麦粉、塩、水だけの素朴な平パン、ホブズ。直径20〜30cmで食べ方も使い方もいろいろ。お皿やラップ代わりにもなる。

謎めくスペクタクル、ペトラ遺跡、癒やしのリゾート死海、月の谷、ワディ・ラムなどで有名な観光立国ヨルダン。8割が砂漠地帯で、資源、産業にも恵まれない国だが、厳しい経済下、戦火を逃れ流入する大量の避難民を守る"中東のシェルター"でもある。ヨルダン料理はシルクロードの昔から東西食文化の交差点として進化してきたレバント（東地中海地域）のアラブ料理だ。おもな食材は豚以外の肉と野菜、豆とドライフルーツなど。ニンニクとオリーブオイル、スパイスとハーブを重層的に使いこなし、レモンやヨーグルトで仕上げる料理はさわやかでおいしい。野菜のメッゼ（前菜）が豊富で多彩、主菜は大皿の肉料理。平野部は陽光に恵まれ、四季折々の味や風情も楽しめる。

アラビアコーヒーで来客をもてなす砂漠の住民ベドウィンの男性。ワディ・ラム砂漠で

もっと知りたい！ 食の雑学

老若男女に愛される甘いコナーファ
シロップ漬けのアラブ菓子、コナーファ（→P.233）は激甘だけれど、ヨルダンでは好まれていて、カフェでも屋台でも、街のあちこちらでも甘いコナーファをほおばるヨルダン人を見かけることが多い。

ヨルダン産幻の赤ワイン
「最後の晩餐」で飲まれたのがヨルダンの赤ワインといわれている。キリストいわく「これは私の血である」。現在は数ヵ所のワイナリーでおもに国内向けしか造られず、日本では希少品だ。現地で飲むのもおみやげにもおすすめ。

買い物はスークもモールも
都市部には下町のスーク（マーケット）からアップタウンの各種有名店まで、買い物スポットは数々あるが、大型ショッピングモールも便利。食品スーパー、フードコート、ブランドショップ、みやげ物店などが勢揃いで楽しい。

ファストフードはストリートで
ストリートフードの定番はシュワルマ（回転串焼き肉のパン包み）とサンドイッチ（肉野菜入り焼きサンド）。ファラーフェル（ヒヨコ豆のコロッケ）なども人気だ。その場で搾るフレッシュジュースもおいしい。

お呼ばれしたときは、とってもおいしくて、もったいないけれど完食するのはマナー違反。ほどほどに残して満腹、満足、感謝を伝えよう。

編集部が選ぶ 必食グルメ TOP5

ベドウィン由来の豪快な肉料理も、豆や野菜をふんだんに使ったヘルシーな料理も。

西アジア ◎ ヨルダン

1 マンサフ / Mansaf

ジャミード（羊乳の乾燥ヨーグルト）とスパイスで煮込んだ羊肉をご飯の上にのせてジャミードをかけて食べるおもてなし料理。アラブの遊牧民、ベドウィン由来の伝統的国民食。

2 ザルブ / Zarb

砂漠にドラム缶大の穴を掘り、大きな専用3段鍋に羊肉や鶏肉、ジャガイモ、タマネギ、トマト、ナスなどをきれいに並べて、地中で炭火蒸し焼きにする伝統のベドウィン料理。

3 フール / Foul

水で戻した赤い乾燥ソラ豆をニンニク、塩、レモン汁、オリーブオイルで煮込んだ料理。ホブズですくって食べる。前菜や朝食の定番のひとつ。栄養があってホブズとよく合う。

4 マクドゥース / Makdous

ナスの保存食。ナスに切れ目を入れ、ニンニク、パプリカ、クルミ、トウガラシなどを詰めてオリーブオイルに数日間漬ける。スーパーの総菜コーナーにも必ずある"いつものお漬物"。

5 マグルーバ / Magloba

東地中海地域の郷土料理。大鍋に鶏肉、米、ナス、カリフラワーなどを重ねて入れ、スープで炊き込み、ひっくり返して皿に盛った料理。ヨーグルトを添えてもおいしい。

西アジアでは、スーパーフードのデーツはザクロ、オリーブとともに昔から食べられてきた。話題のスーパースパイス、スーマックも同様だ。

239

サウジアラビア

Kingdom of Saudi Arabia

アラビア語でおいしいは
لذيذ！
ラズィーズ

メディナにある預言者のモスクで断食するイスラム教徒にデーツ、パン、水などが無料配布される

DATA
首都：リヤド Riyadh
言語：アラビア語。英語も通用する
民族：アラブ人約90％、外国人約10％

主食
米とホブズ（パン）。ホブズの定番はピタパン似のポケットパン。強力粉と酵母を使ったシンプルなパン。米とパンの食べ方は多種多様。

黒いアバヤ（ロングコート）とヒジャブ（スカーフ）、白いトーブ（長衣）とシュマーグ（かぶり物）。伝統着＝日常着のサウジアラビアはイスラム教発祥の地でアラブ世界の中心。巨額のオイルマネーで潤う国だが、数年来「王制とイスラム法」を堅持しつつも「サウジビジョン2030（脱石油依存、産業多角化）」を掲げて改革を進め、服装の自由化、エンタメ解禁、ビザ解禁、若年層と女性の社会進出などで注目を集めている。サウジ料理は広大な砂漠の民・遊牧民の食文化とイエメンの山岳食文化を源流に、シルクロード交易や膨大な外国人労働者、巡礼者が伝える各地の料理を盛り込んで、食のタペストリーとも。肉や豆類中心にスパイスを多用した料理は香り高い。

ラマダン中の日没後、断食を解く儀式を「イスタール」といい、ナツメヤシ（デーツ）を3つ食べることから始まる

もっと知りたい！ 食の雑学

暮らしに根ざしたカフワとデーツを

サフラン、カルダモンなどを煮出して上澄みを飲むサウジアラビアのアラビアコーヒー、カフワ。日常的に飲まれており、社交の場にも欠かせない。苦味を和らげてくれるデーツが必ず付いてくるのでかじりながらいただく。

ラマダンとお祈りタイム

断食はイスラム教徒の崇高な義務のひとつ。毎年、約1ヵ月、日の出から日没まで一切の飲食を断つ。もちろん1日5回の礼拝は欠かさず、仕事も商売もいったん止めて全身全霊でお祈りする。ラマダン中は夜食が盛大。休業する飲食店も多い。

アニメグッズ店「OTAKU」

冬季限定、人気沸騰の娯楽イベントパーク「リヤド・シーズン」のジャパンアニメタウンでは、日本料理やアニメグッズの店に人だかり。サウジ人は日本食びいきで、寿司、刺身、天ぷら、ラーメンから抹茶までブームだ。

ノンアルの発泡ワインとは？

禁酒の国だけに、コーヒー、紅茶、ソフトドリンク、フレッシュジュースなど飲料系が充実している。どこのレストランにもあるサウジ・シャンパンはリンゴジュースの炭酸割り。リンゴやオレンジ、ミント入りもさわやか。

町にはインド、パキスタン食堂や世界チェーンのファストフード店が多く、レバノンやフランス料理の店も。

編集部が選ぶ 必食グルメ TOP5

富める王国の、彩り豊かでスパイシーなアラブ料理を味わってみよう。

西アジア ◎ サウジアラビア

1. カブサ
Kabsa

アラブ諸国の伝統的な炊き込みご飯。具材は羊肉か鶏肉、豆、タマネギ、トマト、スパイスなど。地域バリエーションの多い国民食で、大皿祝祭料理。普段の定番ランチでもある。

2. サリーク
Saleeg

鶏肉や羊肉を軟らかく煮たスープに、米と多めの水を入れてコトコト炊いた"お粥風ご飯"。スパイスはカルダモンやシナモン。婚約式などでよく出される白いご飯料理。

3. ムタバック
Mutabbaq

小麦粉を練って薄く伸ばした皮で肉や野菜、卵などのスパイシー炒めを包んで焼いたもの。ラマダン中の食事パンのひとつで、サクサクパイ生地風。インドやマレーシアではムルタバと呼ばれる。

4. フール・ムダンマス
Ful Medames

ソラ豆のシチュー。オリーブオイル、クミン、パセリ、ニンニク、タマネギ、レモンなどで味付けされた人気の朝食メニュー。新鮮野菜やホブズと一緒に。栄養価が高くおいしい。

5. ハリース
Harees

ひき割り小麦と肉、トマトを煮込んだお粥料理。黒コショウ、黒ライム、シナモンなどで味付けして、飴色に炒めたタマネギをトッピングする伝統料理。食べ応えと風味満点だ。

西アジア原産のソラ豆はタンパク質、ビタミン、ミネラル豊富なバランス食材。サウジでも乾燥ソラ豆は日常的に食べられている。

🇰🇼 クウェート

State of Kuwait

アラビア語でおいしいは
لذيذ
ラズィーズ !

ペルシャ湾に臨む奇抜なランドマーク、クウェートタワー。首都には高層ビルが建ち並ぶ

DATA
首都：クウェート Kuwait
言語：アラビア語
民族：アラブ人

主食

大きな平パン（ホブズ）。ゴマをまぶすことも多い。ビリヤーニーなどの米料理も食べられている。

イラクの侵攻・占領に始まり、世界を揺るがせた湾岸戦争、「砂漠の嵐」から30余年。美しくモダンな首都で知られる石油大国クウェートは、ほかの湾岸諸国同様、高温多湿、砂漠気候の緑が少ない国である。国民のほとんどが公務員か国営企業勤めだが、豊かさを下支えするのは人口の7割を占める外国人出稼ぎ労働者。ゆえにクウェート料理は家のメイドさん、外のコックさんが現場を担ってインターナショナル。伝統食、南アジア、フィリピン、地中海などの料理が響き合って、にぎわう食文化だ。食材はほぼ輸入だが、ペルシャ湾産の魚介類が多彩で、ズバイディ（マナガツオ）、ハムール（ハタ）、サーフィ（アイゴ）、エビなどが新鮮美味。食後のデーツとお茶は欠かせない。

クウェート料理にはシナモンやカルダモン、乾燥ライムなどを多用する

✨もっと知りたい！食の雑学

クウェートのホブズはイラン製？
クウェートの伝統的な平パンは、ホブズ・イーラーニーと呼ばれる。専用の窯で焼き、ゴマをまぶしてある。国内にたくさんあるホブズ屋のパン職人の多くがイラン人なので、「イランのホブズ（ホブズ・イラーニー）」と呼ばれている。

王様も大好きなファストフード
1990年代、湾岸戦争のただなかに米軍が持ち込んだファストフード。すっかり定着して世界チェーンからローカル店まで大人気だが、国民の7割強が肥満で減量手術も増加するというゆゆしき事態に。最近では不買運動も。

昔はポートシティ今も魚好き
まだ貧しい国だった頃、海上交易と真珠産業が盛んだったクウェート。石油一択の現在では、沿岸で漁労を行うのも外国人労働者。ひと筋の川もない沿岸は塩分濃度が高く、水揚げも少ない。輸入物でもクウェート人は魚好き。

クウェート人はお茶好き？
クウェートではお茶（チャーイ）の消費量が多く、紅茶のほか乾燥ライム茶、ミント茶、サフラン茶など種類も豊富。カフワ（コーヒー）も人気。また食事のお供には、ヨーグルト飲料のレベンが好まれている。

✻ クウェートには河川も湖沼もまったくなく、少雨乾燥気候。国内の水利用はほぼ海水を淡水化したもの。飲用はミネラルウオーター。

編集部が選ぶ 必食グルメ TOP5

人口の7割が移民というクウェートの料理は"食のサラダボウル"。多様な食文化を楽しもう。

西アジア ◎ クウェート

① ビリヤーニー
Biryani

南アジアからアラブ諸国まで広く食べられているスパイシーな"肉の炊き込みご飯"。米は細長いバスマティ。魚、卵、野菜などを入れることも。祝宴に限らず大衆料理でも人気の国民食。

② ズバイディ
Zubaidi

ズバイディはペルシャ湾でおなじみのマナガツオ。スパイシーに素揚げしたものをご飯と一緒に食べる。あっさりして風味満点。骨離れもいいクウェート版「鯛めし」。

③ マクブース
Machboos

イエメンの有名な炊き込みご飯カブサの別名。アラブ各国の伝統的国民食である。米、肉、ニンジン、タマネギ、ピーナッツ、レーズン、アーモンド、香辛料等が入って香ばしい。

④ ムラビヤン
Murabyan

クウェートで人気のアラブ風エビ入りご飯。エビは昔からの人気食材でガーリック、コリアンダー、乾燥ライム、カルダモン、クローブなどで炒めると香りが食欲をそそる。

⑤ ゲイル・オゲイリー
Gers Ogaily

ほんのり甘いカステラ風味。牛乳、サフラン、卵、砂糖、中力粉、カルダモンを混ぜて成形しゴマをまぶしてオーブンで焼くクウェートの伝統的ケーキ。サフランが香る。

クウェートではほかに子羊のひき肉を串に刺して焼いたカバーブ・ラハムやハリース(→P.247)などもポピュラー。

バーレーン

Kingdom of Bahrain

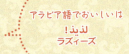
アラビア語でおいしいは
لذيذ!
ラズィーズ

マナーマ郊外の中央市場。魚売り場には地元で水揚げした新鮮な魚が並ぶ

DATA
首都：マナーマ Manama
言語：アラビア語
民族：アラブ人

主食
パン、米。米(ロザ)は主菜とともに大皿に盛り合わせてテーブルに。伝統のホブズは大型の平パン。ロールパンも一般的。

　サッカーやF1ファンには知名度が高いペルシャ湾の小さな島国バーレーン。湾岸地域の産油・経済発展の先駆けだが、限界を見越して早めに方向転換。今や金融センター、ビジネス拠点、観光国としてイスラム圏から世界に開かれた国のひとつである。古代から海洋交易基地として栄え、北部は伝説の地「エデンの園」とうたわれる緑豊かな耕作地帯。石灰岩の荒野に湧く豊富な淡水泉がデーツやザクロ、イチジク、豆や柑橘類を実らせた。「アラブの春」で見せた民衆パワーもまた王国の民主化を進め、寛容で国際的なバーレーン料理は甘味と塩味、伝統と近代が反響し合って、味も香りも深い。農地や畜産物は少なく、食糧自給率は低いが、シーフードメニューがバラエティ豊か。

ワールドトレードセンター(写真右)は国内2位の高さ。マナーマには超高層ビルが林立

食の雑学 もっと知りたい！

甘いもの好きが多くスイーツも豊富
　老舗お菓子メーカー、ショウェイテルのハラーワはコーンスターチとサフラン、ナッツ、ローズウォーターで作られた不動の人気を誇るゼリー菓子。プリン、ジェラート、チーズケーキ、焼き菓子など何でもあり。

アラビア湾のガラムマサラ
　バハラートはポピュラーなミックススパイス。黒コショウ、コリアンダー、シナモン、クローブ、クミン、カルダモン、ナツメグなど七味以上をブレンドしており、エキゾチックなフレーバーが香りたつ。ちなみに魚醬も使う。

バーレーンの定番チーズ＆サラダ
　ヤギの乳でできたハルミチーズは弾力抜群、酸味、塩味も少なくおいしい。焼いても溶けず伝統料理にも使われる。タップーレはクスクス、イタリアンパセリ、角切りトマトなどをオリーブオイルと塩コショウで食べるヘルシーなサラダ。

遊牧民を支えるナツメヤシ
　乾燥地帯にこんこんと湧き出る泉がヤシの木を茂らせ、古来、遊牧民はラクダに依存する砂漠生活ではなく、ナツメヤシで生計を立てていたという。真珠、ヤシの実、漁業、交易で栄えた昔からデーツは"スーパーフード"だった。

　湾岸諸国（バーレーン、クウェート、オマーン、カタール、サウジアラビア、アラブ首長国連邦）の食文化は兄弟姉妹のように似て非なり。同じ料理の変化形が各国の国民食だったりする。食に国境はないのだ。

編集部が選ぶ 必食グルメ TOP5

辛味は少なくスパイスの風味豊かで食べやすいバーレーン料理は、肉も魚介も種類豊富。

西アジア ◎バーレーン

1. ムハンマル
Muhammar

スパイスやローズウオーターで味付けした米に、砂糖かデーツ、サフラン、シナモンなどを加えた甘い炊き込みご飯。焼き魚と相性がいい。アラブ諸国を代表する料理のひとつ。

2. ハームール
Hammour

ハームール（ハタ）をスパイス、ニンニク、ライムでマリネして焼いた料理。ライスと一緒に食べる。ほかにアイゴ、サバ、ブリームなども好まれ、グリル、蒸す、揚げるなど調理法もいろいろ。

3. クーズィ
Quzi

ラム（子羊肉）に米、ゆで卵、レーズン、タマネギ、香辛料などを詰めて焼き、浅い大皿にご飯を広げ、パスタ、肉、卵、野菜などを盛り付けて食べる。イラクをはじめ、アラブ諸国の伝統的祝祭料理。

4. バラリート
Balaleet

極細パスタのベルミチェッリを砂糖、カルダモン、サフランなどで調理した甘い麺料理。薄焼き卵をトッピングしたいつもの朝食メニュー。ラマダン明けの祝宴料理でもある。

5. ビリヤーニー
Biryani

インド、イラン方面の料理だが、進化しながら湾岸諸国にも定着。赤や黄色のご飯にカレーをかけたものや鶏肉、羊肉、魚、野菜などを一緒に炊き込んだものなどバリエーション豊富。

バーレーン料理にも登場するローズウオーター。無農薬のダマスクスローズの花弁と天然水を大釜で蒸して、水蒸気を冷やして集めた芳醇蒸留水。スキンケアローションとしても人気。

🇦🇪 アラブ首長国連邦
United Arab Emirates (UAE)

アラビア語でおいしいは
لذيذ
ラズィーズ！

写真中央のひと際高い塔は、828mの高さを誇る世界一高いビル、ブルジュ・ハリファ。ドバイには超高層ビルが立ち並び、ビジネス、観光資源の開発はなお続く

DATA
- 首都：アブダビ Abu Dhabi
- 言語：アラビア語
- 民族：アラブ人

主食
ホブズ（パン）、米。米はマクブースやビリヤーニーなど炊き込みで。パンはチーズやデーツシロップとともに食べる。

　未来都市を思わせる豪奢な摩天楼の連なり。発光する商業都市ドバイと、石油資源豊かな首都アブダビを中心に、7つの首長国で構成されたアラブ首長国連邦は、観光立国としてもトップクラス。"物と人"が集積するリッチな国である。UAE料理は、いにしえのペルシア（イラン）、メソポタミア（イラク周辺）、遊牧民、漁民の食文化にムスリムの食習慣を加味し、人口の8割以上を占める外国人労働者が持ち寄った異国料理が根付いた多国籍料理である。地元のアラブ人に伝わる伝統的なエミラティ料理のほか、ドバイではレバノン料理が主流で、食材は羊・牛・鶏の肉や乳、魚介類、野菜、豆、香草と幅広く、オリーブオイルとスパイスの加減が絶妙。

ドバイのディラ地区にあるスパイス・スーク（市場）

もっと知りたい！ 食の雑学

アラブ人が寿司好きなのは……
　かなりの肉食派であるアラブ人は生ものも好き。クッペ・ナイエは新鮮な羊の生肉料理。ニンニク、ハーブ、オリーブオイルであえた、ユッケや、なめろう、たたきにも似た垂涎の一品。クセも臭みもなし。サンドイッチやカナッペ、つまみにも。

ちょい足しでグレードアップ
　ヤギ乳ヨーグルトを水切りしたラブネは濃厚でクリーミーな万能ヨーグルトソース。揚げ魚にも焼肉にもよく合う。料理の引き立て役だが、ソースだけで食べてもOK。たくさんの種類が店頭に並ぶ。アラブ諸国で人気。

UAEのおすすめスイーツ2品
　以下2品がポピュラー。コナーファはクリームチーズとハニーたっぷりのヌードルの、二層仕立ての優しい味わい。ハグマート（ドーナツ）はデーツシロップやハチミツをヒタヒタにかけて激甘で食べるのが現地流。

ミシュランガイドドバイ2024
　『『食通が好む都市ベスト10』にランクインする、美食の街」（ドバイ経済観光庁）であるドバイで、2020年に中東初となるミシュランガイドが発売された。「ミシュランガイドドバイ2024」には106軒が掲載されている。

UAEの人々は日本食好きだが、エビ料理を特に好むようだ。

編集部が選ぶ 必食グルメ TOP5

美食が集まるUAEの洗練された"国境なきアラビア料理"を体感しよう。

○アラブ首長国連邦 — 西アジア

1 ハリース Harees

アラブ諸国でポピュラーな粥のような煮込み料理。砕いた小麦、ひき肉、タマネギ、クミンを、たっぷりの水、塩で煮込んでクリーミー。ラマダン月によく食べられている。

2 マクブース Machboos

スパイシーな炊き込みご飯の上に肉や魚をのせた人気料理。ラクダの肉をのせることも。祝祭料理であり、ラマダン中のイフタール（日没後の初めての食事）でもある。

3 サルーナ Saloona

エミラティ（現地人）のシチュー。鶏肉、ターメリック、オリーブオイル、ショウガ、ニンニク、タマネギ、米、スパイスを煮込む手軽な料理。ビタミン、タンパク質が豊富でおいしい。

4 シャウルマ Shawarma

塊肉を串刺しにして回転させながら焼いた、おなじみのケバブ。削いでそのままでもおいしいが、ホンモスや野菜と一緒にホブズに挟んで食べるシャウルマもおいしい。

5 チェバブ Chebab

ドバイのパンケーキ。「注ぐ」に由来して生地がゆるめ。クレープとパンケーキの中間の厚さでサフランとカルダモン入り。片面だけ焼いて半分に折って、朝食やラマダン食で食べる。

アラビックコーヒーとデーツはウエルカムドリンク。この国では食後の一杯より食前酒ならぬ食前カフワでおもてなしが始まる。

イエメン

Republic of Yemen

アラビア語でおいしいは
لذيذ
ラディーズ！

古都サヌアのスーク（市場）。各地からスパイスや食品、物、人が集まってにぎわう

DATA
首都：サヌア Sanaa、暫定首都アデン Aden（1995年より）
言語：アラビア語
民族：主としてアラブ人

主食
パン、米。パンはホブズがスタンダード。揚げパンなどもある。米はさまざまな炊き込みご飯やお粥など。

　古代ローマ人が「幸福のアラビア」とたたえた、アラブ民族とアラブ料理のふるさとイエメン。古くは東アジア〜南アジア〜欧州を結ぶ"海のシルクロード"の要衝として栄えたが、2015年勃発、長期化・泥沼化する内戦で「世界最悪の人道危機」（国連）にひんしている。生活基盤を根こそぎ奪われた多くの民衆が深刻な食糧難に直面する、国際協力・支援が急務の国だ。イエメン料理は地域差が大きく、北のベドウィン（遊牧民）、西部高地の古都サヌア、東部山地、紅海沿岸で食文化が異なる。洗練されたザ・イエメン料理はサヌア発。対岸のエチオピア、ソマリア、遠くインドとも影響し合い、香辛料を見事に使いこなす。おもな食材は肉、魚、米、野菜、豆、チーズなど。果物もおいしい。

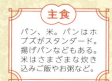

"世界最古の摩天楼都市"サヌアの旧市街地。2015年「危機が迫る世界遺産」に登録された。2020年の豪雨では多くの建物が被災した

もっと知りたい！食の雑学

お肉のお供はコクうまスープ
　アラブ諸国で大切なのは昼食。ランチでガッツリ肉料理を食べる。その肉や骨のゆで汁がスープになって、もれなく無料で付いてくる。おかわりも基本は自由だ。肉のゆで汁スープのほか、魚のゆで汁スープもある。

マンディとカブサの違いって何？
　どちらも肉と米を使った料理だが、調理法が異なる。マンディは肉と米が分かれた状態で同時に炊き上げるが、カブサは肉と米を別調理。見た目は似ているが香りも食感も異なるので食べ比べてみたい。

伝統的なミックススパイス ハワイージュ
　アラビア語で「混合スパイス」を意味するハワイージュは、クミン、コリアンダー、コショウ、ターメリック、カルダモン、シナモン、サフラン、クローブなど東方由来のスパイスをミックス。煮込みやスープに使用される。

カフェ・モカはここから
　エチオピア原産の世界的なコーヒー豆モカは、イエメンのモカ港で船積みされ、モカ商人が世に広めた。イエメン産の最高級品種はモカマタリ。コーヒー豆のカラとスパイスを煮出したギシルは庶民の味。

イエメンコーヒーの最高級品種、モカマタリはフルーティーな酸味と甘味が特長。

編集部が選ぶ 必食グルメ TOP5

アフリカ風味も加わったイエメン料理は、エキゾチックな満腹ご飯。

❶ マンディ
Mandi

ご飯の上に豪快に肉をのせたイエメンの伝統的な米料理。窯の中で肉（鶏、羊など）を蒸し焼きにし、その下で米を炊き上げる。スモーキーな風味の肉と肉汁を含んだご飯がおいしい。

❷ サルタ
Saltah

郷土料理のアラブ風シチュー。石鍋を熱し、ひき肉ソテー、野菜のトマト煮、米少々を入れてアツアツに煮込む。仕上げにフェヌグリークのソースをかける。苦味ととろみが絶妙。

❸ サマク
Samak

サマクは魚のこと。カツオのぶつ切りをスパイシーに素揚げしてご飯にのせる料理や、タイ、イサキなど大型魚の頭を残して開き、ホクホクに焼き上げる料理もポピュラー。

❹ マラク
Maraq

だしのことでスープの総称。ラム・マラク、サマク・マラク、野菜入りなど種類がある。肉や魚とスパイスたっぷりでスパイシー。地味だが堅実な定番メニュー。

❺ アシダ
Asida

アラブ圏の人気デザート。熱湯に全粒小麦を入れてかき混ぜながら煮詰め、熱い蒸し生地を手で成形する料理。イエメンではハチミツやチリソースをかけて朝食や昼食で。

> イエメンのミックススパイス、ハワイージュは、料理のほかコーヒーや紅茶、デザートに使う場合は、それらにあわせて調合されたものを使う。

西アジア ◎ イエメン

オマーン

Sultanate of Oman

アラビア語でおいしいは
لذيذ
ラズィーズ

港湾都市スールは、かつて海上交易の中心都市だった。現在はウミガメの産卵地としても有名

DATA
首都：マスカット Muscat
言語：アラビア語
民族：アラブ人

主食
米、パン(ホブズ)。米はマクブース、ビリヤーニー、マンディなど。伝統パンはクレープより薄い大きな丸パン、チャパティなど多種類。

ハイパー都市国家UAE、内戦続く最貧国イエメン、大国サウジと国境を接しながら、中東一平和な国といわれるオマーン。石油資源と豊かな自然、海洋大国の黄金史と全方位善隣外交で観光都市としても台頭中。「アラビアンナイト」の遺風を色濃く残す"中東の宝石"とも。北部沿岸のマスカット、内陸山地の古都ニズワ、南部の経済特区サラーラ、砂漠地帯では、気候も食文化も変化するが、主要食材（鶏肉、羊肉、魚、米、野菜など）、香辛料・ハーブ・マリネの多用、昼食重視は不変。乳香をたきながらカフワとデーツで乾いた体を癒やす、古きオマーンの面影を今に伝える料理には、美食イエメン、湾岸ガルフ、アフリカ、インドにつながる開放的で温和な食文化が匂い立つ。

漁港直結の清潔な魚市場。民族帽クンマをかぶったオマーン人も多く働く

もっと知りたい！食の雑学

3000のファラジ 砂漠で農業も

アフラジ（ファラジの複数形）は地下水路を使って、各家庭や農地に水を供給する灌漑システム。水源は山の湧水、枯れ川、地下水。起源は紀元前。現在も水利用の3〜5割を賄う世界文化遺産。砂漠に緑と暮らしを根付かせた。

オマーン人の いち押しスイーツ

オマーン人なら誰もが食べるハルヴァ・オマーニヤ。英語でオマニースイーツ。ういろうや羊羹、葛餅みたいなプルプル食感で、カルダモンが甘さをセーブ。大鍋で長時間煮詰めるため、ひいきの専門店で購入する人が多い。

アラビアコーヒー 休憩にも接客にも

日本の"お茶飲み文化"と同じく、アラブ諸国どこへ行ってもカフワとデーツで休憩＆もてなされる。カワフは浅煎り・細びき豆をカルダモンと一緒に煮出して香ばしく濃厚。優美なポットとかわいいカップでどうぞ。

甘酸っぱいライム 天日で干すと……

乾燥ライムは西アジア特有の食材だが、西アジアではありふれた伝統食材。オマーン名はリーム。酸味の強い香辛料として魚料理やお茶に使用。外皮、種子の苦味も混ざって、独特の燻製のような風味を醸し出す。昔懐かしレモン味。

オマーン人の日常食はごくシンプル。野菜、レンズ豆、ラム、チキン、マラクなど。パーティではカブサやシューワなど太っ腹だ。

編集部が選ぶ 必食グルメ TOP5

香辛料も戒律も緩め、おいしくてマイルドなオマーン料理をめしあがれ。

1. カブサ / Kabsa

米をトマト、タマネギ、ナッツ、レーズン、スパイスなどとともに炊き込み、その上に別調理した肉をのせた、アラブ諸国の伝統的な祝祭料理。マクブースとも呼ばれる。

2. シューワ / Shuwa

牛か羊、ヤギの肉をマリネし、バナナの葉で包んで地中の土窯で1〜2日間、低温で焼き上げる。伝統的には村人総出で一頭まるごとローストしたという。オマーンの名物料理。

3. マシュアイ / Mashuai

魚のスパイス焼き。こんがり串焼きにしたサワラに似た魚、ブリなどをレモンライスとセットで食べる。カルダモンのさわやかな香りが魚のうま味を引き立てるヘルシーな家庭料理。

4. ハリース / Harees

肉と麦をドロドロになるまで煮込み、ギー（高純度のバターオイル）をかけて食べるスパイス風味のお粥料理。ラマダン中のイフタール（日没後の初めての食事）が定番。

5. マラク・サマク / Marak Samak

フィッシュカレー。オマーン流インド・パキスタン料理で、ナス入りやココナッツ煮込みも。ご飯や生野菜サラダと食べる。家庭や町の食堂で人気の、安くて栄養満点の満腹メシ。

西アジア ◎ オマーン

中東でシェアNo.1のスナック菓子、チップス・オマーン。チリ味一択だが、辛すぎず、ほんのりパプリカ風味。おやつにもつまみにも。

INDEX

各国・地域ごとのおもな料理名

あ

アフガニスタン 197
カブリ・パラオ　Qabili Palao
チャプリ・カバブ　Chapli Kabab
ボラニー　Bolani
ボラニー・バンジャン　Borani Banjan
マントゥ　Mantu

アラブ首長国連邦 247
サルーナ　Saloona
シャウルマ　Shawarma
チェバブ　Chebab
ハリース　Harees
マクブース　Machboos

イエメン 249
アシダ　Asida
サマク　Samak
サルタ　Saltah
マラク　Maraq
マンディ　Mandi

イスラエル 237
サビーフ　Sabich
サラット・イスラエリー　Salat Israeli
シャクシューカ　Shakshouka
タヒーナ・アル・ハツィル　Tahina Al Hatzil
プティティム　Ptitim

イラン 227
アーシュ・レシュテ　Aush Reshteh
アーブグーシュト　Abgoosht
チェロウ・キャバーブ　Chelow Kabab
ホレシュテ・ゲイメ　Khoresht Gheymeh
ホレシュテ・フェセンジャーン　Khoresht Fesenjan

インド 165
タンドゥーリーチキン　Tandoori Chicken
パーラク・パニール　Palak Paneer
バターチキン　Butter Chicken
ビリヤーニー（ビリヤニ）　Biryani
ミーン・コランブ　Meen Kuzhambu

インドネシア 131
ガドガド　Gado-Gado
サテ・アヤム　Sate Ayam
ソト・アヤム　Soto Ayam
ナシ・チャンプル　Nasi Campur
ルンダン・サピ　Rendang Sapi

ウズベキスタン 201
シャシリク　Shashlik
シュルパ　Shurva
プロフ　Plov
マンティ　Manti
ラグマン　Laghman

オマーン 251
カブサ　Kabsa
シューワ　Shuwa
ハリース　Harees
マシュアイ　Mashuai
マラク・サマク　Marak Samak

か

カザフスタン 205
カズ　Qazy
クイルダック　Kuyrdak
コクタル　Koktal
バウルサク　Baursak
ベシュバルマク　Beshbarmak

カタール 235
オム・アリ　Om Ali
サルタ　Saltah
ビリヤーニー　Biryani
マクブース　Machboos
メゼ　Mezze

252

韓国 73
カンジャンケジャン　Ganjang Gejang
サムギョプサル　Samgyeopsal
チーズタッカルビ　Chijeu Dak Galbi
ビビンパプ　Bibim Bap
プッチンゲ(チヂミ)　Buchimgae(jijimi)

カンボジア 105
アモック　Amok
クイティウ　Kuitiv
チャー・ムック・マレイッ・クチャイ
Chha Muek Mrech Kchey
チュナン・ダイ　Chhnang Dae
ロック・ラック　Lok Lak

キルギス 211
アシュランフー　Ashlyamfu
オロモ　Oromo
ドゥンダマ　Dymdama
ベシュバルマク　Beshbarmak
マンティ　Manti

クウェート 243
ゲイル・オゲイリー　Gers Ogaily
ズバイディ　Zubaidi
ビリヤーニー　Biryani
マクブース　Machboos
ムラビヤン　Murabyan

さ

サウジアラビア 241
カブサ　Kabsa
サリーク　Saleeg
ハリース　Harees
フール・ムダンマス　Ful Medames
ムタバック　Mutabbaq

シンガポール 143
カヤトースト　Kaya Toast
チキンライス(海南鶏飯)　Chicken Rice
チリクラブ　Chili Crab
バクテー(肉骨茶)　Bak Kut Teh
ラクサ　Laksa

スリランカ 187
アンブル・ティヤル　Ambul Thiyal
インディアッパー　Indiappa
カトレットゥ　Cutlets
ブリヤーニ　Buriyani
ライス＆カリー　Rice & Curry

た

タイ 111
カイ・ヤーン　Kai Yang
タイスキ　Thai Suki
トムヤム・クン　Tom Yum Goong
パッ・ガパオ　Phad Gaprao
プー・パッ・ポン・カリー　Pu Phad Phong Kari

台湾 61
小籠包　シャオロンパオ
東坡肉　ドンポーロウ
排骨飯　パイグーファン
紅蟳米糕　ホンシュンミーガオ
魯肉飯　ルーロウファン

タジキスタン 207
オシュ　Oshi
ガルプチ　Galuptsi
クルトップ　Qurutob
シュルボ　Shurbo
ベリャシ　Belyashi

中国 31
小籠包　シャオロンパオ（上海料理）
大閘蟹　ダージャーシエ（上海料理）
叉焼　チャーシャオ（広東料理）
北京烤鴨　ベイジンカオヤー（北京料理）
麻婆豆腐　マーボードウフ（四川料理）

トルクメニスタン 209
カクルマ・ラグマン　Kaurma Laghman
シュルパ　Chorba
チョレク　Chorek
ドグラマ　Dograma
フィッチ　Fitchi

トルコ 215

イズミル・キョフテ　İzmir Köfte

クイマル・ペイニルリ・ピデ
Kıymalı Peynirli Pide

シシ・ケバブ　Şiş Kebabı

バルック・エキメッキ　Balık Ekmek

ビベル・ドルマス　Biber Dolması

な

ネパール 177

アチャール　Achar

セクワ　Sekuwa

ダルバート　Dal Bhat

トゥクパ　Thukpa

モモ　Momo

は

バーレーン 245

クーズィ　Quzi

ハームール　Hammour

バラリート　Balaleet

ビリヤーニー　Biryani

ムハンマル　Muhammar

パキスタン 195

シーク・カバブ　Seekh Kebab

チキン・カラーヒィ　Chicken Karahi

ニハーリー　Nihari

ハンディ・ゴーシュト　Handi Gosht

ビリヤーニー　Biryani

バングラデシュ 183

アルー・ボッタ(ボルタ)　Aloo Bhorta

カーラ・ブナ　Kala Bhuna

ブナ・キチュリ　Bhuna Kichuri

ベグン・バジ　Begun Bhaji

マチェル・ジョル　Macher Jhol

フィリピン 155

アドボ　Adobo

カレカレ　Kare-Kare

シシグ　Sisig

シニガン　Sinigang

バッチョイ　Batchoy

ブータン 181

エマ・ダツィ　Ema Datshi

シャッカム・ダツィ　Shakam Datshi

パクシャパ　Phaksha Paa

ヒュンテ　Hoentay

ホゲ　Hogay

ブルネイ 161

アンブヤ　Ambuyat

イカン・サライ　Ikan Salai

コロミー　Kolo Mee

ソト　Soto

ナシ・カトック　Nasi Katok

ベトナム 89

ゴーイ・クォン／ネム・ザン(チャー・ヨー)
Goi Cuon／Nem Ran(Cha Gio)

ゴーイ・ゴー・セン　Goi Ngo Sen

バイン・セオ　Banh Xeo

バイン・ミー　Banh Mi

フォー・ボー　Pho Bo

香港 43

又焼　チャーシュウ

粥　チョッ

煲仔飯　ボウチャイファン

飲茶　ヤムチャ

老火湯　ロウフォートン

ま

マカオ 55

咖喱蟹　ガーレイハイ

炸馬介休球　チャーマーガーイヤウカウ

猪扒包　チューパーパーウ

免治猪肉　ミンチーチューヨッ

非洲雞　フェイチャウガイ

マレーシア 137
- サテー　Satey
- ナシ・ゴレン　Nasi Goreng
- ナシ・レマ　Nasi Lemak
- バクテー　Bak Kut Teh
- ラクサ　Laksa

ミャンマー 123
- アメータヤッティナッヒン　Ame Thayet Thee Hnat Hin
- カヤンチンティトウッ　Khayan Chin Thee Thoke
- トーフヌエ　Tofu Nway
- パズンヒン　Pazun Hin
- モヒンガー　Mote Hin Gar

モルディブ 193
- ガルディア　Garudhiya
- マスフニ　Mas Huni
- マスリハ　Mas Riha
- マスロシ　Mas Roshi
- ロシ　Roshi

モンゴル 85
- ゴリルタイ・シュル　Guriltai Shul
- ツォイワン　Tsuivan
- ホーショール　Khuushuur
- ボーズ　Buuz
- ホルホグ　Khorkhog

ヨルダン 239
- ザルブ　Zarb
- フール　Foul
- マクドゥース　Makdous
- マグルーバ　Magloba
- マンサフ　Mansaf

ラオス 99
- カオ・チー・パテ　Khao Chi Pate
- ケーン・ノーマイ　Kaeng No Mai
- サイ・ウア　Sai Oua
- ピン・カイ　Ping Kai
- ラープ　Lap

レバノン 231
- コフタ　Kofta
- サマック・マシュウィ　Samak Mashwi
- ファラーフェル　Falafel
- ホンモス　Hummus
- マナキシュビザータル　Manakish Biz Zaatar

レストラン＆ショップ
- アカアマコーヒー（タイ） 119
- インド料理ムンバイ四谷店+The India Tea House（インド） 173
- エヌ・ハーベスト（スパイス） 168
- 三燈舎（インド） 167
- チベットレストラン＆カフェ　タシデレ（チベット） 039
- ニキズキッチン（料理教室） 102
- バイヨン（カンボジア） 107
- バンコック コスモ食堂（タイ） 116

255

地球の歩き方 W33

アジアのグルメ図鑑
41の国と地域の名物料理を食の雑学とともに解説

2025年2月4日　初版第1刷発行

著作編集 ● 地球の歩き方編集室

発行人 ● 新井 邦弘
編集人 ● 由良 暁世
発行所 ● 株式会社地球の歩き方
〒141-8425 東京都品川区西五反田 2-11-8

発売元 ● 株式会社Gakken
〒141-8416 東京都品川区西五反田 2-11-8

印刷製本 ● 開成堂印刷株式会社

編集・執筆 ● 小坂 歩、鈴木 由美子、大久保 民
　　　　　　（有限会社アジアランド）
執筆 ● 板坂 真季、上甲 紗智

デザイン ● 滝澤 しのぶ、三橋加奈子、房野聡子、近藤麻矢、
　　　　　　高野胡桃（map）
表紙 ● 日出嶋 昭男
校正 ● 東京出版サービスセンター
写真提供 ● 湯山 繁、竹之下三緒、伊藤 伸平、大田 結、表 雅子、
　　　　　　どんぐりはうす、矢羽野 晶子、
　　　　　　©iStock、©PIXTA、© Shutterstock

協力 ● 大澤 真木子

制作担当 ● 福井 由香里

本書の内容について、ご意見・ご感想はこちらまで
https://www.arukikata.co.jp/guidebook/toukou.html

●この本に関する各種お問い合わせ先
・本の内容については、下記サイトのお問い合わせフォームよりお願いします。
　URL ▶ https://www.arukikata.co.jp/guidebook/contact.html
・在庫については　Tel ▶ 03-6431-1250（販売部）
・不良品（乱丁、落丁）については　Tel ▶ 0570-000577
　学研業務センター　〒354-0045　埼玉県入間郡三芳町上富 279-1
・上記以外のお問い合わせは　Tel ▶ 0570-056-710（学研グループ総合案内）
※本書に掲載している情報は 2023 年 6 〜 10 月時点に調査したものです。
・発行後の更新・訂正情報は　URL ▶ https://book.arukikata.co.jp/support/

© Arukikata. Co., Ltd.

本書の無断転載、複製、複写（コピー）、翻訳を禁じます。
本書を代行業者等の第三者に依頼してスキャンやデジタル化することは、
たとえ個人や家庭内の利用であっても、著作権法上、認められておりません。

All rights reserved. No part of this publication may be reproduced or
used in any form or by any means, graphic, electronic or mechanical,
including photocopying, without written permission of the publisher.

学研グループの書籍・雑誌についての新刊情報・詳細情報は、下記をご覧ください。
学研出版サイト　https://hon.gakken.jp/

地球の歩き方　旅の図鑑シリーズ

W01	世界244の国と地域　改訂版
W02	世界の指導者図鑑 2021〜2022年版
W03	世界の魅力的な奇岩と巨石 139選
W04	世界246の首都と主要都市
W05	世界のすごい島300
W06	地球の歩き方的！ 世界なんでもランキング
W07	世界のグルメ図鑑
W08	世界のすごい巨像
W09	世界のすごい城と宮殿333
W10	世界197ヵ国のふしぎな 聖地&パワースポット
W11	世界の祝祭
W12	世界のカレー図鑑
W13	世界遺産　絶景でめぐる 自然遺産　完全版
W15	地球の果ての歩き方
W16	世界の中華料理図鑑
W17	世界の地元メシ図鑑
W18	世界遺産の歩き方 学んで旅する！ すごい世界遺産190選
W19	世界の魅力的なビーチと湖
W20	世界のすごい駅
W21	世界のおみやげ図鑑
W22	いつか旅してみたい 世界の美しい古都
W23	世界のすごいホテル
W24	日本の凄い神木
W25	世界のお菓子図鑑
W26	世界の麺図鑑
W27	世界のお酒図鑑
W28	世界の魅力的な道178選
W29	世界の映画の舞台&ロケ地
W30	すごい地球！
W31	世界のすごい墓
W32	日本のグルメ図鑑
W33	アジアのグルメ図鑑
W34	日本の虫旅